현대무역실무기초

Basic Practice of Modern International Trade

배상목 · 김재성 지음

아카데미프레스

머리말

최근 예측하기 힘들 정도로 급변하는 국제환경 속에서 국제무역활동이 과거 어느 때보다도 활발하게 이루어지고 있으며, 세계경제는 치열한 무한 경쟁의 심화로 인하여 국제적인 협력의 강화가 요구되고 있다.

이러한 시대적 상황은 곧 무역활동이 기존의 제한된 영역의 협소한 무역거래에서 이제는 광범위하고 포괄적인 영역에서 이루어지고 있는 국가 간의 교역행위로 변화하고 있음을 말해 주고 있다. 이처럼 범세계화에 부응하는 무역인이 되기 위해서는 무역의 이론적 실무에 대한 전반적이고 체계적인 지식과 실천이 요구되며, 수출입 현장에서 무역업에 종사하고 있는 관련당사자에게는 무역활동의 개념적 의미를 파악하는 것과 아울러 실제 무역의 절차상에서 일어나는 실무 과정을 이해하는 것도 매우 중요한 일일 것이다.

무역실무는 수출입과정에서 수출업자와 수입업자가 계약의 성립을 통한 실물거래를 함에 있어서 그 절차상 이루어지는 여러 가지 단계를 국제적 정형규칙과 실무적 관행에 따라 모든 문제를 일목요연하게 다루는 영역이다. 또한 무역계약 및 그 각 단계에서 언급되는 여러 가지 기본 및 부수적인 무역조건을 바탕으로 이에 대한 보다 심도 있는 연구와 학습이 중요하다.

따라서 본 교재는 무역활동에 있어 수출입 구도의 절차적 이해를 바탕으로 좀 더 포괄적인 무역행위에 대한 개념을 숙지하고, 동시에 실무적인 면에서의 관련 국제규칙과 관행들을 이해함으로써 외국무역의 실무적 특성을 주지하도록 하였고, 무역실무의 국제간 상거래 발생에 있어 계약의 단계에서부터 계약의 종료 단계에 이르기까지 모든 수출입 실무과정을 세분화하여 구성 및 설명함으로써 가능한 한 순차적 접근을 통해 보다 상세한 과정을 이해하도록 하였다. 또한 세부적인 과정을 이해하는 동시에, 그 연결선상에서 각각의 사례를 종합한 전체 영역의 문제를 파악할 수 있는 무역의 전반적인 과정 이해에 집중함으로써 무역의 광범위하고 포괄적인 시야 구축에 주력하였고, 최근에 행해지고 있는 무역에 관련된 최신 기법들을 소개함으로써 새롭게 대두되고 있는 무역현장의 면면을 이해하도록 구성하였다.

본 교재가 무역실무를 배우는 학생들과 무역업계에 종사하는 여러분들이 수출입 단계의 시작에서부터 관계당사자의 모든 무역행위의 절차적 과정이 마무리되는 결제 및 사후관리 부분까지 총괄적으로 이해하고 실무 적응력을 높이는 데 참고가 되었으면 한다.

2013년 2월

저자 씀

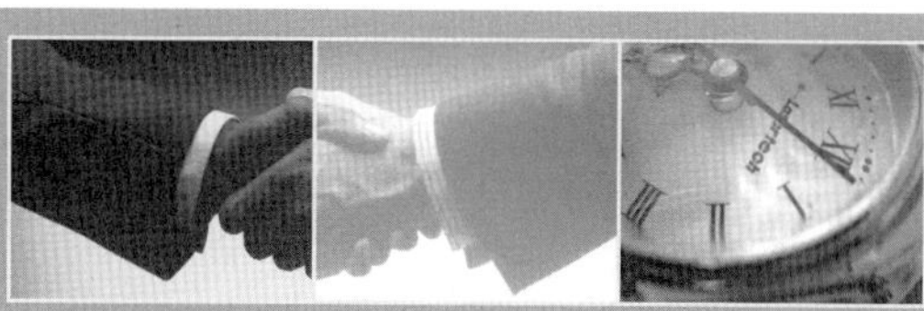

차례

제1장

무역실무 개요

학습목표

1. 무역의 필요성을 살펴본다.
2. 무역실무의 학습범위와 방법을 살펴본다.

1. 무역의 의의

대한민국은 2011년 무역 규모 1조 달러 시대를 열었다. 이는 일제강점기와 한국전쟁의 참혹한 시기를 벗어난 지 불과 반세기 만에 이룩한 쾌거이다. 또한 2012년도에도 역시 무역 1조 달러를 유지하며 2년 연속 무역 1조 달러를 달성하였다. 무역 1000억 달러 달성 이후 1조 달러 규모에 이르기까지 독일, 영국, 프랑스가 25~30년이 걸린 것을 우리는 23년 만에 이루었다고 한다.

현재 대한민국 경제의 수출 주력 상품인 조선, 자동차, 철강, 반도체, 전자, IT를 비롯한 중공업과 첨단 산업에 대한 정부의 지속적인 지원과 개별기업의 노력이 현재까지 이룩한 경제 발전의 밑바탕이 되었다.

한때 IMF 경제위기와 같은 치명적인 어려움이 있었지만 대한민국 경제는 비교적 빠른 시간내에 회복하였으며, 큰 위기는 오히려 전 국민들에게 무역의 중요성과 필요성을 절실히 인식하는 결정적 계기가 되기도 하였다. 또한 2010년에는 세계경제 전반에 걸쳐 어려움이 있었지만 대한민국은 이미 경험을 통한 위험에 대한 인식과 대비가 어려움을 극복하도록 하는 힘이 되었다.

대한민국 경제의 가장 큰 특징은 수출을 해야만 식량과 에너지를 얻을 수 있고 또 수출을 하기 위해서는 수출에 필요한 원자재와 기계류 등을 수입해야 하는 무역의존도가 대단히 높다는 점이다.

따라서 우리에게 무역은 단순히 무역산업으로만 그치지 않는다. 무역은 생존을 위한 수단이요 목적이 될 수도 있기 때문이다. 우리 경제에서 수입과 수출의 균형을 실현하지 못하면 대외환경 변화에 치명적인 위기로 이어지는 것을 경험으로 알고 있다. 그러므로 무역은 때로 외교가 되고, 국방이 되고, 문화가 되고, 전체적인 의미에서 완성된 국력을 갖추게 하는 원동력이 된다.

현재 대한민국의 경제 발전에 당면한 과제는 반복되는 글로벌 경제위기, FTA 확산, 중국 경제의 급속한 성장과 같은 거친 환경을 슬기롭게 건너갈 수 있는 방법을 찾는 것이다. 미래에 무역을 통하여 대한민국 경제를 이끌고 나갈 산업을 선정하고 육성하는 것이 정부의 정책적인 과제라면, 기업과 개개인은 그러한 무역업무에 충분한 전문지식을 갖출 수 있도록 충분한 훈련 기회를 확보하여야 한다.

2. 무역실무의 학습범위

무역은 국내에서 단순히 반복 거래하는 상행위와 달리 국가 간의 복잡한 거래이다. 따라서 복잡한 무역업무를 사고 없이 실행하기 위해서는 전문지식과 실수를 예방하기 위한 반복 훈련이 필요하다. 그에 대한 주요 내용은 다음과 같다.

첫째, 무역은 멀리 떨어진 수출자와 수입자 사이에 계약을 체결하고(매매계약), 계약을 실행하기 위해 수출자는 수입자에게 상품을 보내야 하고(운송계약), 운송과정에서 사고가 발생하는 경우에 대비하여 손실을 피하기 위하여 보험에 가입하고(보험계약), 모든 거래가 완성이 되면 수입자는 수출자에게 은행을 통하여 대금을 지급(환계약)하는 과정을 반복하여 실행하는 활동이다.

둘째, 무역은 이러한 복잡한 이행과정을 반복하게 되므로 수출자와 수입자는 여러 가지 위험에 노출된다. 상품의 인도와 대금의 지급이 동시에 진행되지 않으므로 수출자는 대금을 받지 않고 먼저 상품을 선적하거나, 수입자는 상품을 수령하지 않고 대금을 지급할 것인지를 먼저 결정하여야 한다. 이 과정에서 발생하는 위험은 당사자의 필요성과 시급성에 따라 그 결과가 달라지는데 이러한 힘을 시장지배력(market power)이라고 한다. 따라서 수출자와 수입자는 대금지급과 관련된 위험을 피하기 위하여 신용장(Letter of Credit)을 활용하는 방법도 있다.

셋째, 위험은 상품의 인도와 결제 과정에서 상업위험(commercial risk)으로만 발생하지는 않는다. 거친 바다를 항해하는 과정에서 또는 항공운송에서 발생하는 위험이 있고, 이러한 위험을 회피하거나 이전하기 위하여 보험계약을 활용하는데 이를 위하여 해상보험(marine insurance) 제도를 활용하고 있다.

넷째, 국제무역 대금결제는 자국통화가 아닌 달러나 유로와 같은 외화로 결제하는 것이 일반적이다. 외화는 다시 자국통화로 정산하는데 이때 환율의 차이에 따라 의도하지 않은 이익과 손해가 발생하는 환위험(foreign exchange risk)이 존재한다. 이러한 환위험은 선물환시장에서 리딩(leading), 헷징(hedging), 스와핑(swaping) 등의 방법으로 대처한다.

다섯째, 무역은 국가 간 거래이므로 국가에 따라 법률, 거래관습, 관행(practice)이 모두 다르다. 그러므로 이러한 환경의 차이에서 발생하는 오해로 비롯되는 사고가 발생하지 않도록 하여야 한다. 이를 위해 충분한 내용으로 계약서를 작성하거나, 국제무역에서 표준화된 관습으로 활용되는 각종 규범을 충분히 이해하여야 한다. 이에 대한 주요한 규범으로는 인코텀즈, 신용장통일규칙, 보험증권이나 운송증권 등에서 활용하는 표준약관이 있다.

여섯째, 대부분의 무역서류는 일반적으로 국제공용어로서의 지위를 누리는 영어로 작성되고 교환한다. 아무리 특정국가의 언어에 능숙하더라도 결국 서류는 영어로 작성하여야 하므로 평소에 무역에서 활용되는 최소한의 수준으로서 무역영어(Business English)를 반드시 숙달하도록 한다. 이렇게 작성된 서류는 어떤 경우에는 실제 상품보다 중요한 의미를 내포하기도 한다. 따라서 수출자가 계약에 일치되는 상품과 서류를 함께 제공하면 모든 계약의무는 이행 완료된 것으로 간주한다.

〈표 1-1〉 국제무역 관련 규범

거래 유형	국제 무역규범	
주계약	매매계약	CISG, INCOTERMS 2010, NY Convention
종속계약	운송계약	Hague-Visby Rule, Warsaw Convention
	보험계약	MIA
	결제계약	URC522, UCP600, ISBP

3. 무역실무의 학습방법

무역거래는 수출자와 수입자가 계약을 체결한 이후 상품의 인도와 대금결제를 동시이행하는 것이 가장 이상적이다. 그러나 현실에서는 계약체결 이전이나 이후에도 수출자와 수입자가 직접 만나는 경우는 거의 없다. 따라서 대부분의 거래에서 무역거래의 완성을 위해서는 무역계약에 추가하여 국제운송과 무역보험이 추가된다. 이러한 사정으로 무역거래에서의 대금결제는 동시이행 조건으로 거래를 완료하기는 사실 불가능하고 사전지급 방식, 사후지급 방식 등의 방법 중 하나로 결정한다.

그러므로 무역거래 거래당사자는 이러한 사정을 고려하여 주계약으로서 매매계약 이외에 국제운송계약, 보험계약, 대금지급계약 같은 종속계약에 대한 이해가 필요하다. 주계약은 수출자와 수입자의 매매계약이 되고, 종속계약은 모든 거래를 완성하기 위한 운송, 보험, 결제에 이르는 모든 과정을 포함한다. 국제무역에서는 주계약의 결정에 따라 종속계약이 자동 결정된다.

이러한 내용은 무역에 관한 관습으로서 널리 통용되고 전승되고 있으며 전문가로서 활동하기 위해서는 관련된 무역활동의 내용과 규범을 논리적으로 연결하여 이해하도록 하여야 한다. 그렇지만 처음 무역을 공부하는 학생이나 초보자들이 모든 것을 한 번에 공부하려고 한다면 이는 지나친 욕심이다.

무역실무 기초에 관한 가장 현명한 학습방법으로 최초 계약으로부터 대금결제에 이르는 전반과정을 가능한 순서에 따라 설명하여 다루고자 한다. 무역의 각 단계별 내용을 이해하는 방법에는 계약중심으로 이해하는 방법과 절차중심으로 이해하는 두 가지 방법이 있다. 기초과정에서는 무역의 시작부터 종료에 이르기까지 절차를 기억하고 단계별로 활용되는 주요 용어와 서류의 특징을 기억하여야 한다.

무역에 관한 보다 깊은 내용을 숙달하고자 한다면 기본이 되는 내용을 천천히 여러 차례 반복하여 읽고, 구구단처럼 관련 사항을 이어서 연상할 수 있도록 훈련하는 것이 바람직하다.

제2장

무역관리법규

학습목표

1. 무역관리의 방법을 살펴본다.
2. 대외무역법의 목적을 살펴본다.
3. 관세법의 목적을 살펴본다.
4. 외국환거래법의 목적을 살펴본다.

1. 무역관리의 의의

무역의 출발을 이론적으로 설명한다면 리카르도(D. Ricardo)의 비교우위설(Theory of Comparative Advantage)에서 비롯되었다고 말한다. 비교우위설에 따르면 무역을 실행하는 두 나라는 각각 생산비에 비교우위가 있는 재화를 생산하여 수출한다면 무역을 통하여 각자 최대의 이익을 얻을 수 있다는 것이다.

그렇지만 이러한 이론이 성립하기 위해서는 무역에 아무런 장애도 없는 완전한 자유무역의 조건이 선행되어야 한다. 그렇지만 모든 국가는 각기 부강한 국가가 되기를 원하므로 그에 걸맞는 경제정책이나 무역정책을 수립하는데 이것이 무역관리이다. 무역관리의 방법은 크게 무역자유, 무역제한, 무역금지의 요건으로 구분하여 설명할 수 있다.

예를 들어 미국은 과거에 통상법 301조 또는 슈퍼 301조 등을 통하여 적극적으로 자국산업을 보호하는 경향을 보였고, 우리나라는 대외무역법을 통하여 무역 전반을 제한하거나 관리하고 있다. 최근에는 지리적, 정치적으로 깊은 관계를 유지하는 국가 사이에 자유무역협정으로 이를 대체하여 보다 적극적으로 무역을 추구하는 경향을 보이고 있다.

이처럼 각국이 무역을 관리하는 근본 목적은 수출증대를 통한 자국 이익의 극대화(국제수지의 균형)와 산업보호, 물자의 수급을 조절하여 국내경제를 안정화하기 위한 것이다. 우리나라의 경우 과거에는 수출을 촉진하고 수입을 조정하기 위하여 엄격한 무역관리제도를 시행하였다.

최근에는 보호무역을 바탕으로 하는 무역관리보다는 자유무역을 지향하는 것이 세계경제 발전에 합리적이라는 견해가 힘을 얻고 있다. 따라서 국가 간 자유무역협정(FTA)을 지향하는 추세로 세계경제가 움직이고 있으므로 우리나라도 그 영향을 받아 대외무역법, 관세법, 외국환거래법의 내용을 개정하였다.

그러므로 우리나라에서 무역업을 하고자 하는 개인이나 기업은 대외무역법, 외국환거래법 및 관세법 등 3대 법규를 중심으로 관련 내용을 미리 살펴보아야 한다.

2. 무역관련 기본 법규

1) 대외무역법

대외무역법은 1986년에 제정되어 현행법은 2000년 12월 29일에 개정, 2001년 4월부터 시행하고 있다. 최근 내용은 전자무역의 증대 및 수출입규제완화 및 외환거래의 자유화 등을 반영하기 위한 것이었다. 대외무역법 → 대외무역법시행령 → 대외무역관리규정의 체계로 구성된다. 우리나라의 대외무역법이 비교적 자주 개정되는 원인은 국제무역에 의존하는 한국 경제의 특성상 WTO[1], OECD[2] 가입 등 세계 무역환경이 변할 때마다 이러한 내용을 국내법으로 수용하여야 하기 때문이다.

대외무역법은 특별법으로서 우리나라에서 무역업을 운영하는 모든 기업과 개인에게 적용된다. 따라서 무역을 준비하는 단계에서 반드시 관련내용을 점검하여야 뜻하지 않은 어려움에 처하지 않게 된다. 대외무역법은 무역의 주체와 객체, 상품의 수출입에 관련한 규정이 중심이 되며 다음과 같이 주요 내용을 요약할 수 있다.

첫째, '전자적 형태의 무체물' 이라는 개념을 도입하였다. 과거에는 무역을 생각할 때에 대부분 상품무역만을 전제로 하는 경우가 많았다. 그러나 컴퓨터 저작물 등 IT 산업의 발달로 인하여 '전자적 형태의 무체물' 이 무역거래에서도 중요한 영역을 차지하게 된 것을 반영하여 수출입 범위에 포함시켰다. '전자적 형태의 무체물' 은 상품의 형태를 갖추고 있지 않은 것으로 소프트웨어, 영상물, 음향 · 음성물, 전자서적 또는 데이터베이스를 말한다.[3]

---

1) WTO[World Trade Oraganization, 세계무역기구]는 1994년 4월 15일 모로코의 마라케시에서 세계 125개국 통상 대표가 7년 반 동안이나 진행해온 우루과이라운드 협상의 종말을 고하고 '마라케시 선언' 을 공동으로 발표함으로써 1995년 1월 정식 출범, 1947년 이래 국제무역질서를 규율해 오던 '관세 및 무역에 관한 일반협정(GATT)' 체제를 대신하게 되었다. 우리나라에서는 WTO 비준안 및 이행방안이 1994년 12월 16일 국회에서 통과되었다. WTO는 지금까지 GATT에 주어지지 않았던 세계무역분쟁조정, 관세인하 요구, 반덤핑규제 등 막강한 법적권한과 구속력을 행사하게 된다. WTO의 최고의결기구는 총회이며 그 아래 상품교역위원회 등을 설치해 분쟁처리를 담당한다.

2) OECD[Organization for Economic Cooperation and Development , 경제협력개발기구]는 경제발전과 세계무역 촉진을 위하여 발족한 경제협력개발기구이다. 1961년 9월 20개국 회원국의 경제협력개발기구로 확대되어, 2013년 현재 회원국은 한국을 포함하여 34개국이다.

3) 대외무역법 시행령 제2조의 2.

우리에게 익숙한 상품이라는 것은 수출입 통관을 통과하여 국경의 개념이 적용된다. 그렇지만 '전자적 형태의 무체물'은 인터넷 정보통신망을 통하여 거래할 수 있으므로 거래주체의 개념이 되는 거주자와 비거주자의 관점으로 수출입을 구분한다.[4)]

개정된 대외무역법에 이러한 형태를 수출입의 범위에 포함시킨 것은 무역금융이나 세제적 지원 등 제도적 지원을 통하여 전자무역을 활성화하려는 데 그 의의가 있다. 이 경우에는 국경개념이 없어 통관절차가 불필요하므로 수출입실적 및 확인업무를 한국무역협회나 한국소프트웨어산업협회가 담당하도록 하고 있다.[5)]

둘째, 특정무역거래형태의 대상을 축소하였다. 특정무역거래형태란 대금결제 없이 상품만 거래하거나 대금결제의 확인이 곤란한 경우의 거래를 의미한다. 이러한 거래형태로는 위탁판매수출 · 위탁가공무역 · 임대수출 · 연계무역 · 중계무역 · 외국인수수입 · 무환수출이 있다. 그 가운데 무환수출을 제외한 나머지 특정무역거래형태에 대하여는 자유롭게 거래할 수 있도록 규제를 대폭 완화하였다.

셋째, 2000년 1월 1일부터 무역업 및 무역대리업의 신고제도가 없어지고, 무역업고유번호의 승계를 통하여 수출입실적승계가 가능하게 되었다.

넷째, 소요량증명서를 폐지하는 대신 자율소요량제도로 전환하였다. 소요량증명서는 외화획득용 상품의 생산에 필요한 원자재의 적정량을 증명하는 서류이지만, 현재의 대외무역법의 수출입공고에는 수입제한품목이 없기 때문에 소요량증명이 필요 없다. 그렇지만 수출자의 이익을 위하여 관세환급을 신청하는 경우에는 관세청에서 정한 자율소요량 산정방식을 따라야 한다.

다섯째, 일반무역거래에 대한 조정제도를 신설하였다.[6)] 대외무역법은 선적전검사와 관련하여 분쟁조정제도로 활용하였으나, 이러한 조정제도를 일반적인 무역관련 분쟁까지 확대하였다.

여섯째, '원산지표시제도'의 실효성 확보를 위하여 원산지를 허위로 표시하거나 원산지표시를 손상하는 행위 등을 한 판매자에 대하여 시정조치를 명할 수

4) 외국환거래법 제3조 제12호.
5) 대외무역관리규정 제3-6-6조.
6) 대외무역법 제41조.

있도록 하였다.[7)]

대외무역법은 민법이나 상법 등 일반적인 사법에 대하여 특별법이면서도 대외무역거래에 관하여는 기본법이다. 이것은 국제간 상거래시 대내적 측면에서 규율하는 강행법적(mandatory) 성격을 갖고 있다. 따라서 계약자유의 원칙에 따라 당사자가 합의한 계약이나 국제적으로 통일된 거래관습이 대외무역법과 충돌한 경우 그 효력이 제한을 받는다.

2) 외국환거래법

외국환거래법은 1961년에 제정되어 시행되어 오던 외국환거래법이 폐지됨에 따라 이를 대신하여 제정된 것이다.[8)] 현행 외국환거래법의 체계는 기본법으로 외국환거래법 → 외국환거래법시행령 → 외국환거래규정으로 되어있다.[9)]

외국환거래법은 외국환거래와 기타 대외거래의 자유를 보장하고 시장기능을 활성화하여 대외거래의 원활화 및 국제수지의 균형과 통화가치의 안정을 도모함으로써 국민경제의 건전한 발전에 이바지함을 목적으로 한다.

종전의 외국환관리법은 한국 무역을 보호하기 위한 방법으로 외국환거래와 기타 대외거래의 합리적인 조정 또는 관리를 목적으로 하였다. 그렇지만 한국 경제의 성장과 함께 일방적으로 보호를 전제로 하는 시대상에 적절하지 않게 되었고, 현행 외국환거래법은 국제적인 요구에 따라 대외거래의 자유보장을 위하여 대외거래에 대한 제한을 최소화하도록 하였다.

외국환거래법의 주요내용을 종전의 외국관리법과 비교하여 살펴보면 다음과 같다.

첫째, 유사시에 외국환거래에 대한 긴급안전조치를 발동할 수 있는 요건을 국제규범에 맞게 조정하고, 외환위기시 외국으로부터 유입된 단기외화자금의 일부를 한국은행 등에 강제예치시키는 가변예치의무제도를 실시할 수 있도록 하였다.[10)]

---

7) 대외무역법 제23조 3항.

8) '외국환' 이란 대외지정수단, 외화증권 및 외화채권을 말한다. 그리고 대외지급수단은 외국통화, 외국통화로 표시된 지급수단, 기타 표시통화에 관계없이 외국에서 사용할 수 있는 지급수단을 말한다.

9) 현행 외국환거래법은 법률 제11407호로 2012.03.21. 공표되었다.

10) 외국환거래법 제6조.

둘째, 외국환업무를 취급할 수 있는 기관을 모든 금융기관으로 확대하고 그 절차도 인가제에서 등록제로 전환하여 각 금융기관의 교육업무에 수반되는 업무는 앞으로 모든 금융기관이 취급할 수 있도록 하였다.[11)]

셋째, 환전상에 대한 인가제를 등록제로 전환하여 일정한 시설만 갖추면 누구나 환전업무를 자유로이 영위할 수 있도록 하였다.[12)]

넷째, 종전의 외국환관리법에서는 대외지급에 대하여 신고제와 허가제를 병용하였으나, 외국환거래법에서는 신고제를 폐지하고 허가제도 제한적으로만 운영하도록 하여 국민과 기업의 외국환거래의 편의를 제고하고 은행의 업무분담을 경감하였다.[13)]

다섯째, 상계 등 일부 외국환결제방법에 대한 허가제를 전면 폐지하여 자유화하되, 대외거래의 통계작성을 위하여 신고의무만을 부과하였다.[14)]

여섯째, 외환거래 자유화에 따라 기업의 외국환거래자료를 신용정보로 제공할 수 있는 근거를 마련하고 보고의 효율화를 촉진하기 위하여 전자문서에 의한 업무처리의 근거를 마련하였다.[15)]

3) 관세법

관세법은 1967년에 제정되어 수차례 개정을 거쳐 오늘에 이르고 있다. 관세법은 관세의 부과, 징수 및 수출입상품의 통관을 적정하게 하여 국민경제의 발전에 기여하고 관세수입의 확보를 목적으로 한다.

관세에 관한 기본법령은 관세법 → 관세법시행령 → 관세법시행규칙과 관세청고시 및 관세청 훈령으로 되어 있다.

관세법은 우리나라의 관문인 세관을 통하여 상품이 국내외 간에 이동하는 것을 통관절차와 수입상품에 대한 과세절차로 규정하고 있다.

주요내용은 과세와 징수, 운송기관, 보세구역, 통관 등에 관한 규정으로 그 중에서 수출입통관과 원산지의 판정 및 관세부과가 가장 중요한 내용이다.[16)]

---

11) 외국환거래법 제8조 1항.
12) 외국환거래법 제8조 3항.
13) 외국환거래법 제18조.
14) 외국환거래법 제16조.
15) 외국환거래법 제24조.
16) 관세법은 법률 제10424호 제정되어 현행 2010.12.30, 일부개정 발효 중이다.

(1) 수출입통관절차

통관(customs clearance)이란 상품을 외국으로 수출하거나 외국에서 수입하려면 거쳐야 하는 일련의 세관절차이다. 통관은 수출통관과 수입통관으로 구분하고, 상품을 수출하고자 하는 자는 관세법상의 수출통관절차를 반드시 거쳐야 한다.

우리나라의 수출통관절차는 수출상품을 수출자의 공장이나 창고 등에 장치한 후 세관에 수출신고를 하고 상품검사와 서류심사를 거쳐 수출신고수리 후 수출신고필증을 교부하기까지 절차를 말한다.

관세법에서 요구하는 수출통관절차를 필한 내국상품은 외국상품이 되어 외국으로 반출이 허용되며 선적이 가능하게 된다. 이러한 절차를 거치지 않고 선적된 상품은 밀수품이 된다.

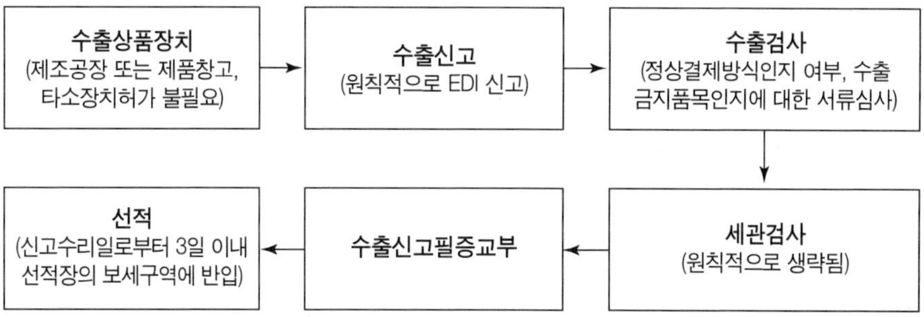

〈표 2-1〉 수출통관절차

한편 우리나라로 반입되는 모든 외국상품은 관세법에서 규정하고 있는 수입통관절차를 거쳐야 내국상품이 되어 국내로 반입될 수 있다. 수입상품을 통관하려면 출항 전, 입항 전, 보세구역 도착 전 또는 보세구역장치 후 가운데에서 필요에 따라 신고시기를 선택하여 수입신고를 하여야 한다.

수입신고를 받은 세관은 신고서류에 대한 수입심사를 한 후 이의가 없으면 세관검사의 단계로 넘어간다. 수입자는 수입상품의 가격을 신고하면 이에 대한 적정성 여부에 관한 심사를 거쳐 과세가격이 결정된다. 이렇게 결정된 과세가격을 기초로 관세의 4대 요건인 과세물건 · 납세의무자 · 과세표준 · 관세율이 결정되고 이에 따라 관세가 부과된다.

여기서 과세표준은 과세물건의 가격(수량)이 되며, 관세율은 과세표준에 적용되는 비율이다. 현행 관세율표에는 종가세의 경우에는 백분율로, 종량세의 경우에는 단위당 금액으로 표시되어 있다.

관세의 징수는 신고납부를 원칙으로 하기 때문에 세관장은 납세신고에 대한 확인 · 심사를 한 후 납부신고서를 교부하여 납세의무자로 하여금 관세를 납부하도록 한다. 수입상품에 대한 심사와 검사를 필하고 부과 · 징수 또는 내국세의 징수가 끝나면 수입신고인에게 수입신고필증이 교부되고 상품의 보세구역 반출이 허용된다.

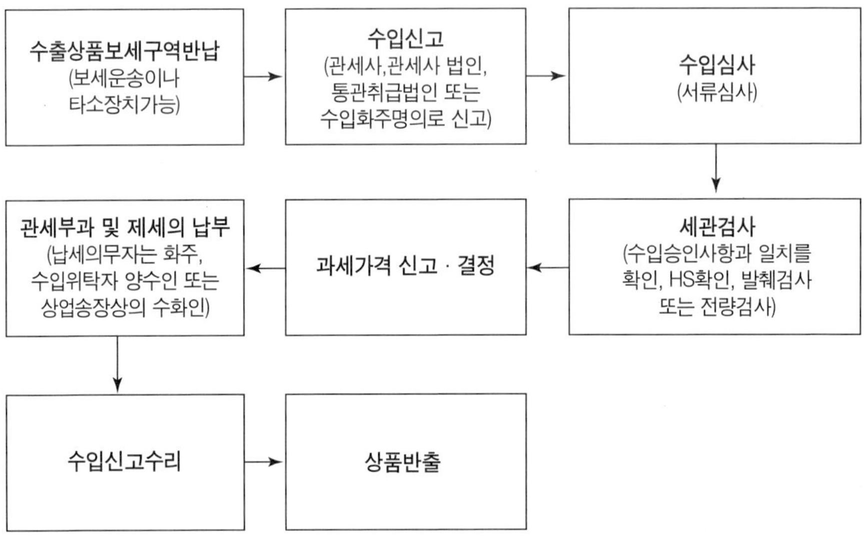

〈표 2-2〉 수입통관절차

(2) 과세 결정방법

세관이 수입자에게 관세를 부과하는 절차를 과세절차라고 한다. 관세의 기준은 과세가격으로서 과세가격의 결정방법에는 제1방법에서 제6방법까지 6가지 방법이 있으며 이를 순차적으로 적용한다. 이 가운데 제1방법은 거래가격(CIF가격)을 기준으로 과세가격이 결정된다.

관세율은 HS품목분류기준에 따라 결정된다. 우리나라의 경우에는 세계공통분류 6단위에 4단위를 추가하여 HSK 10단위를 기준으로 한다.

관세율의 종류는 크게 국정세율과 협정세율로 나눌 수 있다. 국정세율에는 기본세율, 잠정세율, 탄력세율 등이 있고, 협정세율에는 WTO일반양허관세율, 쌍무

협정에 따른 양허관세율 등이 있다.

탄력관세에는 보복관세(관세법 제11조), 긴급관세(관세법 제12조), 상계관세(관세법 제13조), 편익관세(관세법 제14조), 불가평형관세(관세법 제15조), 계절관세(관세법 제16조), 할당관세(관세법 제16조) 등이 있다.

관세의 적용순서는 협정관세가 우선적용되며, 다음으로는 국정세율 가운데 탄력관세, 잠정관세(관세법 제7조), 기본관세(관세법 제7조) 순이다.

(3) 관세환급제도

관세환급(customs drawback)이란 세관에서 일단 징수한 '관세 등'[17]을 특정한 요건에 해당하는 경우에 그 전부 또는 일부를 수입자에게 되돌려주는 것을 말한다. 모든 수입상품에 적용되는 것은 아니며 수출용 원재료를 수입할 때 납부한 관세 등을 당해 원재료로 제조 · 가공한 상품을 수출 또는 외화획득 행위에 사용한 때에 수입시에 징수한 관세 등을 수출자에게 되돌려주는 제도이다.

이는 수출지원의 한 방법으로 국내산업보호를 위하여 설치된 관세장벽을 수출의 경우에는 이를 제거하여 수출품의 국제경쟁력을 제고시키기 위한 제도이다.

환급방법에는 정액환급과 개별환급이 있다. 정액환급은 정부가 고시하여 결정하는 정액환급률표에 기재되어 있는 상품에 대하여 수출신고필증만 제시받아 소요원재료, 원재료별 납부세액 등을 일일이 계산하지 않고 그대로 환급하는 것을 말한다.

따라서 이 경우에는 상품을 기준으로 환급액이 정해져 있으므로 국산 원재료를 사용하고 관세를 납부한 적이 없는데도 환급을 받는 경우가 있어 국산 원재료의 사용이 촉진되는 효과가 있다.

한편 개별환급은 상품을 생산하는 데 소요된 원재료의 수입시 납부한 관세 등을 일일이 소요량증명서와 수입신고필증에 등에 의하여 환급금액을 계산하여 환급하는 것을 말한다.

개별환급시에는 소요량증명서와 환급신청서류의 구비 등 절차가 복잡하기 때문에 이를 보완하기 위하여 1997년 7월 1일부터 개별환급제를 신고환급제로 전

17) 여기서 '관세 등'이라 함은 관세법에 의거 수입통관시에 이에 납부한 관세, 부가세, 특별소비세, 주세 등 세법에서 정한 것을 포괄적으로 일컫는 말이다.

환하여 업체에서 소요량을 자율책정하여 EDI(Electronic Data Interchange)방식으로 환급신청을 할 수 있도록 하였다.

즉, 소요량관리체제를 종전의 국가관리 소요량체제에서 기업자율관리 소요량체제로 전환하여 이에 따라 '관세 등' 을 환급한 후 그 적정성 여부를 환급 후에 조사 · 관리하도록 하였다.

또한 연간 환급액이 3억원 이하인 중소기업에 대하여는 현행의 간이정액환급제도를 계속 유지하도록 하였다.

(4) 보세제도

보세제도는 외국상품이 우리나라에 도착한 후 관세의 징수를 유보하고 외국상품 상태 그대로 수입면허 미필상태하에서 일정한 기간 일정한 장소에서 보관, 장치, 운송, 제조, 건설, 전시, 가공 등을 행하는 데 따른 일련의 절차를 말한다.

3. 무역거래 주체와 품목관리

1) 무역거래 주체의 관리

유효한 무역거래를 진행하기 위해서는 거래의 주체가 되는 당사자와 그 대상이 되는 품목을 특정하고 거래과정에서 문제가 생기지 않도록 사전에 충분히 준비하여야 한다.

무역의 주체는 거래당사자 본인과 대리인의 관계로 나누고, 본인이 아닌 경우에도 무역대리업자를 통해서 원하는 거래를 진행할 수 있다. 다만 어떠한 경우에도 법적으로 문제가 없는 완전한 합법거래가 되도록 하여야 한다.

과거에는 무역업과 무역대리업을 신고제로 하여 이를 신고한 자만이 무역업, 무역대리업을 하였으나 현재는 누구나 무역업을 실행할 수 있다. 따라서 무역주체의 관리는 법률적인 의미의 관리가 아니라 거래를 이행하는 과정에서 발생할 수 있는 문제에 대하여 어디까지 책임을 지도록 할 것인지에 관한 계약책임의 관계로 이해하는 것이 바람직하다.

2) 무역거래 품목의 관리

무역거래 대상이 되는 품목은 원칙적으로 제한이 없다. 다만 상품의 특성상 특정 개인이나 기업이 다루도록 그 자격과 절차를 제한하거나 또는 사전에 정부기관의 허가를 받아야 하는 거래로 제한할 수는 있다. 이러한 내용은 국제거래에 관하여 대외무역법의 규정으로 정하고, 보다 자세한 내용은 관련 법률에 위임하여 국가경제와 사회안전에 나쁜 영향을 미칠 수 있는 요건에 대하여 사전에 예방하고 있다.

우리나라에서 수출입상품을 관리하는 체계는 대외무역법의 기본 체계에 따른다. 보다 자세한 내용으로는 수출입공고 및 각종 개별법에 의한 제한내용을 취합해서 공고하는 통합공고로 이루어져 있다. 이들 공고들에는 수출입의 승인에 필요한 내용들을 구체적으로 명기하고 있어 이들 요건들이 충족되어야 수출입승인을 받을 수 있다.

(1) 수출입공고

수출입공고는 우리나라 수출입품목을 관리하기 위한 기본공고체계이다. 지식경제부장관은 헌법에 의하여 체결 · 공포된 조약과 일반적으로 승인된 국제법규에 의한 의무의 이행 및 생물자원의 보호를 위하여 필요하다고 인정되는 경우에는 상품의 수출입을 제한하며 필요한 요건을 갖추어 승인을 얻는 경우에만 수출입을 할 수 있다.[18] 다만 외화획득용 원료 및 제품의 수입에는 비록 수입제한품목일지라도 별도의 제한 없이 수입승인을 받을 수 있다.

현재 수출입공고는 Negative List System에 따라 제한승인품목만 기재하여 이를 수출 또는 수입하고자 하는 자는 해당 승인기관의 절차나 승인을 받아야 한다.

(2) 통합공고

대외무역법이 무역에 관한 특별법이고 기본법이지만 모든 무역상품을 하나하나 다룰 수 없다. 따라서 약사법, 마약법, 식품위생법, 검역법 등 개별법에서 다루는 수출입요령을 정하고 있는 경우 이들 법령에서 정한 수출입요령을 통합하여 공

---

18) 대외무역법 제14조.

고하고 있다. 이를 통합공고라 한다. 따라서 관계행정기관의 장과 해당 개별법을 관장하는 부서에서는 해당 품목별 수출입요령을 지식경제부 장관에게 제출하여야 한다.[19)]

대외무역법에 의한 수출입공고 등은 국가경제목표의 달성을 위한 규제인 데 반하여 개별법에 의한 통합공고는 국민보건, 환경보호, 사회질서유지, 규격 및 안정성 확보 등 경제외적 목적을 달성하기 위한 규제이다.

(3) 전략물자

전략물자의 지정고시는 국제평화 및 안전유지를 위하여 수출통제가 필요하다고 인정되는 물질, 시설, 장비, 기술 등에 대하여 바세나르체제, 핵무기, 생화학무기 및 미사일통제체제 등에서 수출을 제한하는 품목을 정하여 통제하고 있어 우리나라의 무역업체도 이러한 내용을 준수하여야 한다.

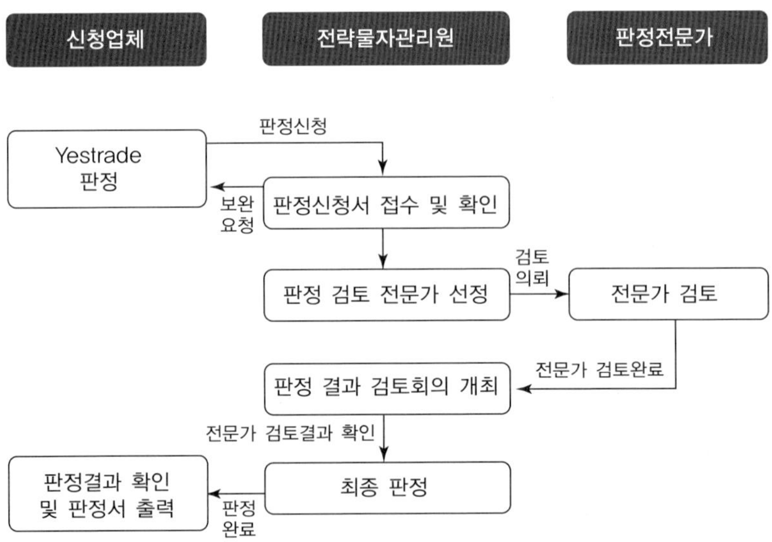

〈표 2-3〉 전략물자 판정처리절차

출처: 전략물자관리원(http://www.kosti.or.kr)

19) 대외무역법 제15조.

국제수출통제체제에서 규정하는 품목으로는 대량살상무기(WMD), 확산을 통제하기 곤란하다고 판단하여 품목과 관계없이 대량살상무기 및 이의 운반순단인 미사일개발, 사용 또는 저장에 전용될 수 있는 모든 품목을 통제하고 있다.

따라서 거래하고자 하는 기업은 그 품목이 전략물자에 해당되는지 여부를 사전에 확인하고, 해당 품목의 전략물자 사전판정기관에 판정을 신청하고 허가서를 발급받아 구체적인 업무를 진행하도록 하여야 한다.

(4) 수출입공고와 품목분류방식

수출입공고상 품목분류방식은 시기적으로 SITC 방식 → BTN 방식 → CCN 방식 → HS 방식으로 바뀌어 왔다.

SITC(Standard International Trade Classification) 방식은 1950년 UN경제사회이사회에서 선포된 후 1970년까지 사용되었다. 주로 경제분석과 상품별 무역통계자료에 사용되었다.

SITC는 45,000개의 품목을 10개의 부(Section), 56개의 류(Division), 177개의 군(Group), 1,312개의 기본항목(Base Item)으로 세분하고 있다.

1971년 1월 이후부터는 관세협력이사회(Customs Cooperation Council, CCC)에서 발행한 BTN(Brussels Tariff Nomenclature) 방식에 따라 품목을 분류하여 오다가 CCC 총회에서 특정지역의 명칭을 사용한 BTN을 CCC 기구의 명칭에 따라 CCCN(Customs Cooperation Council Nomenclature) 방식으로 변경하여 사용하기로 함에 따라 우리나라도 1977년 상반기부터 수출입기별공고상의 품목분류를 CCCN 방식으로 표시하였다.

CCCN 방식은 국제간에 거래가 가능한 모든 상품을 21부(Section), 99류(Chapter), 1,011항목(Heading)으로 총 60,000여 개의 상품으로 분류하고 있다. CCCN은 관세를 부과하기 위한 과학적 방법으로 원료의 종류별, 제조과정별, 용도별 및 작업과정별 등으로 종합적 분류가 가능하다.

	0	1	2	3	4	5	6	7	8	9
0		산동물	육과 식용설육	어패류	낙농품, 조란, 천연꿀	기타 동물성 생산품	산수목,꽃	채소	과실, 견과류	커피, 차, 향신료
10	곡물	곡물의 분과 조분밀가루, 전분	채유용 종자, 인삼	식물성 엑스	기타 식물성 생산품	동식물성 유지	육·어류 조제품	당류, 설탕과자	코코아, 초코렛	곡물,곡분의 주제품과 빵류
20	채소, 과실의 조제품	기타의 조제식료품	음료,주류, 식초	조제사료	담배	토석류,소금	광,슬랙,회	광물성 연료, 에너지	무기화합물	유기화합물
30	의료용품	비료	염료,안료, 페인트잉크	향료, 화장품	비누,계면 활성제,왁스	카세인, 알부민,변성 전분,효소	화약류, 성냥	필름인화지 사진용재료	각종화학공 업생산품	플라스틱과 그제품
40	고무와 그제품	원피,가죽	가죽제품	모피, 모피제품	목재,목탄	코르크,짚	조물재료의 제품	펄프	지와판지	서적, 신문인쇄물
50	견,견사 견직물	양모,수모	면·면사 면직물	마류의사와 직물	인조필라멘 트섬유	인조스테이 플섬유	워딩, 부직포	양탄자	특수직물	침투,도포한 직물
60	편물	의류 (편물제)	의류(편물 제이외)	기타섬유 제품,넝마	신발류	모자류	우산, 지팡이	조제우모, 인조제품	석,시멘트, 석면제품	도자제품
70	유리	귀석, 반귀석, 귀금속	철강	철강제품	동과그제품	니켈과 그제품	알루미늄과 그제품	(유보)	연과그제품	아연과 그제품
80	주석과 그제품	기타의 비금속	비금속 제공구, 스푼,포크	각종비금속 제품	보일러, 기계류	전기기기, TV,VTR	철도차량	일반차량	항공기	선박
90	광학,의료, 측정,검사, 정밀기기	시계	악기	무기	가구류, 조명기구	완구, 운동용구	잡품	예술품, 골동품		

〈표 2-4〉 상품 분류표

그러나 CCCN 방식의 채택국과 비채택국 간에 공통된 품목분류기반이 없어 수출입통계 등의 비교에 애로가 많았고 또한 관세 · 운송 · 보험 등에 있어서 상품분류의 공통성이 없으며, 상품구조의 변화 및 과학기술발전 등에 부응하기 위하여 CCCN 방식의 개편이 필요하게 되었다.

이에 따라 품목분류의 국제적 통일과 범세계적인 전산화를 위하여 HS방식이 채택되어 1988년 1월부터 우리나라를 포함한 세계주요 통상국가들이 사용하고 있다.

HS방식은 CCCN을 주골격으로 하여 새로 만든 상품분류법으로 조화제도 (Harmonized Commodity Description and Coding System)로 이를 줄여서 HS(Harmonized System, 신국제통일상품분류)방식이라 한다. 여기에는 21부(Section), 97류(Chapter), 5,113 품목(Heading)으로 분류하고 있다.

HS품목표는 CCCN의 99류 가운데 제98류 및 제99류를 뺀 97류로 되어 있다. 이것은 의도적으로 뺀 것으로 각국으로 하여금 자유롭게 사용할 수 있도록 여분을 남겨둔 것이다. 또한 제77류를 빈 채로 두었다. 이를 비워둔 것은 미래에도 새롭게 등장할 상품을 가정하여 대비한 것이다.

우리나라의 HS품목분류에서는 세계 공통의 6단위 분류를 바탕으로 4단위를 추가하여 10단위로 분류한다. 이를 HSK(Harmonized System of Korea, 한국통일상품분류)라 한다.

〈Coffee〉
0901 11 0000 : 볶지 아니한 것으로 카페인을 제거하지 않은 것
0901 12 0000 : 볶지 아니한 것으로 카페인을 제거한 것
0901 21 0000 : 볶은 것으로 카페인을 제거하지 아니한 것
0901 22 0000 : 볶은 것으로 카페인을 제거한 것

분류사례 ('커피' 과(와) '커피믹스' 에 대한 검색 결과 : 총 3 건이 검색 되었습니다.)

시행번호	시행일자	결정사항
품명		
분석47260-1704	2000.12.06	0402.29-0000
Milk powder;PREMIX H;Powder;For food;Whole milk powder 8%,skim milkpowder 8%, sugar 84%;U.S.A		
분석47260-1706	2000.12.06	2101.12-9090
Coffee preparation;PREMIX B;Powder;For food;Instant coffee 17%,sugar 83%;U.S.A		
품목분류2과-448	2010.03.19	제2106.90-9099호
Food preparation;POWDERED MOUTHFEEL FLAVORING(NI-5980-B);U.S.A		

출력

구분	품목분류업무
시행기관	중앙관세분석소
시행번호	분석47260-1704
시행일자	2000.12.06
결정사항	0402.29-0000
결정기관	중앙관세분석소(직권)
품 명	Milk powder;PREMIX H;Powder;For food;Whole milk powder 8%,skim milk powder 8%, sugar 84%;U.S.A
물품설명	분유 16%(전지분유 8%, 탈지분유 8%), 설탕 84%등으로 혼합된 백색분말상의 것으로 **커피**믹스원료로 사용됨(유지방 1.8%)
결정사유	본품 분유 16%(전지분유 8%, 탈지분유 8%), 설탕 84%등으로 혼합된 것이 므로 HS관세율표해설서 제0402호 "이 호에는 농축한 또는 설탕이나 기타 감미료를 첨가한 밀크와 크림이 분류된다"의 규정에 의거 HSK0402.29-0000 호에 분류함
관련이미지	관련 이미지가 없습니다.

분류사례 (총 3건 검색) 더많은 결과보기

시행번호	시행일자	결정사항	결정기관	품명	정확도
분석47260-1704	2000.12.06	0402290000	중앙관세분석소(직권)	Milk powder;PREMIX H;Powder;For food;Whole milk powder 8%,skim milkpowder 8%, sugar 84%;U.S.A	79.7%
분석47260-1706	2000.12.06	2101129090	중앙관세분석소(직권)	Coffee preparation;PREMIX B;Powder;For food;Instant coffee 17%,sugar 83%;U.S.A	79.7%
품목분류2과-448	2010.03.19	2106909099	평가분류원(직권)	Food preparation;POWDERED MOUTHFEEL FLAVORING(NI-5980-B);U.S.A	79.7%

〈표 2-5〉 커피와 커피믹스(Milk Powder)의 품목분류 사례[20]

20) 관세청 품목분류 검색결과 http://portal.customs.go.kr

제3장

무역마케팅과 수출입절차

| 학습목표 |

1. 해외시장조사의 필요성을 살펴본다.
2. 해외시장조사 항목을 살펴본다.
3. 신용조사 방법을 살펴본다.
4. 수출절차를 살펴본다.
5. 수입절차를 살펴본다.

1. 해외시장조사

1) 해외시장조사의 의의

수출입절차의 최초의 단계가 해외시장조사(market research)이다. 상품을 수출 또는 수입하려면 먼저 목표하는 시장부터 찾아야 한다. 자신이 원하는 품목이 특정 기업의 독점상품이 아니라면 유사한 경쟁상품이 품질과 가격별로 다양하게 존재한다. 목표시장에서의 성공을 원한다면 다양한 유사 경쟁 품목까지도 면밀히 비교하고 검토하여야 한다.

수출자는 흔히 자신이 거래하는 상품이나 기술이 경쟁업체와 비교하여 경쟁력을 가질 것이라는 다소 부푼 기대를 갖는 경우가 많다. 그렇지만 현실은 그렇지 않다. 수입자의 입장에서는 선택의 범위가 넓고 유사한 기능과 특성을 갖는 상품은 너무도 많다. 그러므로 수출자는 자신이 원하는 시장에 대하여 가장 기초적이고 단순한 사실부터 확인하고 점검하여야 한다.

수출을 전제로 하는 해외시장조사에서는 단순한 상품에 관한 정보만의 조사로 그치지 않고 상대방 국가에서 관리하는 무역제도에도 관심을 가져야 한다. 비록 수출자의 상품이 우수한 경우에도 수입국에서는 자국의 산업과 상품을 보호하기 위하여 일정한 수준으로 무역을 보호하는 제도를 마련하는 경향이 많기 때문이다.

따라서 수출자는 자신의 상품을 장기적으로 가장 효율적으로 수출할 수 있고 시장을 탐색하기 위하여 행하는 최초의 절차로서 당해 상품의 거래와 관련된 여러 가지 정보를 최대한 합리적으로 분석하여야 한다.

이러한 시장조사를 통하여 목표시장이 결정되며 그 시장에서 거래처가 결정된다. 결국 수출입상에게는 거래의 성공여부의 첫 단계가 바로 목표시장의 결정이라면 이에 따라 조사의 중요성은 매우 크다고 할 수 있다.

2) 해외시장조사의 항목

(1) 일반적 조사항목

무역거래는 국가를 초월하여 모든 거래를 수행한다. 이 과정에서 가장 큰 실수는 자신의 지식, 기호, 감정이 무역거래에도 그대로 적용될 수 있을 것이라는 지나친 자신감을 갖는 것이다. 무역거래에서는 자신의 주관적 평가가 그대로 완벽히 상대방과의 거래에서 적용되지 않는다. 환경, 기후, 종교, 언어, 제도 등 모든 것이 다르기 때문에 자신이 알고 있는 가장 기초적인 것조차 의심하고 새로이 조사하여야 한다.

해외시장조사 방법은 국내시장조사의 경우와 달리 조사방법이 불완전하거나 불가능한 경우가 많으므로 최소한의 조사 기준을 설정할 필요가 있다. 이것을 일반적 조사항목이라고 부르며 다음의 내용을 조사한다.

첫째, 지리적 조건으로 각국의 면적, 지세, 기후, 거리, 도시의 분포상황 등을 조사한다.

둘째, 정치 · 경제적 조건으로 각국의 정치적 위기, 경제, 산업정책, 국내외 투자상황 등을 조사한다.

셋째, 사회적 조건으로서 생활, 풍습, 관습, 인종, 언어, 교육정도, 종교 등에 관하여 조사한다.[21)]

(2) 해외시장조사의 방법

해외시장조사 방법으로는 자신이 직접 비용을 부담하고 현장을 답사하고 정보를 수집하는 직접조사와 전문업체의 서비스를 활용하거나 인터넷을 이용하여 자료를 검색하는 간접조사 방법이 있다.

직접조사 방법으로 가장 일반적인 것은 해외 전시회나 박람회에 참가하는 것이다. 직접 전시회에 참가하는 것은 모든 것을 현장에서 확인할 수 있는 장점이 있지만 비용이 많이 든다는 단점이 있다. 이 방법은 현지 수입자 및 도매상을 직접 방문하여 규모와 시설을 점검할 수 있으므로 장기간의 거래를 고려하는 경우에 특히 유용하다.

---

21) 구체적인 조사내용으로 ① 인구와 그 특성, ② 소득수준과 구매력, ③ 기후와 여러 가지 지리적 여건, ④ 통화체제, ⑤ 판매계통의 유형(인터넷 판매정도), ⑥ 교통 · 통신, ⑦ 상관습, ⑧ 당해품목 또는 유사품목의 국내생산과 수입실적, ⑨ 조세체계, ⑩ 금융기구, ⑪ 수출입의 규모, ⑫ 타국과의 경쟁관계, ⑬ 일반적인 사업의 안정성, ⑭ 정부의 경제활동, ⑮ 행정적 · 법적체계 등을 들 수 있다.

간접조사 방법은 외국 대사관이나 외국에 주재하는 우리나라의 공관을 활용하거나, 시장조사에 필요한 기초자료로 한국무역협회 또는 KOTRA 자료를 활용하거나, 전문조사기관에 조사를 의뢰하는 것이다. 전문조사기관으로는 ABC, Makinsey and Company, Dun and Bradstreet 등이 있다.

그렇지만 현실적으로는 가장 저렴하고 손쉬운 방법으로 사무실에서 인터넷을 활용하여 해외시장조사를 하는 것이 일반적이다. 인터넷을 활용하여 관련 수출입 정보, 수출입 통계, 무역거래 관습 등을 쉽게 조사할 수 있다. 기본적인 해외시장 정보를 검색할 수 있는 사이트로는 ebay.com, amazon.com, Alibaba.com, EC21.com 등이 있다.

2. 거래처 선정과 신용조사

1) 거래처 선정

본격적으로 거래를 시작하기 이전에 거래당사자는 활용가치가 높을 것으로 예상하는 업체의 목록을 우선 확보하도록 한다. 그렇지만 성급하게 업체의 목록을 확보한 것만으로 거래관계가 확정된 것으로 생각하여서는 안 된다. 비록 과거의 실적이나 현지에서의 평판이 우수한 경우라 하더라도 끊임없이 변하는 경영환경에서 과거나 현재의 평판이 그대로 국제거래의 상대방에게로 이어질 것으로 기대하는 것은 위험할 수 있기 때문이다.

무역거래는 국내거래와 비교할 수 없는 위험이 존재하므로 상대방과 정식으로 거래관계를 갖기 이전에 상대방의 신용상태(credit standing)를 조사하여야 한다. 현재는 아무런 문제가 없더라도 환경의 변화는 우리가 알지 못하는 사이에 파산, 지급불능, 전쟁, 천재지변 등의 상황으로 바뀔 수 있기 때문이다. 이러한 위험에 대하여는 신용장제도나 수출보험제도 등의 방법으로 위험을 대비하거나, 계약의 방법으로 위험을 상대방에게 이전시키는 방법도 있다.

자금력이 풍부한 대기업은 신용조사의 필요를 더욱 크게 인식하고 소요되는 비용을 아끼지 않겠지만 중소기업의 경우에는 신용조사를 철저히 하는 것이 사실상 불가능하므로 더더욱 작은 일에도 소홀하지 않도록 주의하여야 한다.

2) 신용조사 항목

비록 정상적인 거래를 진행하고 있는 경우이더라도 그 내부의 사정은 파악할 수 없는 것이므로 가능한 한 신용조사를 실시하는 편이 안전한 방법이 된다. 자금력이 부족한 중소기업 입장이라면 기본적인 신용조사를 실시하는 것조차 쉽지 않으므로 자신의 범위를 초과하거나 지나치게 큰 거래는 삼가도록 한다.

무역거래에서 위험에 대비하기 위해서 상대방의 신용조사를 실시할 때 가장 기본적인 요건을 상도덕(character), 자본(Capital), 영업능력(Capacity)의 3C로 나누고 여기에 국가(Country), 통화(Currency)를 추가하여 5C로 분류하기도 한다.

상도덕이란 기업의 도덕적 성격이다. 업체의 성실성(integrity), 평판(reputation), 영업태도(attitude toward business), 책임 등을 확인한다. 이를 소홀히 할 경우에는 상대방이 의도적으로 제기하는 고의적 클레임(market claim) 위험에 처할 수도 있다.

자본이란 재정상태를 의미하고 영업결과에 따른 이익과 손실의 크기를 조사하는 것이다. 흔히 상대방에게 재무제표(financial statement)를 요구하고 대차대조표(balance sheet)와 손익계산서(income statement)를 확인하면 객관적인 상황을 어느 정도 확인할 수 있지만 이 경우에도 신빙성이 문제 될 수 있다.

능력은 업체의 매출액, 영업형태, 취급품목, 장래성 등을 평가하는 것이다. 현재 상황보다 더 중요한 것은 양호한 재정상태를 유지하면서 꾸준히 성장할 수 있도록 하는 것이다.

이러한 항목 이외에도 시장상황(condition), 국가(country), 거래통화(currency) 등의 항목을 추가하여 가운데 한두 가지를 추가하여 4C 또는 5C의 항목으로 분류하여 조사를 실시할 수 있다.

3) 신용조사 방법

신용조사의 방법으로 가장 단순한 것은 은행조회처(bank reference)나 동업자조회처(trade reference)를 활용하는 방법이 있다. 그렇지만 상대방이 제시한 일방적인 정보로부터 신빙성 있는 정보를 쉽게 얻을 수 있을 것으로 보기 어렵다.

보다 정확하고 구체적인 정보를 구하고자 한다면 국제적으로 인정받는 상업흥신소를 이용하거나, 한국수출보험공사, KOTRA 등을 이용할 수도 있다. 세계적으로 유명한 상업흥신소로는 Dun & Bradstreer사(미국), Bradstreet Brish사(영국), Tokyo Mercantile Agency(일본), Auskunft W. Schimmelpfung(독일) 등이 있다.

3. 수출입절차

1) 수출거래절차

일반적으로 수출의 첫 단계는 시장조사(Marketing Research)로부터 시작된다. 원만한 거래를 이행할 수 있는 수출시장과 거래선을 찾는 것이 가장 중요하다.

수출자에게 가장 적합한 시장을 찾는 방법으로는 다양한 기법이 있으며 특정 국가나 지역에서의 무역관습, 문화, 무역 및 금융정책, 상품의 경쟁정도, 인구, 국민소득, 수출입규제, 운송 및 보험상태, 기후 등을 고려하는 것이 일반적이다.

다음은 그 국가내의 거래처를 선정하여야 한다. 과거에는 국내 · 외의 상업회의소(Chamber of Commerce), 외국환은행(Foreign Exchange Banks)이나 외국은행(Foreign Banks), 주한외국영사관(Foreign Consulate in Korea), KOTRA, KTA, 외국의 상업흥신소, 각국의 상공인명부(Directory) 등을 이용하였다. 최근에는 인터넷의 확산으로 기관에 요청하지 않아도 검색만으로도 수출자가 원하는 수입자를 검색할 수 있는 충분한 자료를 확보할 수 있다. 그렇지만 규모가 일정한 수준이상으로 안정적인 거래처라면 온라인과 오프라인 어느 쪽으로도 충분한 자료를 접할 수 있으므로 가능한 한 위험을 줄일 수 있는 거래처를 신중히 선택하도록 한다.

일단 거래가 가능할 것으로 예상되는 수입자의 리스트를 확보하게 되면 이들에게 자기회사를 소개하고 자사제품에 관한 설명과 거래조건을 제시하면서 구매를 권유하는 거래권유서(Circular Letter)를 발송하도록 한다.

Circular Letter의 발송에서부터 본격적으로 시작되는 무역업무는 대개 편지의 형식으로 작성한다. 그렇다고 편지로만 하는 것을 의미하지 않고 편지의 형식을 갖춘 팩스나 이메일로 작성하여 전송하도록 한다. 경우에 따라서는 수출자는 수입자으로부터 거래조회서신(Inquiry Letter)을 받고 Circular Letter를 발송할 수도 있다.

Circular Letter를 발송한 후 거래제의를 받고 실제 거래를 할 의사가 있다면 사전에 위험을 제거하고, 거래처의 신용상태를 알아보기 위하여 상업흥신소(Commerical or Mercantile Agency), 은행조회처(Bank Reference), 무역업자조회처(Trade Reference) 등을 통하여 거래처의 자본(Capital), 거래능력(Capacity), 도덕성(Character) 등을 점검하는 것이 바람직하다.

신용조사가 끝나면 거래의 기준이 될 "거래조건에 관한 일반협정(Agreement on General Terms and Conditions of Business)"을 확인 · 교환한 후 견본(Sample)과 수출가격을 산출하여 청약서(Offer Sheet)를 발송한다. 경우에 따라서는 일반협정 없이 곧바로 Telex Offer를 할 수도 있으며, 수입자가 보내준 대응견본(Counter Sample)으로 수출가격을 산출하기도 한다.

거래당사자가 청약서의 제안을 일단 승낙(Acceptance)하면 계약이 성립하게 되므로 모든 내용을 꼼꼼히 점검하여 사소한 오해로 인한 손실을 입지 않도록 주의하여야 한다.

거래당사자는 각자의 입장에서 바라보는 관점이 달라진다. 수출자는 대금의 안정적인 회수가 가장 중요하고, 수입자는 계약목적물을 안전하게 수령하여야 다음 단계로 업무를 진행할 수 있게 된다. 이러한 거래에서는 당사자가 직접 만나 거래할 수 없으므로 모든 거래를 증빙하는 선적서류(Shipping Document)를 제공하여 입증하는 것이 필수이다.

대금의 지급은 당사자의 합의에 따라 다양한 방법과 시점을 활용할 수 있는데 거래규모와 금액이 일정 수준으로 확대될 경우에는 국제적으로 널리 알려져 있고 비교적 안정적인 대금지급방법인 신용장(Letter of Credit)의 활용을 추천한다.

계약에 따라 신용장에 의한 방법으로 대금을 지급하기로 합의하였다면 수출자는 자기가 거래하는 외국환은행을 통하여 신용상에 의한 지급확약을 받게 된다.

수출자는 신용장을 수령하였다면 거래에 따라서는 수출승인(Export Licence)을 받아야 하거나, 그 품목이 수출입공고상 수출제한승인품목인 경우에는 제한조치에 따라 주무관서의 장 또는 해당 수출조합의 추천을 받아야 한다.

일단 신용장을 받은 수출자는 대금회수에 안정적인 입장이 되므로 국내생산업자와 공급계약을 체결하고 내국신용(Local L/C)과 같은 무역금융으로 상품의 원자재를 확보하거나 자재를 구매하여 자신이 직접 생산할 수도 있다.

생산이 완료되면 수출자 또는 수입자는 포워더(Forwarder)를 통하여 선복을 수배하고 이에 선적한 후 이를 수입자에게 통지(Shipping Advice)해야 한다.

선적이 끝나면 수출자는 신용장에서 요구하는 선적서류(Shipping Documents), 즉 선화증권(Bill of Lading)이나 운송증권(Transport Document), 상업송장(Commercial Invoice), CIF 계약인 경우에는 해상보험증권(Marine Insurance Policy) 등의 기본서류와 포장명세서(Packing List), 원산지증명서(Certificate of Origin)를 준비하고, 환어음(Bill of Exchange)을 발행하여 화환취결로 수출대금을 회수한다.

수입자는 개설은행(Issuing Bank)을 통하여 선적서류를 수령하고, 선적서류와의 교환으로 상품을 수령하면 상품무역에 대한 기본거래는 완료된다.

그 후 수입자가 상품에 만족하면 별 문제가 없으나, 상품에 대한 클레임을 제기할 경우에는 수출자와의 대화를 통하여 화해(Amicable Settlement)로 해결할 수 없는 경우에는 조정(Mediation), 중재(Arbitration) 및 소송(Litigation) 등의 방법까지 이어지는 복잡한 문제가 된다.

〈Circular Letter 견본〉

Kim & Park Trading Corporation

123, Samsung-Dong, Kangnam-Gu, Seoul, Korea
Tel: 82-2-123-1234, Fax: 82-2-123-1235, www.Kim&Park.com

Mr. Paul Shin
President of COM TRADING
10, Tom Avenue, Bluebrook, SW, 100,
Canada.

October 27, 20XX

Dear Mr. Shin:

Your company has been recommended as a major distributor of Computer parts by the Commercial Counselor' s office of the Canada Embassy in Korea.

We, Kim & Park Trading Corp, are one of the largest LED Monitor companies in Korea and exporting the Computer Parts to America as well as European countries. We are proud of our good reputation from our customers due to the high quality and reliable quality control.

When you contact our Internet web-site(*www.Kim&Park.com*), you can find digital catalogues more easily. If you want to know more about our products, please do not hesitate to contact us.

We are looking forward to your early reply.

Best regards,

Jaeseong Kim
President
Kim & Park Trading Corporation

〈Inquiry 견본〉

COM TRADING

10, Tom Avenue, Bluebrook, SW, 100, Canada.
Tel: 1-2-200-2200, Fax: 1-2-200-2201, www.comtrading.com

Kim & Park Trading Corporation
123, Samsung-Dong, Kangnam-Gu,
Seoul, Korea

October 30, 20XX

Dear Sir,

Thank you for your e-mail of October 27, We were impressed by your items displayed on internet web-site. We have a large chain of retailers and are looking for manufacturers who could supply us with a wide range of LED Monitor.

As we usually place very large orders, we would expect a quantity discount in addition to a 10% trade discount off net list prices, and our terms of payment are normally 60 days D/A.

If these conditions interest you, and you can meet order of over 5,000 sets at a time. Please send us your current catalogue and price list.

Very truly yours,

Paul Shin
President
COM TRADING

2) 수입거래절차

수입자는 자신이 수입하기를 원하는 상품을 정하고, 수출자를 리스트로 정리하고, 조회(Inquiry)하여 가장 적합한 수출자에게 견본, 카탈로그와 Offer를 요청한다.

수출자가 수입자의 요청에 따라 보내 온 견본(Sample)과 청약서를 비교 · 검토한 후 승낙(Acceptance)여부를 결정하여 수출자에게 통지하고, 계약에 따라 주문서(Order Sheet)를 발송한다.

신용장에 의한 주문인 경우 거래에 따라 수입승인(Import Licence)을 받고, 수입제한품목일 경우 제한조치에 따라 수입추천 또는 사전허가를 받아야 한다.

수입승인을 받고 난 뒤 자신이 거래하는 외국환은행에 수출자 앞으로 신용장 개설을 의뢰한다.

신용장을 받은 수출자가 계약 상품을 선적한 후 선적서류를 보내오면 수입자는 이를 결제한다. 그리고 상품이 도착하면 선화증권의 배서(Endorsement), 인도(Delivery)로 선박회사로부터 상품을 양도받아 수입면장(Import Permit)이 발급될 때까지 보세구역(Bonded Area)에 보관한다.

보세창고에서 상품을 반출하여 계약상품에 손상(Damage)이나 문제가 발견되면 보험회사나 선박회사에 클레임을 제기하게 된다.

제4장

무역계약의 성립

학습목표

1. 무역계약의 특성과 의미를 살펴본다.
2. 정형거래조건의 기능을 살펴본다.
3. 무역계약서 작성시 실무상 유의점을 살펴본다.
4. 청약과 승낙의 관계를 살펴본다.
5. FOB 조건과 CIF 조건의 차이를 살펴본다.

1. 무역계약의 의의 및 성격

1) 무역계약의 의의

무역계약은 모든 무역거래의 기초가 되는 계약이다. 무역거래를 완성하기 위해서는 많은 사람들의 협조와 복잡한 거래단계를 거쳐야 하는 것이지만 수출자와 수입자의 최초 계약으로부터 모든 거래는 시작된다. 수출자와 수입자의 거래는 단순히 계약목적물이 되는 상품만을 거래하는 것이 아니라 거래과정에서 수반되는 모든 단계의 이행을 성실히 이행할 것을 합의하는 것이다.

그러므로 계약의 당사자는 자신이 거래하고자 하는 상품에 대한 이해는 물론 통관을 비롯한 운송, 보험, 결제에 관한 연관관계를 이해할 필요가 있다. 사전에 그러한 이해가 완료되었음이 전제되었을 때 당사자는 계약을 체결할 준비가 된 것이다.

무역실무에서는 계약은 수출자와 수입자의 당사자 선택으로 이행되고, 계약을 이행하는 운송, 보험, 결제의 측면은 이행보조자로서 선사, 보험사, 은행, 관세사 등의 업무와 연계되어 모든 거래를 완성한다.

무역계약은 시작으로부터 종료에 이르기까지 모든 거래의 기초가 되는 것으로서 문제가 발생할 경우 최종적으로 상황판단 근거가 된다. 자신을 지나치게 보호하고자 하는 경우에는 반대로 상대방에게 지나치게 부담을 줄 수가 있고, 상대방을 지나치게 믿고 계약조항의 점검을 소홀히 하는 경우에는 의도하지 않았던 위험에 노출될 수 있다.

무역에서 계약이라는 것은 거래를 완성하기 위하여 거치는 과정으로 이해하고, 업종의 특성과 관행에 합리적인 범위를 벗어나지 않도록 주의한다. 전문가가 계약서를 작성하는 경우에는 그 형식과 내용이 비교적 안전하고 완벽한 형태를 추구할 것이지만, 실무담당자가 계약서를 작성하는 경우에는 모델 계약서를 입수하여 자신에게 유리하거나 불리하지 않은 조항으로 수정하여 활용하는 것도 좋은 방법이 될 것이다.

그렇지만 전문가가 아닌 경우에는 단순한 용어나 표현에서도 자신이 의도하지 않은 전혀 다른 내용이 될 수도 있으므로 그러한 상황에 처하지 않도록 열심히 학습하고, 필요한 경우 전문가의 도움을 구하는 것이 현명한 방법이다.

중소기업의 실무자에게는 이러한 전문성을 기대하는 것이 쉽지 않으므로 이러한 경우에는 무역협회 상담실을 활용하거나, 중소기업청 수출도우미 제도를 활용하여 전문가의 의견을 구하면 좋을 것이다.

2) 무역계약의 성격

무역계약은 무역거래를 완성하기 위한 활동으로 모든 거래와 계약의 기초가 된다. 그러므로 당사자의 진정성 있는 의사표시를 제3자에게 명시적으로 표시하고 그 결과에 대하여 구속될 것을 전제로 한다.

국제거래에서는 다양한 형태의 계약이 존재하지만 여기에서는 상품무역을 중심으로 하는 매매계약을 중심으로 그 주요 성격에 관하여 살펴보기로 한다.

첫째, 매매계약은 쌍무계약이다. 거래는 기본적으로 판매자와 구매자 사이에 의사의 합치이고 그 과정에서는 반드시 둘 이상의 복수 당사자가 존재한다. 상거래를 전제로 하는 계약에서 일방적인 의사표시는 존재하지 않으며, 그 거래내용은 불법거래가 아니거나 합법적인 거래일 것을 조건으로 한다.

둘째, 매매계약은 유상계약이다. 상거래는 기본적으로 이익을 확보하기 위한 것이므로 무상거래는 존재하지 않는다. 가령 당장의 거래는 무상으로 실행하더라도 장차의 이익과 관계를 목적으로 하는 경우가 많으며 무상계약은 거래가 아닌 기증이나 기부의 의사표시로 보아야 할 것이다.

셋째, 매매계약은 낙성계약이다. 모든 계약의 전제가 되는 것은 거래당사자의 합의의 표시이다. 각자가 상대방에게 제시하는 거래조건이 일정한 수준으로 일치하게 되었을 때 이를 합의로 본다. 거래당사자는 합의에 이를 때까지 다양한 거래조건을 수정하여 제시하여 합의를 시도하고, 더 이상 합의를 이룰 수 없을 것으로 판단할 때에는 거래관계의 종료를 선언한다.

넷째, 매매계약은 불요식계약이다. 무역거래에는 무수히 많은 업종과 상품이 존재한다. 모든 거래를 충족할 수 있는 완전한 형태의 계약은 존재하지 않는다. 거래당사자는 자신의 상황과 거래하는 계약목적물의 특성에 적합한 형태의 계약조건을 합의하고 이를 증빙하는 방법으로 계약서를 작성하거나 기타의 방법으로 이를 입증한다. 이때 계약입증을 특정 방법으로 제한하지 않지만 국가에 따라 계약서를 작성하지 않는 경우에는 그 계약의 유효성을 인정하지 않는 경우도 있다.

다섯째, 매매계약은 부합계약이 될 수도 있다. 부합계약은 상대방이 제시한 계약조건에 대하여 수정하거나 반론 없이 수락하는 것을 의미한다. 거래당사자의 관계가 수평적이고 경쟁력이 비슷한 경우에는 합의에 따라 계약을 체결하는 것이 일반적이다. 그렇지만 상대방이 월등하게 큰 시장지배력을 보이는 경우에는 그 힘을 바탕으로 자신에게 일방적으로 유리한 계약조건을 상대방에게 요구하기도 한다. 그러한 경우에는 중소무역기업이 거래를 위해서 어쩔 수 없이 불공평한 조건을 수용할 수밖에 없는 것을 무역실무에서는 쉽게 찾아볼 수 있다.

2. 무역계약의 성립

1) 성립요건

무역계약이 유효하게 성립하기 위해서는 정부 규정, 거래주체, 거래조건의 요소 등이 합법적으로 특정되어야 한다.

우리나라는 대외무역법과 관세법에서 수출입 거래당사자가 반드시 지켜야 하는 내용을 사전에 고시하고 있으므로 그 행정고시에 위반하는 내용은 불법거래가 되어 어떠한 경우에도 보호대상이 되지 않으므로 주의하여야 한다. 구체적인 내용으로는 대외무역법의 수출입공고와 통합공고에 관한 내용을 모두 충족하여야 하고, 통관에 관한 절차를 합법적으로 이행하여야 한다.

거래주체의 측면에서는 상대방이 진정성 있는 거래의 주체로서 본인(Principal) 또는 대리인(Agent)으로서 특정되어야 한다. 반드시 본인으로서만 거래할 필요는 없으며 거래규모가 크고 복잡할수록 대리인의 필요성이 증가하는데 이러한 경우에는 대리인의 권한과 범위에 대하여 오해가 생기지 않도록 확인하여야 한다.

거래조건에 관하여는 계약의 원만한 이행을 위하여 명시조건과 묵시조건을 적용하고, 거래전체과정에서 분쟁이 발생할 가능성에 대비하기 위하여 포괄거래조건으로서 일반거래협정서(General Terms and Conditions of Business)를 체결할 수 있다.

계약의 명시조건은 거래의 이행을 위하여 명시적으로 표시해야 할 항목이다.

명시조건은 크게 계약목적물에 관한 조건과 이행에 관한 조건으로 구분한다. 상품에 관한 조건으로는 품목, 품질, 수량, 단가를 표시하고, 거래의 이행을 위해서는 포장, 보험, 인도, 결제 등의 조건을 특정하도록 한다.

계약의 묵시조건은 모든 국제거래에서 널리 쓰이는 관습으로 굳이 설명하지 않아도 상대방이 알고 있거나, 알고 있을 것으로 추정되는 무역규범의 내용이다. 국제상거래 관습으로서 정형거래조건(INCOTERMS 2010)이나 신용장통일규칙(UCP600) 등의 내용이 여기에 해당한다. 묵시조건은 국제규범으로서 무역전문가는 반드시 알고 있어야 할 내용이 대부분이며, 이를 정확히 이해하지 못하여 발생한 손실은 상대방에게 청구할 수 없는 것이 원칙이다.

포괄거래조건은 계약의 시작부터 거래의 종료까지 포괄하여 적용되는 거래원칙이다. 거래당사자 관계가 원만하고, 계약상품의 거래에 하자가 없다면 포괄거래조건을 다시 읽어야 하는 일은 없을 것이다. 그렇지만 계약시 의도하지 않은 상황의 변화를 비롯한 다양한 환경의 차이에서 발생하는 손실에 대하여 원만히 합의로 해결할 수 없는 경우에는 객관적인 판단근거로서 당사자가 부담하여야 할 비용, 위험, 권리 등의 해석 근거로 작용하므로 계약서 작성에 유의하여야 한다.

유효한 계약은 이러한 요건을 반영하여 충실히 체계적으로 계약서를 작성하는 것에서 시작된다. 다만 완전한 계약을 추구할수록 오히려 거래를 이행하기 어려워질 수 있으므로 거래목적의 수준에 어울리는 계약서를 작성할 수 있도록 주의하여야 한다.

2) 청약

국제거래에서는 국내거래와 달리 거래당사자가 직접 만날 수 있는 기회는 거의 없다. 과거에는 디렉토리(Directory)라고 부르는 홍보물을 찾아 거래선에게 직접 편지를 보내 거래제의를 하였다. 현재는 정보통신의 발달로 거래당사자들의 서명이 필요한 원본서류의 교환을 제외하고 대부분의 서류는 이메일 또는 스캐닝한 서류를 교환하는 것으로 대신한다.

따라서 정보통신에 의지하는 거래는 사실상 실체를 확인하기 어려운 거래가 될 것이므로 상대방의 진정성을 파악하는 것이 대단히 중요하다. 이 상황을 상대방 입장에서 생각하면 똑같은 의심에서 거래가 시작되므로 상대방에게도 신뢰할 수 있는 거래선으로 행동하여야 한다.

청약(offer)이란 거래당사자를 특정하여 상대방에게 제시하는 구체적인 거래조건이다. 청약자(offerer)가 피청약자(offeree)에게 매매조건을 구체적으로 제시하여 상품을 판매 또는 구매하겠다는 확정적이며 진정성 있는 거래의사표시이다.[22] 이때 청약자는 수출자와 수입자를 구별하지 않고 거래의사표시를 먼저 보내는 쪽이 청약자가 된다.

따라서 청약서는 발행주체에 따라 매도청약(selling offer)과 구매청약(buying offer)으로 구분하고, 최초의 거래제의를 원청약(original offer)이라 하고 이에 대한 조건변경요청은 대응청약(counter offer)이라고 한다. 거래를 완전히 합의하기 전까지 대응청약은 반복할 수 있다. 그러므로 계약이 확정되기 전까지 제시하는 구속력이 없는 청약은 자유청약(free offer)이 되고 구속력을 갖춘 것은 확정청약(firm offer)으로 구분한다.

이때 수입자가 수출자의 확정청약을 승낙하면 계약으로 성립하게 되므로 사정변경으로 거래를 이행할 수 없는 경우에 대비하여 유효기간(validity)과 확정(firm)이라는 용어를 포함하는 것이 바람직하다.

그러므로 거래당사자가 발행하는 청약이 모두 그 효과가 같은 것은 아니다. "offer subject to market fluctuations"(시장변동조건부 청약), "offer subject to being un sold"(재고잔류조건부 청약), "offer subject to prior sale"(선착순매매조건부 청약), "offer subject to our final confirmation"(수출자 최종확인조건부 청약), "offer on sale or return"(반품허용조건부 청약) 등은 실무에서는 청약으로 통용되고 있으나 이들은 엄격한 의미에서 조건부청약(conditional offer) 또는 무확정청약으로 확정적 의사표시가 아니다. 따라서 이 경우에는 청약자가 최종적으로 계약체결권을 갖는다는 의미에서 청약의 유인(invitation to offer)으로 간주한다.

무역거래는 기본적으로 불요식거래이므로 특정한 형태와 서식을 요건으로 하는 청약서는 존재하지 않으며 거래당사자 사이에 오해와 혼동이 없도록 구체적으로 확정할 수 있는 내용으로 작성하면 충분하다.

---

22) 무역거래에서 청약서는 비엔나협약의 청약에 관한 규정을 기준으로 설명하고 작성하도록 한다.

청약의 효력은 도달주의를 기준으로 계산하여 청약자가 제시하는 유효기간 이내에 무조건 승낙하여야 거래가 확정된다.

진정성 있고 확정적인 거래를 위해서는 청약서의 필수기재요건은 거래당사자를 특정하고, 명시조건을 중심으로 거래조건을 확정하도록 한다.

당사자 거래에서 최소한의 수준으로 매매계약서를 작성한다면 거래의 기본이 되는 품질(quality), 수량(quantity), 가격(price), 선적(shipment), 지급(payment), 포장(packing) 및 보험(insurance) 등의 조건과 클레임(claim), 불가항력(fore magical), 중재(arbitration), 준거법(governing law)조건 등은 반드시 포함하여야 한다.

당사자 사이에 정규 계약을 체결하기 이전에 사전거래조건의 교환으로 명시조건을 중심으로 청약을 발행하게 된다. 명시조건 중 품질, 수량, 가격, 선적 등의 기본적 조건은 거래할 때마다 청약과 승낙을 통하여 확정되는 반면 불가항력이나 중재조항 등은 거의 모든 거래에 공통적인 조항으로 변동해야 할 필요가 없는 조항이다.

국제거래의 신속성과 편의성이 확보되기 위해서는 가능한 한 명시조건은 간단하고 명료하여야 하므로 공통적인 조항은 미리 일반협정서(General Agreement)를 통하여 확정해 두고 가변조항은 명시조건으로서 청약과 승낙으로 확정하는 것이 좋다.

〈청약서의 견본〉

Kim & Park Trading Corporation

123, Samsung-Dong, Kangnam-Gu, Seoul, Korea
Tel: 82-2-123-1234, Fax: 82-2-123-1235, www.Kim&Park.com

Offer Sheet

Mr. Paul Shin	Offer No : KPCT-XX-1234
President of COM TRADING	Date : Sep. 30, 20XX
10, Tom Avenue, Bluebrook, SW, 100, Canada.	Ref. No. :

Dear Sir,

We are pleased to offer the under-mentioned articles as follows.

Description	: LED Monitor (Item no: Kim & Park-0113)
QUANTITY	: 5,000 pcs
PRICE	: USD100.00/pc CIF Seattle port
SHIPMENT	: Within 1 month after receipt of your L/C
PAYMENT	: By L/C and Draft at 60 days after sight in favour of Kim & Park Trading Corp.
INSPECTION	: Seller' s inspection is to be final
INSURANCE	: Seller to cover the CIF price plus 10% against A/R including TPND.
VALIDITY	: November 10, 20XX
PACKING	: Export Standard packing.
MARKS	: Each carton box bearing the mark "K&P" in diamond with port mark, running case number and the country of origin.
REMARKS	:

Accepted By	**Kim & Park Trading Corporation**
	Jaeseong Kim
______________________	President ______________________

3) 승낙

상대방의 거래제의(확정청약)에 대하여 동의의 의사표시를 발행하면 승낙이 된다. 이때 승낙은 상대방이 제시한 조건과 완전히 일치할 것을 전제조건으로 한다. 승낙의 방법은 원칙적으로 청약에서 요구한 방법 또는 청약과 동일한 방법으로 유효기간 이내에 상대방에게 도달하도록 하여야 한다. 상대방의 행위 자체가 승낙으로서 별도의 통지를 할 필요가 없는 경우를 제외하고 침묵(silence)이나 무행위(inactivity)는 승낙으로 인정하지 않는다.[23] 그러므로 대부분의 거래에서는 반드시 승낙의 통지가 필요하다.

상대방에 대한 승낙의 통지는 청약의 경우와 동일하게 도달주의를 따르는 것이 합리적이다. 그러므로 승낙이 효력을 갖는 시점이 바로 계약이 성립되는 시점이 되고,[24] 승낙이 효력을 갖는 장소가 바로 계약의 성립장소가 된다.

만일 상대방에게 보낸 승낙의 통지가 잘못된 경우에는 청약의 효력이 발생하기 전에 또는 그와 동시에 철회의 의사표시가 청약자에게 도달하면 철회 가능하다.[25] 그렇지만 승낙이 청약자에게 도달하면 계약이 성립되기 때문에 일단 성립한 승낙은 취소할 수 없다.

3. 무역계약의 기본조건

무역계약이 유효하게 성립하기 위하여는 그 거래가 합법적인 것으로서 거래당사자와 거래조건을 특정해야 한다. 이때 거래조건은 자세하게 표시할수록 오해의 가능성이 줄어들어 결국 클레임을 예방하는 효과를 기대할 수도 있다.

여기에서는 계약의 성립에 중요한 기능을 하는 묵시조건은 정형조건으로 분리하여 따로 설명하기로 하고, 당사자가 우선 합의해야 할 기본조건으로서 명시

---

23) UN통일매매법 제18조 (1); "A statement made by or other conduct of the offeree indicating assent to an offer is an acceptance. Silence or inactivity does not in itself amount to acceptance."

24) UN통일매매법 제23조; "A contract is concluded at the moment when an acceptance of an offer becomes effective in accordance with the provisions of this Convention."

25) UN통일매매법 제22조.

조건과 일반조건에 관하여 살펴본다.

1) 명시조건

(1) 품질조건

상거래에서 가장 중요한 조건을 꼽는다면 품질(quality)과 가격이다. 계약목적물의 품질을 정상적으로 확보하였느냐에 따라 이후 거래의 성공여부가 결정되기 때문이다.

따라서 계약당사자는 계약에서 상품의 품질에 관하여 가능한 한 상세하게 약정하고, 품질은 상품 자체뿐만 아니라 용기와 포장까지도 계약과 일치하여야 한다.[26)]

만일 당사자 간 품질에 관한 명시가 없는 경우에는 판매와 특정목적에 적합하여야 하며, 수출자가 샘플을 제시했다면 이와 같은 품질을 갖고 있어야 한다.[27)]

품질을 결정하는 방법으로 점검매매(sale by inspection), 견본매매(sale by sample), 표준품매매(sale by standard), 상표매매(sale by trade make or brand), 명세서매매(sale by specification or dimensions), 규격매매(sale by grades) 등이 있다.

경우에 따라서는 이들 방법을 혼합하여 사용할 수도 있으며 품질의 결정시기는 당사자의 합의에 따라 선적품질조건, 도착품질조건 등으로 합의하여 결정한다.

(2) 수량조건

무역거래에서 수량(quantity)은 단순히 개수만을 의미하는 것이 아니라 중량, 용적, 포장 등을 포함하는 의미이다. 국가에 따라 도량형의 기준이 다르므로 거래에서 이를 확인하지 않으면 치명적인 하자로 이어질 수 있으니 주의하여야 한다.

수량을 표시하는 단위는 중량(weight), 용적(measurement), 개수(piece), 포장(package), 길이(length) 및 면적(square) 등으로 나눌 수 있다. 또한 일반 화물 컨테이너는 TEU(twenty feet equivalent unit)나 FEU(forty feet equivalent unit)로

26) UN통일매매법 제35조 (1)항 참조.
27) UN통일매매법 제35조 (2)항 참조.

〈표 4-1〉 품질결정방식의 구분과 특징

결정방식	특 징
점검매매	보세창고도거래(BWT), 현물상환도지급(COD) 방식에 적용
견본매매	- seller' s sample, buyer' s sample, counter sample - Goods sold an sample all be wanted by the seller to be exactly equal to the sample upon arrival at destination - 'exactly equal to' 나 'conform' 등의 용어보다 'almost equal', 'about equal', 'same as', 'up to' 또는 'similar to' 와 같은 표현이 수출자의 입장에서 후일의 분쟁을 피할 수 있는 적절한 표현 - 원견본(original sample), 보관견본(duplicate sample or keep sample), 제3견본(triplicate sample), - 선적견본(shipping sample)
표준품매매	- 평균중등품질(fair average quality; FAQ) → 농산물 - 판매적격품질(good merchantable quality; GMQ) → 수산물, 목재, 잠재하자의 가능성이 큰 상품 - 보통품질조건(usual standard quality; USQ) → 원면 수출거래
상표매매	- 상표거래 방식
명세서매매	- 선박, 대형기계, 의료기기, 철도차량 등 - 청사진, 카탈로그(illustrated catalogue), 설계도
규격매매	- KS, FDA 인증 등

구분한다.

중량단위로 가장 많이 활용하는 Ton의 경우 국가마다 도량형의 차이로 Long Ton(L/T), Short Ton(S/T), Metric Ton(M/T)으로 구분한다. Long Ton은 영국계로서 1Ton은 1,016kg(2,240LB)이며, Short Ton은 미국계로서 1Ton은 907kg(2,000LB)이며, Metric Ton은 우리나라와 유럽계에서 사용하며 1Ton은 1,000kg(2,204LB)이다.

중량의 측정기준 또는 중량기준의 대금결제기준에는 총중량(Gross Weight), 순중량(Net Weight), 법적순중량(Legal Net Weight) 및 정미순중량(Net)이 있다.

용적단위는 주로 액체나 목재 등의 거래에 사용되는데 목재 등은 cubic meter(CBM, m^3) 또는 cubic feet(CFT)로, 합판이나 타일 등은 square foot(SFT)

등이 사용된다. 용적톤(measurement ton, M/T)은 40cubic feet($1m^3$)에 해당한다.

유류 등에 사용되는 단위는 drum, gallon, barrel 등이다. 1drum은 200리터, 1gallon은 3785리터, 1barrel은 158,984리터이다.

개수는 낱개로 거래되는 공산품의 대금계산단위로 사용된다. piece, set 등을 사용하지만 수량이 많을 경우 dozen, gross(12dozen)[28] 등의 단위를 사용한다.

곡물이나 광물과 같은 비포장 산화물의 경우에는 어느 정도의 과부족(surplus or deficiency) 발생이 불가피하다. 수량에 관한 상사분쟁을 미연에 방지하기 위해서는 계약에 과부족 용인약관(more or less clause, M/L clause)이나 개산수량조건(approximate terms)을 사용하여 수량을 표시하는 것이 좋다.

과부족 용인약관은 약정된 수량에서 약간의 과부족이 발생하더라도 이를 계약위반으로 간주하여 클레임을 제기하지 않도록 과부족을 용인하는 조항을 계약에 명시한다. 신용장 통일규칙에는 산화물의 과부족 용인에 관한 전통적인 거래관습을 반영하여 반대의 명시가 없는 한, 또한 어음발행금액이 신용장금액을 초과하지 않는 범위 내에서 5%의 과부족을 허용하는 규정을 두고 있다.[29] 그렇지만 신용장 통일규칙은 신용장거래에만 적용되기 때문에 D/A 계약서나 D/P 계약서와 같은 거래에서는 과부족 용인조항을 명시해 둘 필요가 있다.

계산수량조건은 대강 계산하는 것으로 수량 앞에 'about', 'circa', 'approximately', 'around' 또는 'some' 등의 용어를 붙여 표시한다. 신용장 통일규칙에는 수량, 금액 및 단가 앞에 이러한 단어가 사용되었다면 10%의 과부족을 허용한다고 규정하고 있다.[30]

---

28) great gross는 12 gross를, small gross는 10 dozen을 의미한다.

29) "Unless a credit stipulates that the quality of the goods specified must not be exceeded or reduced, a tolerance of 5% more or les will be permissible, always provided that the amount of the drawings does not exceed the amount of the credit. This tolerance does not apply when the credit stipulate, the quality in terms of a stated number of packing unit or individual items."

30) UCP(500) 제39조 a항; "The words "about," "approximately," "circa" or similar expressions used in connection with the amount of the Credit or the quantity or the unit price stated in the Credit are to be construed as allowing a difference not to exceed 10% more or 10% less than the amount or the quantity or the unit price to which they refer."

이 경우 유의할 것은 금액 앞에 'about'을 사용하지 않은 수량 앞에만 'about'을 붙였다면 금액의 증감은 허용되지 않는다. L/C거래에서도 가격, 수량, 금액을 제외한 예를 들면 선적기일 운임 등에는 'about'의 10% 오차가 적용되지 않는다.

(3) 가격조건

무역계약조건 가운데 매매당사자에게 가장 중요한 기준이 가격(price terms)이다. 가격이 당사자의 이윤과 직결되기 때문에 청약에 대한 승낙의 가장 결정적인 조건이다. 가격조건에서 가장 문제가 되는 것은 가격의 산출기준과 가격의 표시통화이다.

가격은 상품의 단가를 정하여 상대방에게 제시할 때 원래 상품의 제조원가와 영업비 및 이윤을 제외한 아래의 여러 가지 수출입비용 가운데 어느 항목까지 포함시켰느냐에 따라 달라질 수 있으므로 모든 조건을 종합적으로 판단하여야 한다.

기본적으로 생산과 공급에 소요되는 비용과 수출자가 부담하여야 하는 운임과 보험료의 조건이 추가된다. 이러한 내용을 완전히 이해하기 위해서는 정형거래조건의 주요개념을 완벽히 이해하여야 한다.

당사자거래에서는 상품의 가격을 오해가 없는 특정단위 통화로 표시해야 하고, 환위험(exchange risk)을 피할 수 있는 방법을 선택하여야 한다.

(4) 포장조건

무역상품의 포장은 운송중 상품을 안전하게 보호하고, 상품의 가치를 높이는 기능을 한다. 따라서 상품의 종류, 운송방법, 거리, 기후, 온도, 환적회수, 항만 시설, 포장비 및 운임 등을 고려하여 가장 합리적인 포장을 하여야 한다. 수입자는 필요할 경우 계약서에 구체적인 포장방법과 포장재료를 명기하여 상대방에게 요구할 수 있다.

상품의 포장 겉면에 화인(cargo mark)을 표시하는 이유는 다른 화물과의 식별을 위한 것이다. 화인의 주요표시는 선화증권이나 포장명세서 등에 그대로 나타나므로 화물과 서류가 대조 가능하다. 화인은 화물을 식별하는 것은 물론 운반, 보관과정에서도 취급에 관한 주의사항을 표시하고 있으므로 이를 소홀히 하는 경우에는 상품이 파손되거나 최악의 경우에는 분실하는 상황이 발생할 수도 있다.

이를 좀 더 살펴보면 먼저 주화인(main mark)은 다른 화물과의 식별을 용이하게 하기 위하여 외장에 특정의 기호(symbol)을 표시하고 그 안에 상호 등의 약자를 삽입한다. 기호로서는 삼각형(triangle), 정사각형(square), 직사각형(rectangle), 원형(circle), 동심원(concentric circle), 마름모(diamond) 등이 있다.

부화인(counter marks)은 주화인만으로 다른 화물과 식별이 어려울 때 생산자 또는 공급자의 약자를 보조적으로 표시한다.

포장번호(care number)는 포장마다 일련번호(consecutive number)를 표시하여 분실을 예방하고 관리에 편의성을 더한다.

항구표시(port mark)를 표시하는 이유는 한 선박에 여러 화물이 함께 선적되기 때문에 화물의 선적과 양하작업이 용이하도록 또는 화물이 오송되는 일이 없도록 도착항이나 경유항[31)]을 표시한다.

품질 또는 중량표시(quality or weight mark)의 표시는 내용물의 품질 또는 등급을 기호로써 표시하고 각종 선적전검사의 내용을 표시한다.

원산지표시(origin mark)는 선적화물 생산국을 외장의 맨 아래에 표시한다.

주의표시(care mark, caution mark)는 화물취급시 주의할 점을 표시하는 것으로 외장의 측면에 도안이나 물자로 표시한다.[32)]

〈표 4-2〉 화인 표시 및 단위 포장화물

---

31) 경유지를 별도로 표시하여야 할 경우 'New York via Panama' 또는 'New York overland via Seattle' 등으로 표시한다.

32) 자주 사용되는 표시로는 'This Side Up', 'Keep Dry', 'Keep Cool', 'No Hooks', 'Fragile', 'Liquid', 'Inflammable', 'Explosive' 등이 있다.

(5) 인도조건

국제거래에서 활용하는 운송방법은 해상운송에 의한 선적이 가장 대표적인 방법이지만 해상운송 이외 다른 운송방법이 가능하므로 큰 개념으로 인도라 표시한다. 거래당사자 사이에 인도의 방법으로 활용되는 정형거래조건(INCOTERMS)에서는 인도장소와 방법에 따라 11가지 정형거래조건을 제시하고 있다.

해상운송전용 거래조건인 FOB나 CIF조건에서 '선적'과 '인도'가 같은 개념이지만, 복합운송인 FCA 또는 CIP 조건에서는 선적과 인도의 개념이 다르다. 그렇지만 일반적으로는 수출자가 계약목적물을 선박에 선적을 완료하였을 때 또는 최초 운송인에게 인도하였을 때 인도한 것으로 간주한다.

따라서 거래당사자가 최초 계약에서 선적일, 선적 또는 도착장소, 운송방법, 분할선적이나 환적허용여부 등을 합의하면 정형거래조건에 따라 이후 세부적인 내용은 자동으로 결정되고, 선적이후 수출자가 수입자에게 제시하는 선화증권 또는 운송증권으로 계약의 이행을 증명한다.

〈표 4-3〉 인도시기의 표시

인도시기	예문의 표시
단월조건	- Shipment shall be made during September.
연월조건	- Shipment shall be made during June and July - June/July shipment
특정일 이전/이후 조건	- Shipment shall be made till May 10. - from, till, by, until, to : 당일 포함 - after, before : 당일 제외 - on or about : 당일을 포함하여 명시된 일자의 전후 5일, 총11일
특정일 조건	- Shipment shall be made on May 10. - the latest shipping date - not later than
즉시선적	- 선적시기 일자나 기간을 명기하지 않은 "prompt", "immediate", 또는 "as soon as possible" 조건은 무효처리

(6) 보험조건

무역상품은 바다를 건너 원거리를 운송하므로 예상하지 못한 위험발생 가능성이 있기 때문에 적하보험(cargo insurance)에 가입한다. 대부분 매매계약체결시 보험조건으로 이러한 문제들에 대하여 규정하지만, 명시약정이 없을 경우 묵시조건의 성격을 갖는 INCOTERMS에 의하여 문제를 해결할 수 있다.

일반적으로 보험계약의 선택은 수입자가 결정하는 것이 원칙이지만 누가 보험계약을 체결하며, 보험금을 지급받는 피보험자가 누구인지는 정형거래조건에 따라 결정된다. 보험계약과 비용의 부담문제는 정형거래조건의 규정에 따라 자동결정되고, 위험이전 분기점에 따라 피보험이익(insurable interest)의 당사자가 결정된다.

무역거래에서 가장 많이 활용되는 FOB 조건에서는 위험을 부담하는 수입자가 보험계약을 선택하고, CIF와 CIP조건에서는 위험을 부담하는 수출자가 보험계약체결과 보험료 납부의무를 지고 있다. INCOTERMS에서 규정하는 보험조건은 당사자 간 별도 합의가 없는 경우에는 최저담보(minimum cover) 조건으로 송장금액의 110% 조건이면 충분하다.

(7) 결제조건

무역거래에서 거래당사자에게 가장 중요하고 관심 있는 것이 대금의 지급과 회수이다. 수출자가 상품을 인도해야 한다면 수입자는 약정 상품에 대하여 대금을 지급해야 한다. 거래당사자의 관계와 상품의 특성에 따라 수출대금을 언제, 어디서, 어떻게 받을 것인지를 매매계약에서 합의하는 것이 현명하다.

결제조건은 지급시기와 결제방법의 두 가지로 구분하여 활용한다. 먼저 시기를 살펴보면 거래약정에서 수출자가 대금지급을 회수하는 시기에 따라 선지급, 동시지급, 후지급, 연지급 등의 방식으로 나눌 수 있다.

선지급조건은 상품을 수출자가 운송인에게 인도하기 전에 상품대금을 지급받는 방식이다. 선지급은 수출자가 자금을 미리 확보하여 계약상품을 인도하므로 수출자에게 유리한 방식이다.

일반적으로 '주문도방식(Cash With Order; CWO)' 이 있다. 선지급방식은 견본구매나 소액거래에서 주로 이용된다.

동시지급조건은 수출자가 상품과 서류를 인도할 때 동시에 수입자가 대금을 지급하는 것을 말한다. 동시지급조건으로는 현물상환도지급(Cash On Delivery;

COD)과 서류상환도지급(Cash Against Document; CAD) 방식이 있다. 서류상환도지급 방식은 서류가 은행을 통하지 않고 제시되는 경우와 서류가 은행을 통하여 제시되는 경우가 있다.

후지급조건과 연지급조건은 선지급조건과 반대로 수출자가 인도하는 상품과 서류가 수입자에게 인도된 일정기간 이후에 수입자가 대금을 지급받는 방식이다. 후지급조건은 수입자가 상품을 수령하고 판매한 후 이익금을 그 대금으로 수출자에게 결제할 수 있다. 그러나 시장상황이 좋지 않아 판매가 부실한 경우에는 수출자는 대금을 회수하지 못할 수도 있다. 지급도조건(Document against Payment; D/P)과 인수도조건(Document against Acceptance; D/A)을 대표적인 후지급조건으로 구분한다.

다음으로 결제방식을 유형별로 살펴보면 현금결제방식, 송금방식, 환결제방식, 화환어음결제방식 등으로 구분한다.

최근 무역에서 가장 높은 빈도를 보이는 결제방식은 환(transfer)결제방식으로 주로 전신환(Telegraphic Transfer; T/T)을 사용한다.

현금결제방식으로는 현물상환도지급(COD)과 서류상환도지급(CAD) 방식이 있고, 송금방식으로는 수표는 은행수표(banker' s check)와 개인수표(personal check)가 있다.

화환어음결제방식은 환어음(bill of exchange)을 활용하여 수출자가 인도하는 선적서류(shipping documentary)와 함께 제시하고 대금을 결제하는 방식이다. 수출자가 제시하는 환어음과 선적서류를 수입자가 결제하면 추심결제방식이 되고, 이를 은행이 대금지급확약조건으로 인수하면 신용장결제방식이 된다.

수출자가 제시한 화환어음을 인수하고 지급하는 방식에 따라 일람출급어음(sight bill of exchange)과 기한부어음(usance bill of exchange)으로 구분한다.

4. 정형거래조건

1) 정형거래조건의 개요

무역거래는 국경을 넘어 세계 곳곳으로 거래가 확대되고 있으므로 수없이 많은 업종과 상품이 존재한다. 또 모든 나라는 무역을 통해서 이익을 극대화할 수 있는 방법을 찾고자 한다. 복잡하게 거래가 연결되고 이해관계가 대립하는 상황에서 거래조건에 관하여 일일이 새로이 합의하고 결정해야 한다면 시간과 노력이 지나치게 많이 소요될 것이다.

이러한 과정에서 소요되는 불편과 낭비를 없애기 위해서는 업종과 상품, 항구의 특성을 반영하여 일정한 형태의 거래조건으로 분류하여 세부적인 사항에 대하여만 별도로 합의하고 계약할 수 있다면 혼란과 불편을 감소할 수 있을 것이다.

그 목적으로 1936년 국제상업회의소(International Chamber of Commerce; ICC)에서 거래조건에 관한 해석을 정형화된 규칙으로 정하였는데 이를 "정형거래조건의 해석에 관한 국제규칙(International Rules for the Interpretation of Trade Terms; INCOTERMS)" 이라 하고 흔히 정형거래조건으로 약칭하고 있다.

최근까지 정형거래조건(INCOTERMS)은 10년의 주기로 개정되어 왔는데 정형거래조건이 개정될 때마다 발표연도를 INCOTERMS 2010과 같은 방식으로 표시한다. 그 이유는 교통과 통신의 발달로 과거의 기준으로 현재와 미래의 거래에 적용하는 것이 어려움이 있고, 개정되는 정형거래조건마다 조금씩 내용이 추가되거나 삭제되기 때문에 발생할 수 있는 혼란을 막기 위함이다.

그렇지만 반드시 최신규정을 활용해야만 무역을 할 수 있는 것은 아니다. 무역거래에서 가장 우선 적용되는 것은 당사자의 합의와 관습이므로 이러한 것을 일일이 정하기 어려운 거래에서는 과거의 조건을 그대로 활용하더라도 큰 문제는 발생하지 않는다.

다만 거래당사자가 잘 알지 못하는 부분까지 합의하는 것은 사실상 어려우므로 계약당사자가 정확한 내용으로 거래조건을 명시하지 못하였을 경우 계약당사자가 부담해야 하는 비용과 추가위험에 관한 오해로 분쟁의 가능성이 커지게 된다. 이러한 부분에 대해서 정형거래조건은 보완적 기능으로서 국제적으로 널리 인정되는 표준거래조건이 될 수 있는 것이다. 기본적으로 정형거래조건에서 가장 중요하게 다루는 내용은 거래당사자가 각각 부담해야 하는 위험과 비용의 기준, 그리고 이를 바탕으로 가격과 인도장소에 관한 분명한 기준이 된다.

현재 가장 마지막으로 개정 발표된 것은 INCOTERMS 2010으로서 최근 세계적인 FTA의 확대와 전자무역의 확산 움직임을 반영하였다.

가장 큰 변화는 종전까지 사용하던 INCOTERMS 2000의 13개 조건을 11개로 줄이면서 내용을 보다 분명하고 간단하게 정리한 점이다. 기존 INCOTERMS 2000 규정에서는 EDI 전자서류를 대체할 수 있도록 규정하였으나, INCOTERMS 2010 규정에서는 계약당사자가 합의하고, 통관에 문제가 없다면 종이서류와 동일한 효력을 부여함으로써 종전보다 발전된 형태로 발전하였다.

2) INCOTERMS 2010의 특징과 기본체계

INCOTERMS 2010은 기존의 국제거래뿐만 아니라 국내거래에도 적용 가능하도록 계약당사자의 의무를 규정하였고, 법적인 측면에서 발생할 수 있는 위험(risk)을 제거할 것을 목표로 하였다. 따라서 상품을 인도하기 위해 정확한 장소를 분명히 표시하여야 하고, 필요한 경우 수출입 통관절차에 따른 의무를 규정하여야 한다.

그리고 통관과정에서 상품 자체의 특성 이외의 문제로 인명과 기타 상품에 위협이 되지 않도록 확인을 요구하는 상품보안검색이 증가하는 추세를 반영하여 보안검색통관을 규정하였다. 따라서 INCOTERMS 2010에서는 매수인 또는 매도인 중 보안검색통관 이행에 관한 의무를 부담하여야 한다.

국제무역거래에서는 매매계약의 목적물이 최종 목적지까지 도착하기 이전에 운송과정에서라도 여러 차례 전매될 수 있다. 운송 중 화물을 되팔고자(전매) 하는 수입자는 자신이 직접 상품을 선적하여 인도하지 않더라도 운송 중인 상품을 획득(procure)하여 계약상품으로서 인도할 수 있다. 그러므로 INCOTERMS 2010에서는 이러한 거래를 반영하여 수입자가 선적하여 상품을 인도하는 것뿐 아니라 상품을 획득하여 인도하는 경우에도 계약상품을 인도한 것으로 규정하고 있다.

국제무역 운송은 운송수단의 발전에 따라 복합운송의 활용이 증가하고 있지만, 여전히 업종과 항구에 따라 그 관습이 다르다. 공통적인 내용으로서 복합운송(CPT, CIP, CFR, CIF, DAT, DAP, DDP) 조건에서는 수출자는 목적지점까지 운송비를 부담하여야 한다. 그런데 때로는 수입자에게 'THC(Terminal Handling Charge)'를 중복 청구하는 경우가 있으므로 이를 방지하기 위하여 INCOTERMS 2010에서는 이에 관한 규정을 제시하고 있다.

수출자와 수입자는 자신들의 거래관습을 반영하여 정형거래조건을 특약형태로 변형하여 사용할 수 있다. 이때 기존조건의 변경으로 계약당사자의 의무와 권리를 표시하는 것에 오해가 발생하지 않도록 특별히 조심하여 그 내용을 분명히 표시하여야 한다.

(1) 복합운송

복합운송은 하나 또는 하나 이상의 운송방식이 결합하여 운송서비스를 제공하는 방식이다. 거래당사자가 복합운송조건을 전제로 하여 복합운송조건에 해당하는 정형거래조건을 선택하였다면 그 거래는 운송방식에 상관없이 모든 운송조건에 적용될 수 있다.

복합운송조건은 전체 운송구간에서 해상운송구간이 전혀 포함되지 않은 경우에도 사용할 수 있고, 전체 운송구간의 일부가 해상운송인 경우에도 사용할 수 있다.

- EXW (공장인도; EX works)
- FCA (운송인 인도; Free Carrier)
- CPT (운임지급인도; Carriage Paid TO)
- CIP (운임, 보험료 지급인도; Carriage and Insurance Paid TO)
- DAT (터미널 도착 인도; Delivered At Terminal)
- DAP (지정장소 도착 인도; Delivered At Place)
- DDP (관세지급인도; Delivered Duty Paid)

(2) 해상운송

해상운송방식은 전통적으로 사용 활용도가 대단히 높은 조건으로서 대부분 국제무역에서 활용하고 있다. 주의할 점은 기존 INCOTERMS 2000 이전의 규정에서는 상품의 인도시점을 'ship' s rail' 로 규정하였으나, 개정된 INCOTERMS 2010 에서는 이 규정을 'on board' 기준으로 변경하였다.

상품인도기준을 기존의 'ship' s rail' 에서 'on board' 로 변경한 것은 현재의 국제적 운송환경을 반영하고, 상품이 선측난간 위를 흔들리는 상태로 들려 올려 선적하는 방식으로 상품의 인도기준을 확정하는 것에서 발생하는 분쟁을 제거하기 위한 목적이다.

- FAS (선측인도; Free Alongside Ship)
- FOB (본선인도; Free On Board)
- CFR (운임포함 인도; Cost and Freight)
- CIF (운임, 보험료포함 인도; Cost Insurance and Freight)

3) INCOTERMS 2010의 주요 변경사항

(1) 위험이전 분기점의 변경

해상운송방식에서 상품인도시 위험이전의 기준은 전통적으로 선측난간(ship' s rail)으로 규정하였는데 운송방식의 발전과 수입자의 클레임 증가로 발생하는 문제를 해결하고자 적재완료(on board) 기준으로 변경한 것이 가장 큰 변화이다.

전통적인 위험이전의 기준이 되는 선측난간을 사용하면 선박 수직 위에서 움직이는 상태로 선적될 때 증가하는 위험부담으로 인한 분쟁을 줄일 수 있을 것으로 보인다.

(2) DAT, DAP의 추가

INCOTERMS 2010에서는 과거 복합운송방식으로 사용되던 DAF, DES, DEQ, DDU 조건을 삭제하고 새로이 DAT, DAP 2가지 조건을 추가하였다. 여기에서 'delivered' 의 공통된 의미는 목적지까지 수출자가 수입통관을 제외한 비용을 부담할 것을 의미한다. 또한 수출자는 목적지 인도지점까지 상품을 인도하는 데 발생할 수 있는 위험을 부담하는 것을 의미한다.

4) INCOTERMS 2010의 활용시 주의사항

정형거래조건은 국제적으로 널리 인정되고 활용되는 무역거래 당사자는 반드시 알고 있어야 하는 묵시조건으로서의 기능을 갖는다. 만일 당사자 거래에서 특정 조건의 의미를 잘못 알고 있어서 손실이 발생하더라도 상대방에게 전가할 수 없고 본인 스스로 부담할 가능성이 있음을 의미하는 것이다.

특히 주기적으로 그 내용이 개정되는 상황에서는 사소한 혼란으로 인한 손실을 입지 않도록 주의한다. 그러한 손실을 예방하는 방법을 몇 가지 설명하면 다음과 같다.

첫째, 거래조건을 반드시 'INCOTERMS 2010' 과 같은 방식으로 연도를 표기하여야 한다. INCOTERMS 조건은 명칭이 동일하더라도 사회발전에 발맞추어 그 내용이 유사하게 꾸준히 개정을 거듭하였다. 만일 내용을 확인하지 않고 명칭이 동일하다는 것만으로 계약을 실행한다면 계약당사자가 부담해야 할 비용과 의무의 내용에서 큰 차이가 발생할 수도 있다.

따라서 이러한 혼란을 막기 위해서는 자신이 의도하는 INCOTERMS 조건이 어떤 내용인지를 분명히 명시적으로 표시하여야 한다. 다음의 예에서 수출자와 수입자는 계약조건이 어떻게 달라지는지 살펴보면 그 차이를 분명히 느낄 수 있을 것이다.

예 FOB Busan port (INCOTERMS 2010)
FOB Busan port (INCOTERMS 2000)

둘째, 계약당사자가 의도하는 무역거래의 특성을 반영할 수 있는 정확한 INCOTERMS 조건을 선택하여야 한다. 정형거래조건은 단순히 계약상품의 가격만을 표시하는 것이 아니라, 계약상품의 인도장소와 보험계약체결 의무를 규정하고 있다.

따라서 거래당사자는 업종과 상품의 특성에 따라 운송방식의 특징을 고려하여 정확한 거래조건을 선택하여야 한다.

셋째, 계약당사자가 의도하는 상품의 인도장소를 최대한 자세히 표시하여야 한다. 무역계약은 당사자 합의에 따라 계약상품을 인도할 장소를 자유로이 결정할 수 있다. 특히 복합운송의 경우에는 계약상품의 인도장소를 부두, 터미널, 공항 또는 내륙의 어느 지점(place)이라도 관계없이 특정할 수 있다. 다만 거래에서 오해와 혼동을 피할 수 있도록 가능하면 다음 보기와 같이 자세히 장소를 표시하는 것이 좋다.

예 FCA 38 Cours Albert 1er, Paris, France INCOTERMS 2010

넷째, 계약당사자가 의도하는 정확한 거래조건을 특정하였더라도 무역거래에서 발생할 수 있는 모든 문제를 해결할 수 있는 것은 아니다. 정형거래조건은 계

〈표 4-4〉 당사자 의무

A. 수출자의 의무	B. 수입자의 의무
A1 계약에 일치한 상품의 제공	B1 대금의 지급
A2 허가, 승인 또는 통관절차	B2 허가, 승인 또는 통관절차
A3 운송 및 보험계약	B3 운송 및 보험계약
A4 인도	B4 인도의 수령
A5 위험의 이전	B5 위험의 이전
A6 비용의 분담	B6 비용의 분담
A7 수입자에 대한 통지	B7 수출자에 대한 통지
A8 인도증거, 운송서류 또는 동등한 전자통신문	B8 인도증거, 운송서류 또는 동등한 전자통신문
A9 점검 포장 화인	B9 상품의 검사
A10 기타의 의무	B10 기타의 의무

약당사자가 무역계약에서 부담해야 하는 운송비와 보험료의 부담에 관하여 분명한 기준을 제시한다. 그러나, 상품에 대한 소유권, 대금결제 방법이나 가격의 결정방법, 클레임 등에 관하여는 다루지 않는다. 또 계약당사자가 계약의무를 위반했을 경우 대응방법에 대하여도 다루지 않는다.

무역거래는 오늘 상황이 좋다가도 내일 갑자기 문제가 발생할 수도 있는 복잡한 거래이다. 이와 같이 무역거래에서 발생할 수 있는 문제를 미리 예방하거나 해결하기 위해서 거래당사자는 일반거래조건과 별도의 계약서 등의 방법으로 대비하는 것이다.

5. 정형거래조건 해설

1) INCOTERMS 2010

(1) EXW (Ex Works; 공장인도)

EXW 조건은 수출자가 계약상품을 수출통관하지 않고, 화물차량에 적재하지 않은 상태로 수출자의 영업장(전시장, 공장, 창고 등)에서 수입자의 임의 처분하에 넘길 때 수출자의 인도의무가 완료된다.

이 조건은 수입자가 수출통관으로부터 운송, 보험에 이르는 모든 것을 부담하는 조건으로 수출자에게는 최소의무(minimum obligation) 조건이 된다. 이 조건은 수입자가 모든 과정을 직접 관리할 수 있을 때에만 활용하여야 한다.

(2) FCA (Free Carrier; 운송인 인도)

FCA 조건은 수입자가 계약상품을 수출통관하여 지정된 장소에서 수입자가 지정한 최초 운송인에게 인도하는 것이다. 따라서 수입자는 상품의 인도지점을 수출자에게 통지하여야 한다. 인도장소가 수출자의 영업장인 경우에는 수출자가 적재의무를 부담하지만 기타의 장소인 경우에는 수출자에게 적재의무가 없다.

이 조건은 복합운송으로서 모든 운송방식에 관계없이 사용할 수 있다. 그러므로 이 조건의 운송인은 운송대리인(freight forwarder)을 포함하여 철도, 도로, 항공, 해상, 내수로, 복합운송 조건의 모든 운송인에게 적용할 수 있다.

그렇지만 계약이행의 증거로서 수출자가 제시해야 하는 운송서류는 운송방식에 따라 다르다. 해상운송인 경우 유통성 선화증권(negotiable bill of lading), 비유통성 해상화물운송장(non-negotiable sea waybill), 항공운송의 경우 항공화물운송장(air waybill), 복합운송의 경우 복합운송서류(multimodal transport document) 등이 있으며 이러한 모든 서류는 당사자의 합의에 따라 각각 전자통신문으로 대체될 수 있다.

(3) FAS (Free Alongside Ship; 선측인도)

FAS 조건은 수출자가 계약상품을 지정된 선적항에서 수출통관을 완료 후 본선의 선측에 인도하였을 때 인도의무가 완료되는 것을 의미한다. 따라서 FAS 조건에서 위험 비용부담의 분기점은 선측인도 시점이 되고, 수입자는 상품의 선측인도 이후로부터 모든 위험과 비용을 부담한다.

수입자는 선적전검사(PSI)비용, 해상운임(freight), 해상보험료(insurance premium), 목적항에서의 양륙비(unloading charge), 수입통관비 등을 부담하여야 한다. 주로 곡물, 원유, 원자재 등 포장할 수 없는 산화물(bulk cargo)의 거래에서 활용한다.

FAS 조건은 해상운송을 전제로 하기 때문에 수출자는 수입자에게 해상운송서류로서 수취선화증권(received B/L)을 제시하면 충분하다.

(4) FOB (Free on Board; 본선인도)

FOB 조건은 계약상품이 지정된 선적항에서 본선의 난간(ship' s rail)을 통과하여 적재완료 되었을 때 수출자의 인도의무가 완료되고, 수입자는 그 이후로 발생하는 상품에 대한 모든 위험과 비용을 부담한다.

그러므로 FOB 조건에서 위험 비용부담의 분기점은 상품이 본선 적재완료시점이 되고, 해상운송에만 사용한다. 수입자는 상품이 목적지에 도착할 때까지 운임과 보험료, 수입관련의 비용 전부를 부담하여야 한다.

수출자는 계약상품을 선적항 본선 적재완료하고, 수출허가와 수출통관을 이행하고, 계약에 일치된 상품임을 증빙하기 위해서 상업송장과 선적선화증권(on board B/L) 등을 수입자에게 제공하여야 한다.

다만 수입자의 사정으로 운송계약과 보험계약을 수출자에게 요청할 경우에는 모든 비용을 수입자의 부담으로 수출자가 대행할 수도 있다.

(5) CFR (Cost and Freight; 운임 포함 인도)

CFR 조건은 상품이 선적항에서 본선 적재완료까지 수출자의 인도의무가 이행되는 것을 의미한다. 이 조건에서 수출자는 목적항 도착까지 운임 비용을 부담하고, 위험은 적재완료시점으로부터 수입자에게 이전하기 때문에 비용과 위험의 이전시기가 다르다. 따라서 수입자는 자신의 위험부담을 줄이기 위해 보험계약을 선택할 수 있다.

이 조건에서도 수출자가 수출통관의 의무를 부담하며, FOB, CIF 조건과 함께 대표적인 해상운송으로 활용한다.

수출자는 계약상품 인도를 증빙하기 위하여 상업송장 및 선적선화증권(on board B/L) 등을 수입자에게 제공하여야 한다.

(6) CIF (Cost, Insurance and Freight; 운임 보험료 포함 인도)

CIF 조건은 수입자가 목적항까지 상품의 운송에 필요한 비용을 지급하지만 상품에 대한 위험은 상품이 선적항에서 본선에 적재완료되었을 때 수입자에게 이전하는 조건이다.

CIF 조건은 수출자가 목적항까지의 운송비와 보험료를 부담하여 운송계약과 보험계약을 체결한다. 반면에 선적완료 이후에 발생하는 해상위험은 수입자가 부담한다. 수입자의 요구가 없다면 수출자는 최저담보조건을 근거로 보험금은 송장금액의 110% 조건으로 보험을 계약하고, 수출통관의무를 이행하면 계약의무가 완료된다. 이 조건은 해상운송에만 사용됨을 주의하도록 한다.

따라서 CIF 계약조건은 수출자가 인도한 상품이 멸실 또는 손상을 원인으로 목적항에 도착하지 않더라도 수출자가 선적을 입증하는 서류를 제공하면 수입자는 대금을 지급하여야 한다.

CIF 계약의 본질은 상품이지만 대금지급은 선적서류에 의하여 이루어지므로 상징적 인도(symbolic delivery)의 성격을 지니고 있다.

그러므로 수출자는 계약상품을 수입자에게 제공하였음을 입증하는 상업송장(commercial invoice), 운송계약을 체결하였음을 증명하는 선적선화증권(on board B/L) 및 보험계약을 체결하였음을 증명하는 보험서류(보험증권)를 수입자에게 인도하여야 한다.

(7) CPT (Carriage Paid To; 운송비지급인도)

CPT 조건은 수출자가 운송인에게 상품을 인도하고 목적지까지 운송비를 지급하는 거래방식이다. 운송인에게 계약상품을 인도하여 수출자의 의무는 완료되고 이후에 발생되는 모든 위험과 운임을 제외한 모든 비용은 수입자가 부담한다.

이때 운송인(carrier)은 운송계약에 따라 해상, 항공, 복합운송 등 모든 운송방식을 활용할 수 있다. 이 조건은 수출자가 목적지까지 운송비를 지급한다는 점에서는 CFR과 유사하지만 CFR 조건은 해상운송에만 활용할 수 있는 점이 다르다.

수출자는 계약이행의 증거로서 상업송장을 비롯한 운송서류 등을 인도하여야 한다.

(8) CIP (Carriage and Insurance Paid to; 운송비보험료지급인도)

CIP 조건은 수입자가 선적지에서 자신이 지정한 운송인에게 상품을 인도하고 동시에 목적지까지 운송계약과 보험계약을 체결하고 운송비(carriage)와 보험료(premium)를 지급하는 조건이다. 수입자는 상품인도 이후 발생하는 모든 위험과 비용(운송비 및 보험료 제외)을 부담한다.

보험조건에 관하여 수입자의 요구가 없다면 수출자는 최저담보조건으로 계약을 체결한다. 이 조건은 복합운송조건이므로 운송인은 운송계약에 있어서 철도, 도로, 해상, 항공, 복합운송 등 모든 운송방식을 활용할 수 있다. CIP 조건은 수입자가 운송계약과 보험계약을 체결한다는 점에서 CIF와 같지만 CIF 조건은 해상운송방식으로만 활용하여야 한다.

CIP 조건도 CPT 조건과 같이 위험은 선적지에서 수출자가 운송인에게 상품을 인도하였을 때 이전되고, 비용은 목적지까지의 운송비와 보험료를 부담한다. 보험계약은 최저담보조건으로 보험금액(amount insured)은 상품의 계약금액의 110% 조건이면 충분하다.

수출자는 계약상품의 인도를 상업송장, 운송계약체결의 증빙서류인 통상적 선적서류(유통적 선화증권, 비유통성 해상화물운송장, 항공화물운송장, 철도화물탁송장, 도로화물탁송장, 또는 복합운송서류) 및 보험계약의 증빙서류인 양도가능한 보험서류(보험증권, 보험증명서)를 제공하는 것으로 증빙할 수 있다.

(9) DAT (Delivered at Terminal; 터미널 도착인도)

DAT 조건은 복합운송방식으로 수출자가 도착지 터미널까지의 운송계약과 운임을 부담하고 목적지 터미널에서 운송수단으로부터 하역완료 상태로 수입자의 처분권에 맡길 때 인도가 완료된다.

이 조건은 도착장소 수입통관 이전시점까지 수출자가 계약목적물을 인도하여야 수출자의 비용으로 보험계약을 선택할 수 있다.

DAT 조건은 부두인도 조건으로도 사용할 수 있으므로 기존의 DEQ 조건을 대체한다.

(10) DAP (Delivered at Place; 지정 도착장소인도)

DAP 조건은 복합운송방식으로 수출자가 도착지 터미널까지의 운송계약과 운임을 부담하고 수입자의 처분권에 넘길 때까지 인도하는 것으로 기본적인 내용은 DAT 조건과 같으나, 수입자가 요구하는 터미널의 지정된 지점에서 운송수단에서 하역하지 않은 생태로 인도하는 방식이다. 또한 상품의 목적항 부두의 선상에서 인도할 수도 있으므로 기존의 DES 조건을 대체할 수 있다.

DAP 조건은 도착장소 수입통관 이전시점까지 수출자가 계약목적물을 인도하여야 수출자의 비용으로 보험계약을 선택할 수 있다.

(11) DDP (Delivered Duty Paid; 관세지급인도)

DDP 조건은 수출자가 계약상품을 최종목적지까지 수출자의 비용과 위험부담으로 운반한 후 수출입통관을 모두 완료하여 수입자에게 인도하는 조건이다. 따라서 이 조건은 수출자가 운송계약을 체결하고 필요에 따라 보험계약을 선택하는 것으로서 수출자에게 계약의무 부담이 가장 큰 조건이다.

수출자가 수입통관까지 완료하기 위해서는 수입지 현지에서 제반 업무를 도울 수 있는 현지 대리인이나 협력자 관계를 사전에 구축하여야 한다.

2) INCOTERMS 2000

INCOTERMS 2000의 규정은 INCOTERMS 2010과 달리 전체 내용을 E, F, C, D 그룹별 특성으로 구분하여 나눈 것이 특징이다. 수출자에게 부담이 가장 작은 EXW 조건으로부터 시작하여 계약부담이 차차 무거워져서 가장 큰 부담을 해야 하는 DDP 조건까지 구성하였다. 수출자로부터 계약목적물이 점점 멀어져 결국 수입자에 이르는 과정을 생각하면 이해하기 쉽다.

각 조건의 기본적인 내용은 정형거래조건이 최초 제정되었을 때의 기본 성격을 그대로 가지고 있으며, 사회발전의 수준에 따라 조금씩 변화한 것으로 그 내용이 현저한 차이를 보이는 것은 아니다. 다만 무역거래가 규모와 금액이 크므로 사소한 차이에서 시작한 것이 결국에는 거래당사자에게는 큰 부담으로 작용할 수 있음을 주의해야 한다.

- E　EXW (공장인도; Ex Works)

- F　FCA (운송인 인도; Free Carrier)
  FAS (선측인도; Free Alongside Ship)
  FOB (본선인도; Free On Board)

- C CIF (운임, 보험료포함 인도; Cost Insurance and Freight)
  CFR (운임포함 인도; Cost and Freight)
  CIP (운임, 보험료 지급인도; Carriage and Insurance Paid TO)
  CPT (운임지급인도; Carriage Paid TO)

- D DAF (국경인도; Delivered At Frontier)
  DES (착선인도; Delivered At Ex Ship)
  DEQ (부두인도; Delivered At Ex Quay)
  DDU (관세 미지급인도; Delivered Duty Unpaid)
  DDP (관세 지급인도; Delivered Duty Paid)

제5장

매매계약서

| 학습목표 |

1. 명시조건과 묵시조건을 살펴본다.
2. 포괄조건을 살펴본다.
3. 정형거래조건과 매매계약의 관계를 살펴본다.
4. 유효한 계약의 성립요건을 살펴본다.
5. 계약서 작성시 실무상 주의사항을 살펴본다.

1. 일반거래조건

유효한 무역거래가 성립하기 위해서는 계약자유의 원칙에 따라 합법적인 거래로서 거래당사자와 거래조건을 특정하여야 한다. 이때 거래조건은 성격에 따라 그 내용을 명시조건(express terms), 묵시조건(implied terms), 일반거래조건(general terms and conditions of business)으로 나눌 수 있다.

먼저 명시적 조건이란 계약당사자 간 합의를 명시적으로 계약서에 표시하는 조건으로 이에 관하여는 앞에서 살펴보았다.

묵시적 조건이란 계약이행과정에 필요한 거래방식이나 그 이외의 것들을 일일이 설명할 수 없는 것들에 대해서 일반적으로 널리 알려진 방식을 그대로 적용하여 거래할 때 활용하는 조건이다. 가장 대표적인 묵시조건은 정형거래조건(INCOTERMS)이다. 무역거래에서는 이렇게 활용되는 묵시조건을 충분히 알지 못하거나, 몰랐다는 이유로 그 책임이 면책되지 않는다.

따라서 계약이행과정과 관련된 문제는 거래관습에 함축된 것으로 보기 때문에 묵시조건이라고 한다. 마지막으로 준거법 조건이란 명시적 조건 또는 묵시적 조건을 적용함에 따라 발생하는 계약의 공백을 메우는 기능을 한다.

이러한 조건에서 명시조건과 묵시조건을 위주로 계약서를 작성하는 것을 개별계약이라 하고, 명시조건, 묵시조건, 포괄조건을 모두 포함하여 계약서를 작성하는 것을 포괄계약이라고 한다. 포괄계약과 개별계약은 상호 보완적 기능을 하며 상호 모순될 경우 개별계약의 내용이 우선한다.

2. 매매계약서의 작성

매매계약서의 작성은 특별한 원칙이나 형식이 있는 것은 아니다. 그렇지만 대부분의 무역업체에서는 최소한의 수준으로서 일반적으로 반복하는 형태의 계약서식을 준비하고 있다. 무역거래는 개인의 생활에 필요한 거래를 목적으로 하지 않는다. 무역은 전문가들의 거래로서 비교적 규모와 금액이 크기 때문에 문제가 발생하는 경우 큰 손실로 이어질 수 있다.

따라서 이러한 문제를 미리 예측하고 자신에게 손실이 발생하지 않는 최소한의 범위내에서 계약조항을 설정하여 거래상대방과 협의하는 것이다. 명시조건을

〈표 5-1〉 매매계약 방식에 따른 특징

계약 체결방식	계약서 형식	비 고
개별계약방식 (case by case contract)	- 표면사항 - 이면사항	- 첫 거래 - 건별 거래
포괄계약방식 (master contract)	일반거래협정서 - offer sheet - order sheet	- 계속 반복거래

〈표 5-2〉 국제무역 규범

개별계약	명시조건	상품조건	Quality, Quantity, Price, Packing
		이행조건	Payment, Insurance, Shipment
	묵시조건	매매관습	INCOTERMS, CISG, NY Convention
		결제관습	UCP, URC etc
		운송관습	Hague Rule, Hague-Visby Rules, Hamburg rule
		보험관습	Institute Cargo Clause, MIA
포괄계약	불가항력		Force Majeure
	계약위반과 구제		Breach of Contract & Remedy
	클레임		Claims
	준거법		Governing Law

위주로 작성되는 개별거래의 경우에는 그 규모와 금액이 크지 않아 수시로 거래조건을 합의하여 변경할 수 있지만, 규모가 커지는 경우에는 거래가 장기간 지속되는 경우가 많으므로 한 번 결정하면 쉽게 그 내용을 변경할 수 없는 경우가 많다.

무역거래에서 장기간의 거래를 염두에 두는 경우에는 일반적인 거래조건에 관하여 합의하고, 거래의 작은 부분에 해당하는 것들은 필요할 때마다 협의하여 결정할 수 있다. 대체로 상품 자체에 관한 것들에 대해서는 문제가 발생할 가능성이 낮고 거래의 단계별 이행과정에서 문제가 생길 수 있는데 무역계약에서는 이러한 내용을 주로 계약조항으로 확정하게 된다.

일반계약서에서 반드시 다루어야 할 내용으로는 품질조건, 가격조건, 선적조건과 이행과정에서 문제가 생길 것에 대비하여 클레임, 불가항력조항, 중재조항, 준거법조항 등을 준비하도록 한다.

〈매매계약서 견본 1〉

SALES AGREEMENT

Messrs, Shellal & Co., Ltd. March 1,
20× ×
I.P.O. Box No. 2168
835 Main Street
Hartford Connecticut
U.S.A.

Dear Mr. S.M. Bae,

We as seller confirm having sold you as buyer the following goods on the terms and conditions of business as stated below and on the back

Description	Quantity	Unit Price	Amount
MTB ERIC5000 (Black, Red, White Assorted Color)	500	CIF BUSAN @USD 350	$175,000

hereof:

Shipment: During May.
Packing: Each piece wrapped in polybag and in a carton box
Payment: At sight under L/C
Insurance: To be effected by seller

Shipping Marks: K&P
BUSAN
C/N #1-2
Made in U.S.A.

Remarks: Certificate of Inspection & Shipment Samples to be sent by airmail prior to shipment. We will instruct our bank to open an L/C on receipt of your shipment sample.

〈일반거래 약정서 견본〉

Agreement on General Terms and Conditions of Business

This Agreement entered into between NewYork Trading Co., Inc., New York, hereinafter called the Buyers, and YES International Co.Ltd., Seoul, Korea, hereinafter referred to as the Sellers, witnesses as follows:

(1) Business: Both Sellers and Buyers shall act as Principals and not as Agents.

(2) Samples and Quality: The Sellers shall supply the Buyers with samples free of charge, and the quality of the goods to be shipped shall be about equal to the sample on which an order is given at the time of arrival.

(3) Quantity: Weight and Quantity determined by the Sellers, as set forth in shipping documents, shall be final.

(4) Prices: Unless otherwise specified, prices shall be quoted in U.S. Dollars on (FOB/CIF) basis.

(5) Firm Offers: All firm offers shall remain effective for three days including the day cabled. Sundays and National Holidays shall not be counted as days.

(6) Orders: Except in cases where firm offers are accepted, all orders shall be subject to the Seller' s final confirmation.

(7) Packing: Proper export wooden case packing shall be carried out, each case bearing the mark "△K&P" with port mark, running case numbers, and the country of origin.

(8) Payment: Draft shall be drawn at (30 d/s) under Irrevocable Letter of Credit which should be opened in favor of Seller immediately upon contract, for the invoice value with full set of shipping documents, namely, Bill of Lading, Insurance Policy, Commercial Invoice and other documents which each contract requires.

(9) Shipment: Shipment shall be made within the time stipulated in each contract. The date of Bill of Lading shall be taken as a conclusive proof of the day of shipment. Unless expressly agreed upon, the port of shipment shall be at the Seller' s option.

(10) Marine Insurance: All shipments shall be covered on A/R including War Risks and S.R.C.C. for the invoice amount plus 10(ten) percent. All policies shall be made out in U.S. Dollar and claims payable in New York.

(11) Force Majeure: The Sellers shall not be responsible for the delay in shipment due to force majeure, including mobilization, war, strikes, riots, civil

commotion, hostilities, blockade, requisition of vessels, prohibition of export, fires, floods, earthquakes, tempest and any other contingencies, which prevent shipment within the stipulated period. In the event of any of the aforesaid causes arising, Sellers shall furnish a certificate substantiated by the Korea Chamber of Commerce and Industry.

(12) Delayed Shipment: In all cases of force majeure provided in the Article No. 11, the period of shipment stipulated shall be extended for a period of twenty one(21) days. In case shipment within the extended period should still be prevented by a continuance of the causes mentioned in the Article No.11 or the consequences of any of them, it shall be at the Buyers' option either to allow the shipment of late goods or to cancel the order by giving the Sellers the notice of cancellation by cable.

(13) Claims: Claims, if any, shall be submitted by cable within fourteen(14) days after arrival of goods at destination. Certificates by recognized surveyors shall be sent by mail without delay.

(14) Arbitration: All claims which cannot be amicably settled between Sellers and Buyers shall be finally settled by arbitration in Seoul, Korea in accordance with Commercial Arbitration Rules of the Korean Commercial Arbitration Board and under the Laws of Korea. The award rendered by the arbitrator shall be final and binding upon both parties concerned.

(15) Trade Terms: Unless specially stated, the trade terms under this contract shall be governed and interpreted by Incoterms 2010.

(16) Choice of Law: The formation, performance and remedy of the contract of sale shall be governed by United Nations Convention on Contracts for the International Sale of Goods(1980).

This Agreement shall be valid on and after July 5, 20XX.

For NewYork TRADING. CO., INC.
(signed)
Sales Manager

____

For YES International Co., LTD.
(signed)
Export Manager

____

〈매매계약서 견본 2〉

SALES AGREEMENT

This Agreement("Agreement") is made this [1st] day of [March, 20××] by and between [XXX Co. LTD.], with its registered office at [32 West 27st Street New York, N.Y., U.S.A.] ("Buyer")and [YES International Co., Ltd.], with its registered office at [33, Yoido, Youngdungpo_ku, Seoul, Korea] ("Seller") :

WITNESSETH

WHEREAS, the Buyer desires to purchase from the Seller and the Seller desires to sell to the Buyer [five million sets of T.V.] during a period of [5] years.

NOW, THEREFORE, in consideration of the premises and covenants herein contained, the parties hereto agree as follows:

Article 1. Sale of Goods

1.1 The Buyer shall purchase from the Seller and the Seller shall sell to the Buyer newly manufactured [E-BOOK DISPLAY Set] ("Goods") subject to the terms and conditions herein provided.

Article 2. Quantity, Specification and Quality

2.1 For [5] years commencing [March 1, 20××], the Buyer shall purchase from the Seller and the Seller shall sell to the Buyer [one million(1,000,000) pieces] of the Goods per year to make the total quantities of the sale of the Goods [five million(5,000,000) pieces] during[March 1, 20××] to [February 28, 20××].

2.2 Specification and Quality

2.2.1 The specification of the Goods shall be prescribed and specified in Specification attached hereto as Exhibit[I].

Article 3. Price

3.1 The agreed unit price of each Goods("Price") is [Two Hundred United States Dollars(US$200)] on [C.I.F. New York] basis.

3.2 The Price is fixed and effective up to shipments performed on or before [the end of September, 20××] and thereafter the Price shall be readjusted every [6] months according to Seller' s request.

Article 4. Payment

4.1 Except otherwise agreed by the parties, all the payment for the Goods shall be made in United States Dollars by an irrevocable letter of credit in favor of the Seller, [confirmed by first class international bank designated by the Seller]. The letter of credit shall be established by the Buyer at least [two months] prior to each shipment schedule and to be negotiable at sight against draft and to be valid for no less than [thirty (30) days] after the latest date allowed for the shipment.

The Buyer shall bear all banking expenses associated with the establishment of the letter of credit.

Partial shipment, transshipment and partial negotiations of letter of credit shall be permitted and the letter of credit shall be worded accordingly.

4.2 Delay by the Buyer in establishing the letter of credit shall extend the time for performance of this Agreement by the Seller to such extent as may be necessary to enable it to make delivery in the exercise of reasonable diligence after such letter of credit has been established.

Should opening the letter of credit be delayed for causes for which the Buyer is liable, Buyer shall pay the Seller amount equal to [two tenth of one percent(0.2%)] of the amount of relevant letter of credit per each full week as liquidated damages net cash or sight draft within [three days] from receipt of relevant bill from the Seller.

However, the total amount of liquidated damages shall not be more than [one percent(1%)] of the amount of relevant letter of credit. Should opening of letter of credit be delayed by more than [five (5) full weeks], the Seller may terminate the Agreement without prejudice to the Seller' s rights under the Agreement, including claim of said liquidated damages.

Article 5. Shipment of the Goods

5.1 The Goods shall be delivered by the Seller to the Buyer at [any Korean port] in accordance with the Shipment Schedule.

5.2 The Seller shall arrange the suitable vessel of any flag, subject to freight being available, to transport the Goods to the destination, [New York, U.S.A] or other seaport designated by the Buyer on relevant letter of credit provided that C.I.F. price is not increased.

The Seller shall notify by telex or facsimile, the Buyer of necessary information at least [7] days before each shipment so that the Buyer may make arrangement for receipt and inland transportation, if necessary, of the Goods.

Article 6. Late Delivery

6.1 In the event that the Seller delays shipment of the Goods in accordance with the shipment Schedule for reasons solely attributable to the Seller, the Buyer shall grant the Seller [seven days] grace, without liquidated damage on each specified delivery.

After that [seven days'] grace, the Buyer has the right to claim [one percent(1%)] of the contract price of the Goods of which shipment shall have been delayed, per each full week from [seven days] after the scheduled delivery date until actual shipping date thereof.

The total amount of the liquidated damage under the Agreement shall be limited to [six percent (6%)] of the contract price of the Goods delayed.

6.2 If the aforesaid delay of delivery exceeds [six (6) full weeks], the Buyer has the right to cancel the Agreement, without prejudice to Buyer' s right under the Agreement, including claim of said liquidated damages.

6.3 In the event of Force Majeure, liquidated damage for late delivery shall not be applied.

Article 7. Packing and Marking

7.1 The Goods shall be packed and marked in the manner customary for exporting. In case special instructions are necessary, Buyer shall furnish Seller with such instructions in time for preparation or shipment of the goods.

Article 8. Insurance

8.1 Seller shall effect marine insurance on all shipments on [ICC (B)] for 110% of the invoice amount.

Article 9. Warranty

9.1 Each good(s) supplied by the Seller is hereby expressly warranted to be free from defect in material and workmanship under normal use and service.

9.2 This Warranty shall be limited to a period of [12 months] after delivery thereof to the Buyer under storage in a roofed warehouse.

9.3 The above warranty shall not apply to the Good(s), which is used for a purpose for which it was not designed or which has been subject to normal wear and tear, damage caused by accident, misuse, abuse, damage occurring during shipment.

9.4 The Seller' s liability under this warranty shall be IN LIEU OF ALL OTHER LIABILITIES OF THE SELLER for defect in material or workmanship of the Goods or ANY OTHER WARRANTIES, EXPRESS OR IMPLIED, statutory or at common law WHICH THE BUYER HEREBY WAIVES. In no event shall the seller be liable for consequential or indirect damages regarding the Goods.

Article 10. Claim

10.1 Any claims by Buyer of whatever nature arising under this contract shall be made by cable within [thirty (30) days] after arrival of the goods at the destination specified in the bills of lading. Full particulars of such claim shall be made in writing, and forwarded by registered mail to Seller within [fifteen (15) days] after cabling. Buyer must submit with particulars sworn surveyor' s reports when the quality or quantity of the goods delivered is in dispute.

Article 11. Force Majeure

11.1 Except for the payments due for the Goods delivered by the Seller, any party ("Affected Party") hereto shall not be responsible to the other party ("Non Affected Party") for nonperformance [either in whole or in part] or delay in performance of the terms and conditions of the Agreement, due to war, war_like operation, acts, of Good, riot, strikes, sabotage or other labor disturbances in the manufacturing plant; lockout of the manufacturing plant; epidemics, floods, earthquakes, typhoon; embargoes, laws and regulations of the Buyer' s country or seller' s country; or any other causes beyond the control of the parties.

In case of any such event the terms of this Agreement relating to time and performance shall be suspended during the continuance of the event.

11.2 Within [five (5) days] from the date of commencement of the event, the Affected Party shall advise the Non_Affected Party by telex, facsimile or cable of the date when such delay in performance commenced, and the reasons therefor as enumerated in this Agreement; likewise, within [five (5) days] after the delays ends, the Affected Party shall advise Non_Affected Party by telex, cable or facsimile of the date when such delay ended, and shall also specify the redetermined time by which the performance of the obligation hereunder is to be completed.

Article 12. Breach, Indemnity

12.1 In the event either party breaches an obligation under this Agreement or toward a third party delays or interferes with the other party in the performance of this Agreement, it shall be liable to the other party for any reasonable direct damages thereby sustained by the other party.

In the event a third party commences any proceeding for which a party hereto intends to claim indemnity, such party shall promptly notify the other party and allow suitable participation in all stages of the proceeding and settlement thereof. Failure to promptly notify or allow equitable participation by the other party shall reduce the right of indemnity by the extent of actual resultant prejudice.

12.2 It is specifically understood and agreed by both parties that the Buyer shall be solely responsible for observance of any restriction against importation of the Goods imposted by any [federal or local authority in (U.S.A)] and shall defend and save harmless the Seller from any liabilities and obligations under the restriction or any claims arising out of the infringement of the restriction.

Article 13. Taxes/Duties, Contingent Charges

13.1 Any duties, tariffs for import and export or other taxes or charges which are now assessed or imposed or which may hereafter be assessed or imposed by [U.S.A.] Government or other competent authorities other than [Korea] in connection with the Goods and/or transactions thereof shall be borne and paid by the Buyer.

13.2 Increase in freight, insurance premiums, and/or surcharge, due to war, threat of war, warlike conditions, port congestion or other emergency or contingency unforeseen or not existent at the time of concluding the Agreement, shall be for the Buyer' s account.

Article 14. Aftersales Service

14.1 The Seller may, upon request of the Buyer and consent of the Seller, dispatch some experienced technicians to some places in [U.S.A.] for the purpose of rendering effective after-service in connection with the Goods.

Article 15. Infringement

15.1 The Buyer shall be liable for and hold the Seller harmless from and against all losses and damages incurred and suits and claims brought by third party due to possible infringement of trademark, patent, copyright or other proprietary rights of the third party in connection with the Seller' s manufacture and sale of the Goods according to the Specification attached hereto as Exhibit[I].

Article 16. Termination

16.1 The Agreement may be terminated upon occurrence of any of the following events:

i) Agreement in writing of the parties

ii) By the non_defaulting party, upon default by the other party in the performance of any of its obligations under the Agreement, if not remedied within [30 days] after receipt of written notice from the non_defaulting party;

iii) By the other party, upon either party' s (a) making an assignment for the benefit of creditors, being adjudged bankrupt, or becoming insolvent; (b) having a reasonable petition filed seeking its dissolution or liquidation not stayed or dismissed within [sixty (60) days]; or (c) ceasing to do business for any reason;

iv) By the Seller, if the Buyer fails to open relevant letter of credit by more than [five (5) full weeks] as stipulated in Article 4.2 hereof;

v) By either party, if a force majeure condition under Article 11 hereof makes it unreasonable to proceed with the Agreement in the foreseeable future.

16.2 Upon termination of the Agreement, neither party shall be discharged from any antecedent obligations or liabilities to the other party under the Agreement unless otherwise agreed in writing by the parties.

16.3 Nothing in the Agreement shall prevent either party from enforcing the provisions thereof by such remedies as may be available in lieu of termination.

Article 17. Arbitration

17.1 All disputes, controversies, or differences which may arise between the parties, out of or in relation to or in connection with this contract or for the breach thereof, shall be finally settled by arbitration in Seoul, Korea in accordance with the Commercial Arbitration Rules of The Korean

Commercial Arbitration Board.

The award rendered by the arbitrator(s) shall be final and binding upon both parties concerned.

Article 18. Trade Terms and Governing Law

18.1 The Trade Terms under this agreement shall be governed and interpreted under the provisions of Incoterms 2010.

18.2 This Agreement shall be governed by and construed in all respects under and by the laws of Korea.

18.3 In the event of conflict between the laws of Korea and Incoterms 2010, Incoterms 2010 shall prevail and govern.

Article 19. Assignment

19.1 Either party shall not assign this Agreement to any other person without the other parties prior consent in writing. In the event of assignment with the written consent of the other, the one shall not be relieved from its obligations under this Agreement and shall be held responsible for its performance.

Article 20. Non_Waiver

20.1 No claim or right of either party under this Agreement shall be deemed to be waived or renounced in whole or in part unless the waiver or renunciation of such claim or right is acknowledged and confirmed in writing by such party.

Article 21. Notice

21.1 Unless otherwise agreed by the parties, all notices, invoices and communications under this Agreement shall be sent to the parties at their addresses set forth in the initial paragraph of the Agreement. All notices shall be sent by registered airmail and where circumstances require, notices may be sent by cable, facsimile or telex which shall be confirmed by registered air mail.

Article 22. Entire Agreement

22.1 This Agreement constitutes the entire agreement between the parties, all prior representations having been merged herein, and may not be modified except by a writing signed by a duly authorized representatives of both parties.

Article 23. Effective Date and Term

23.1 This Agreement shall become effective upon signing of the duly authorized representatives of both parties and remain in full force and effect up to [February 28, 20××] unless terminated earlier pursuant to Article 16.

IN WITNESS WHEREOF, the parties hereto have executed this Agreement as of the day and year first above written.

X INC.	YES International CO., LTD.
By:	By:
Title: ____________________	Title: ____________________

제6장

무역운송

| 학습목표 |

1. 무역운송 전반에 걸친 절차를 이해한다.
2. 해상운송, 항공운송, 복합운송의 차이를 살펴본다.
3. 각 운송별로 활용되는 운송서류의 특징을 살펴본다.
4. 정형거래조건과 운송의 관계를 살펴본다.

무역운송이란 이국 간에 운송수단을 이용하여 화물을 운송하고 그 대가인 운임을 획득하는 상행위이다. 무역운송은 하나의 운송수단을 이용하는 단일운송과 두 가지 이상의 운송수단이 결합한 복합운송으로 나눌 수 있다. 또한 운송경로에 따라서는 해상운송, 항공운송, 육상 및 철도운송 등으로 구분할 수 있다. 본 장에서는 우리나라에서 주로 사용하는 무역운송수단인 해상운송, 항공운송 및 복합운송에 한정하여 살펴보고자 한다.

1. 해상운송

1) 해상운송의 의의

해상운송은 해상에서 선박에 의하여 상품 또는 사람을 운송함으로써 그 대가인 운임을 획득하는 상행위이다.

2) 해상운송의 특성

(1) 해상운송의 장점

① 항공운송이나 철도 및 육상운송에 비하여 대량운송이 용이하다.
② 해상운송은 대량운송이 가능하기 때문에 상대적으로 운송비가 저렴하다.
③ 장거리운송에 적합하다.

(2) 해상운송의 단점

① 항공운송에 비하여 운송시간이 장기이다.
② 여타 운송과 비교하여 기후에 민감하다.
③ 해상운송을 하기 위해서는 항만시설 및 하역기기 같은 시설 등이 필요하다.

3) 해상운송의 형태

해상운송의 형태는 정해진 항로를 규칙적으로 반복하여 운항하는 정기선운송(liner)과 화물이 있거나 화주의 요구가 있을 경우에 화주와 용선계약을 체결하고 화물이나 항로에 따라 배선하는 부정기선운송(tramper)이 있다.

정기선운송은 일반잡화와 같은 포장화물을 주로 운송하고, 부정기선의 경우에는 곡물, 석탄 등과 같은 산화물(bulk cargo)을 주로 운송한다.

4) 해상운송계약

해상운송계약은 선박에 의하여 화물을 운송하는 계약을 선주 또는 운송인이 화주와 체결하고 그 대가로 운임을 지불하는 것을 약정하는 계약이다. 해상운송계약은 개품운송계약(contract of affreightment in a general ship)과 용선운송계약(contract of affreight by charter party)으로 나눌 수 있다. 구체적으로 살펴보면 다음과 같다.

(1) 개품운송계약

개품운송계약은 선사가 불특정 화주로부터 화물운송을 위탁받아 운송하는 형태로 정기항로에 취항하는 정기선이 주로 사용된다.

정기선운송은 운송인(carrier)에 의하여 고가의 선박과 고가의 화물을 운송하고 표준계약서와 운임표(tariff rate)에 따라 운송서비스를 제공한다.

개품운송계약의 당사자는 화물운송을 위탁하는 송화인(shipper)과 이를 인수하는 운송인이다. 개품운송계약에서 운송인과 운송계약을 체결할 당사자는 별도의 명시적 합의가 없는 경우에는 정형거래조건의 규정에 따라 운송계약을 체결할 의무가 결정된다. 예를 들어 E조건이나 F조건의 경우에는 매수인이 운송계약을 체결하여야 하고, C조건이나 D조건의 경우에는 매도인이 운송계약을 체결하여야 한다.

(2) 용선운송계약

용선운송계약은 화주의 요구가 있을 경우에 화주와 용선계약을 체결하고 화물이나 항로에 따라 배선하는 운송형태로 부정기선이 주로 사용된다. 부정기선은 주로 저가의 대량화물이나 유조선, 냉동선, 목재전용선, 자동차전용선 등이 있다.

부정기선 운송시 화주는 운송인과 용선계약(charter party)을 체결한다. 용선계약의 종류에는 선복의 일부를 빌리는 일부용선(partial charter)이 있고, 선복의 전부를 빌리는 전부용선계약으로 나눌 수 있다. 전부용선계약에는 다시 특정항해만을 용선하는 항해용선계약(voyage charter), 특정기간을 용선하는 기간용선계약(time charter), 선박만을 용선하는 나용선계약(bare boat/demise charter) 등이 있다.

〈표 6-1〉 정기선운송과 부정기선운송의 비교

구분	정기선(liner)	부정기선(tramper)
계약의 대상	개별 화물 운송	선복의 일부 또는 전부
당사자	선주와 송화인	선주와 용선자
화주	불특정 다수 화주	특정인
화물	잡화 등	대량산화물
계약증빙	선화증권	용선계약서
운임률	공표운임률(tariff rate)	수급에 의한 시세(open rate)
운임조건	berth(liner) term	FI, FO, FIO
계약	개품운송계약	용선계약

5) 선화증권

(1) 의의

선화증권(Bill of Lading: B/L)은 운송인이 화주로부터 화물을 수령 또는 선적하였음을 나타내며 도착항까지 운송하여 증권의 정당한 소지인에게 화물의 인도를 약속하는 유가증권(valuable instrument)이자 권리증권(document of title)이다.

(2) 기능

① 상품의 영수증

선화증권상에 기재된 내용과 같은 화물을 수령하였다는 추정적 증거(*prima facie evidence*)이다. 즉, 운송인이 화주로부터 운송을 위하여 화물을 수령하고 화주에게 발급해 주는 영수증 기능을 한다.

② 권리증권

선화증권 그 자체가 화물의 기능을 하기 때문에 운송인은 선의의 소지인에게 화물을 인도해 주어야 한다. 즉, 선화증권의 정당한 선의의 소지인은 화물에 대한 청구권 및 처분권을 가진다.

③ 운송계약의 증빙

운송계약은 화주의 선복신청서(shipping request; S/R)와 선사의 인수확약서(booking note; B/N)에 의하여 성립된다. 그러나 실무적으로 별도의 운송계약서는 작성되지 않고 다만, 선사에서 발급하는 선화증권만이 유일한 운송계약의 추정적 증거가 된다.

(3) 종류

① 선적선화증권과 수취선화증권

발행시점을 기준으로 선적선화증권(on board B/L)과 수취선화증권(received B/L)으로 나눌 수 있다. 선적선화증권은 선사가 화주로부터 수령한 화물을 선적한 후에 발급하는 선화증권으로서 선화증권상에 선적이 완료된 사실을 'Shipped 또는 Shipped on Board' 로서 표시한다. 실무적으로 본선인도조건을 전제로 하는 FOB, CFR이나 CIF 같은 조건에는 당연히 on board B/L이 발행되어야 한다. 반면에 수취선화증권은 화물을 선적할 선박이 화물을 적재하기 위하여 항내에 정박중이거나 아직 입항되지는 아니하였으나 선박이 지정된 경우에 선박회사가 화물을 수령하고 선적전에 발행하는 선화증권이다.

선적완료 후에 수취선화증권에 선적일을 기입하고 선박회사가 서명하면, 즉 "on board notation" 이 있으면 선적선화증권과 동일한 효력을 가지게 된다.

② 무사고선화증권과 사고부선화증권

사고유무에 따라 무사고선화증권(clean B/L)과 사고부선화증권(foul or dirty B/L)으로 나눌 수 있다. 무사고선화증권은 선적된 화물의 수량 및 포장에 대하여 비고란(remark)에 아무런 기재사항이 없는 것을 말한다.[33] 반면에 사고부선화증

---

33) B/L에는 "외관상 양호한 상태로 적재되었음..." (shipped on board in apparent good order and condition ...)과 같은 문언이 인쇄되어 있기 때문에 remark가 없으면 자동적으로 무사고선화증권이 된다.

권은 비고란에 화물이나 포장 등에 관한 기록이 기재되어 있다.[34)]

③ 지시식선화증권과 기명식선화증권

수화인의 지정유무에 따라 지시식선화증권(order B/L)과 기명식선화증권(straight B/L)으로 나눌 수 있다. 지시식선화증권은 수화인란에 특정인을 기명하지 않고 'order', 'order of shipper' 또는 'order of xxxbank' 등으로 기입한다. 반면에 기명식선화증권은 수화인(consignee)란에 특정인이 기명되는 경우로 기명된 자를 제외하고는 아무도 화물을 수령할 수가 없다. 따라서 기명식선화증권은 유통에 제한을 받는다.

④ groupage B/L과 house B/L

선주가 전체 화물에 대하여 운송주선인 앞으로 발행하는 선화증권을 groupage B/L(or omnibus)라고 한다. 반면에 House B/L은 운송주선인이 Master B/L을 근거로 각 화주 앞으로 발급하는 선화증권이다.

⑤ long form B/L과 short form B/L

선화증권의 이면약관이 완전하게 기재되어 있는 선화증권을 long form B/L이라고 한다. 반면에 이면약관이 생략된 것을 short form B/L이라고 한다. short form B/L의 법적효력은 long form B/L과 동일하다.

⑥ charter B/L

용선계약선화증권은 선주와 용선계약을 체결한 용선자가 제3자의 화물을 운송하면서 화주 앞으로 발행해 주는 선화증권이다. 용선계약선화증권인 경우에는 용선자와 화주 간에 운송계약과 선주와 용선자 간에 용선계약이 동시에 존재하게 된다.

---

34) 신용장 결제방식의 경우에는 사고부선화증권은 수리하지 않기 때문에 실무적으로 화주는 선사에 파손화물보상장(letter of indemnity; L/I)을 제출하고 무사고선화증권을 발급받기도 한다. 단, 파손화물보상장은 화주와 선사 사이에게만 유효하기 때문에 선사는 선화증권의 선의의 소지인에게는 항변할 수 없다.

⑦ stale B/L

stale B/L은 선화증권이 발급된 날로부터 오랜 기간이 경과한 선화증권을 말한다. UCP상에서는 선적 후 21일이 경과하면 stale B/L로 간주하여 수리를 거절하도록 규정하고 있다.

⑧ third party B/L

제3자선화증권은 선화증권상에 표시된 송화인이 신용장상의 수익자가 아닌 제3자로 되어 있는 선화증권을 말한다. 이러한 선화증권은 양도가능신용장하에서 제2수익자의 명의로 선화증권이 발급되는 경우나 중계무역에서 사용된다.

⑨ surrender B/L

surrender B/L은 화주의 요청에 따라 선사가 B/L상에 'surrendered' 라는 스탬프를 날인하여 발행하는 B/L로 수화인이 이를 팩스로 받아 선사에 제출하고 화물을 수령할 수 있다.

이는 화물이 B/L보다 먼저 도착할 경우를 대비하여 수입화물선취보증장(L/G; letter of guarantee)을 대신 사용하는 것이다.

(4) 선화증권의 법적기재사항과 임의기재사항

선화증권상에 반드시 기재하는 법적기재사항[35)]과 계약자유의 원칙에 따라 당사자 사이의 특약에 의하여 기재하는 임의기재사항으로 나눌 수 있다. 법적기재사항은 송화인과 수화인, 선적항 및 양륙항, 선화증권의 작성 장소, 일자 부수 및 발행자의 날인, 운임, 선장 성명, 선박의 명칭 및 국적, 화물의 중량, 종류, 용적, 포장의 개수와 화물의 화인 및 기호이다. 반면에 임의기재사항으로는 화물도착 통지처, 선화증권번호, 운임지급지 및 환율, 스탬프약관, 사고부 문언란 및 면책조항 등이 있다.

---

35) 상법 제814조에서 규정하고 있는 법적기재사항으로는 1. 선박명, 국적과 톤수, 2. 선장성명, 3. 운송물 종류, 중량 또는 용적, 포장종별, 개수와 기호, 4. 용선자 또는 송화인의 성명 또는 상호, 5. 수화인의 성명 또는 상호, 6. 선적항, 7. 양육항, 8. 운임, 9. 작성지와 작성년월일, 수통의 선화증권을 작성한 때에는 그 수이고 반드시 발행자가 기명날인하여야 한다.

〈선화증권 견본〉

Bill of Lading

① SHIPPER/EXPORTER		Bill of Lading B/L No. : SH41 **WORLD Shipping Line**
② CONSIGNEE		
③ NOTIFY PARTY		
PRECARRIAGE BY	④ PLACE OF RECEIPT	
⑤ OCEAN VESSEL/VOYAGE/FLAG	⑥ PORT OF LOADING	⑨ FOR TRANSSHIPMENT TO
⑦ PORT OF DISCHARGE	⑧ PLACE OF DELIVERY	⑨-1 FINAL DESTINATION

PARTICULARS FURNISHED BY SHIPPER

MARKS AND NUMBERS	NO. OF CONT. OR OTHER PKGS.	DESCRIPTION OF PACKAGES AND GOODS	GROSS WEIGHT (KGS)	MEASUREMENT (CBM)
⑩ Container/Seal No. -------------- 20' IWTU4102/3/4/5/6/7 S/034334/5/6/7/8/9 CY/CY Total No. of CNTNR or Pkgs(in words)	⑫	⑬ Container Said to contain : Say :	⑭	⑮ ⑯

FREIGHT AND CHARGES ⑱ REVENUE TONS RATE PER	PREPAID	COLLECT	⑰ Received in apparent good order and condition unless otherwise specified on board the aforementioned vessel the goods described above the particulars given being supplied by the Shipper and the measurement, weight, quantity, brand contents, marks numbers, quality and value being unknown to the carrier) for the carriage to the port of discharge or so near thereunto as she may safely go subject to the terms and condition and .... IN WITNESS WHEREOF, the master or agent of the said ship has affirmed to THREE(3) bills of lading, all of this tenor and date, ONE of which being accomplished, the others to stand void.
"Freight As Arranged" ⑲ ⑲-1 Freight Prepaid at : ⑲-2 Freight Payable at :			B/L NO. SN3E ⑲-3DATED: **Seoul Shipping Line** BY ⑳ ____________ **As Carrier**

6) 해상화물운송장

(1) 의의

해상화물운송장(Seaway Bill; SWB)은 해상운송인(marine carrier)이 송화인 앞으로 발행하는 운송서류이다. 해상화물운송장은 운송계약의 증빙서류이며 화물의 영수증이라는 점에서는 선화증권과 공통점이 있으나 권리증권이 아니기 때문에 제3자에게 유통시킬 수 없다. 또한 화물 수령시 원본서류를 제출할 필요도 없다.

(2) 특징

해상화물운송장은 선화증권과 비교하여 화물처리 업무를 효율화, 경비절감, 서류분실에 따른 위험해소, 화물인도의 신속성에 따른 장점이 있다. 〈표 6-2〉는 해상화물운송과 선화증권의 주요특징을 비교하여 설명하고 있다.

〈표 6-2〉 해상화물운송장과 선화증권의 주요특징 비교

구분	해상화물운송장	선화증권
화물수령증거	있음	있음
운송계약증서	있음	있음
화물권리증권	없음	있음
인도와 원본상환	화물인도 시 SWB원본 상환 불요	화물인도 시 B/L원본상환
수화인 기재방식	기명식	지시식 및 기명식
정당한 수화인	SWB상 기명 수화인	적절히 배서된 B/L 소지인
화물권리이전	운송계약에 지정된 자가 권리취득	B/L 교부로 권리취득
적용법규	해상화물운송장에 관한 CMI 통일규칙(CMI Uniform Rules for Sea Waybill)이 있다.	상법(해상법) Hague/Hague-Visby Rule

2. 항공운송

1) 항공운송의 의의 및 특징

항공기에 의하여 화물과 여객을 공항에서 다른 공항으로 운송하는 것을 의미한다. 항공운송에 이용되는 화물은 부가가치가 높은 품목, 적시성과 신속성을 요하는 상품 등에 주로 사용된다. 이러한 항공운송은 여타 운송에 비하여 운송의 안전성, 운송 중 손상 및 분실사고 위험이 낮음, 장거리 광범위한 지역을 단기간에 운송할 수 있는 장점이 있다.

우리나라에서 항공운송이 차지하는 물동량은 1%에도 미치지 못하지만, 금액 기준으로는 약 30%에 달하고 있다.

2) 항공화물복합운송주선업

우리나라 물류정책기본법에서 항공화물운송대리점과 항공운송주선업의 구분은 없어지고 복합운송주선업으로 통합하였다. 그러나 실무적으로 영업형태에 따라 항공화물운송대리와 항공운송주선행위는 구분하여 이루어지고 있다.

항공운송에서 복합운송주선업은 형태에 따라 항공화물운송대리점(air cargo agent), 항공운송주선업자(air freight forwarder, consolidator) 및 상업서류송달업자(courier)로 구분할 수 있다.

먼저 항공화물운송대리점은 항공운송사업자 또는 항공운송총대리점업자를 위하여 유상으로 항공기에 의한 화물운송계약 체결을 대리하는 사업자로 스스로 항공화물운송장을 발급하지 않지는 않고, 항공화물운송장을 이용하여 항공화물운송장을 발행하고 수출입 통관, 창고 반출입 업무 등을 대행한다. 그리고 항공운송주선업자는 송화인과 스스로 계약을 체결하고 독자적인 해상화물운송장, 운송약관, 요율 등을 가지고 있다. 그러나 항공기를 소유하지 않은 업자이다. 마지막으로 상업서류송달업자는 외국의 상업서류송달업체와 계약을 체결하고 서류, 잡지, 견본 등을 자체 요율을 가지고 door to door 서비스를 하는 업자이다.

3) 항공화물운송장

(1) 의의

해상운송의 선화증권에 해당하는 기본서류가 항공화물운송장(Air Waybill; AWB) 또는 항공화물탁송장(Air Consignment Note)이다.

항공운송계약은 항공화물운송장을 수령한 시점, 즉 화주 또는 그의 대리인이 AWB에 서명하거나 항공사 또는 해당 항공사가 인정한 항공화물취급대리점이 AWB에 서명한 순간부터 유효하며, AWB상에 명시된 수화인(Consignee)에게 화물이 인도되는 순간 소멸된다.

(2) 기능

항공화물운송장의 기능은 운송이 위탁된 화물을 접수했다는 영수증, 운송계약체결에 대한 문서상의 증명, 요금계산서, 송화인이 화주보험(Air waybill 보험: AWB에 보험금액과 보험료가 기재됨)에 가입한 경우 보험가입증명서, 세관신고서, 화물운송의 지침서(취급, 중계, 배달 등) 등의 기능을 한다.

(3) 구성

바르샤바 협약에 따르면 항공화물운송장은 송화인이 원본 3통을 작성하여 화물과 함께 교부하여야 한다고 규정하고 있다. 제1의 원본에는 "운송인용"(녹색)이라 기재하고 송화인이 서명한다. 제2의 원본에는 "수화인용"(적색)이라 기재하고 송화인 및 운송인이 서명하고, 이 원본을 화물과 함께 송부한다. 제3의 원본(청색)은 운송인이 서명하고 이 원본은 운송인이 화물을 인수한 후에 송화인에게 교부하도록 되어 있다. 전통의 항공운송장은 원본 3통에 사본 6통 이상으로 구성되어 있다. 사본 6통 중 1통은 항공회사의 화물인도증명서 및 운송계약이행의 증거서류로서 상품인도시 수화인이 서명하고 인도항공회사에 반환하는 것(황색)이며, 나머지 5통은 모두 백색으로 도착지공항의 세관통관업무용, 도착지공항의 항공회사간 운임청산용, 발행대리점 보관용으로 이용된다.

〈항공화물운송장 견본〉

Shipper's Name and Address	Shipper's Account Number	Not Negotiable Air Waybill KOREAN AIR issued by
		Copies 1, 2 and 3 of this Air Waybill are originals and have the same validity
Consignee's Name and Address	Consignee's Account Number	It is agreed that the goods described herein are accepted in apparent good order and condition(except as noted)for carriage SUBJECT TO THE CONDITIONS OF CONTRACT ON THE REVERSE HEREOF. ALL GOODS MAY BE CARRIED BY ANY OTHER MEANS INCLUDING ROAD OR ANY OTHER CARRIER UNLESS SPECIFIC CONTRARY INSTRUCTIONS ARE GIVEN HEREON BY THE SHIPPER, AND SHIPPER AGREES THAT THE SHIPMENT MAY BE CARRIED VIA INTERMEDIATE STOP.........
Issuing Carrier's Agent Name and City		Accounting Information
Agent's IATA Code	Account No.	

Airport of Departure(Addr. of First Carrier)and Requested Routing	Reference Number	Optional Shipping Info

to	By First Carrier Routing and Destination	to	by	to	by	Curcy	CHG Cod	WT V P C	Other P C	Declared Value for Carriage	Declared Value for Customs

Airport of Destination	Requested Flight/Date	Amount of Insurance	INSURANCE If Carrier offers insurance, and such insurance is requested in accordance with the conditions on reverse hereof, indicate amount to be insured in figures in box marked 'amount of insurance.'

Handling Information

No. of Pieces RCP	Gross Weight	kg lb		Rate Class Commodity Item No.	Chargeable Weight		Rate / Charge		Total		Nature and Quantity of Goods (incl. Dimensions or Volume)

Prepaid Weight	Charge Collect	Other Charges
Valuation	Charge	
	Tax	Shipper certifies that the particulars on the face hereof are correct and that insofar as any part of the consignment contains dangerous goods, such part is properly described by name and is in proper condition for carriage by air according ot the applicable Dangerous Goods Regulations.
Total Other Charges	Due Agent	
Total Other Charges	Due Carrier	
		--- Signature of Shipper or his Agent
Total Prepaid	Total Collect	
Currency Conversion Rates	CC Charges in Dest Currency	--- Executed on(Date) at(Place) Signature of Issuing Carrier of its Agent
For Carrier's Use only at Destination	Charges at Destination	Total Collect Charge

〈표 6-3〉 항송화물운송장과 선화증권의 비교

항공화물운송장	선화증권
유가증권이 아닌 단순한 화물수령장	유가증권
비유통성(Non-negotiable)	유통성(Negotiable)
기명식	지시식
수령식(창고에서 수령하고 발행)	선적식(본선 선적후 발행)
송화인이 작성	선사가 작성

3. 국제복합운송

1) 국제복합운송의 의의

국제복합운송(multimodal transport)은 국제운송을 위하여 복합운송인이 인수한 화물을 적어도 두 가지 이상의 다른 운송수단에 의해 운송하는 것을 의미한다. 여기서 복합운송인이란 이종운송수단을 결합하여 송화인을 상대로 복합운송계약을 체결한 계약의 당사자로 2국 이상을 운송하는 운송인이다. 복합운송인은 실제운송인형 복합운송인과 계약운송인형 복합운송인으로 나눌 수 있다. 실제운송인형 복합운송인은 선사, 철도회사, 항공사 등이 될 수 있다. 반면에 계약운송인은 선박, 항공기 및 트럭 등과 같은 운송수단을 보유하지는 않았지만 운송계약의 당사자로서 복합운송인의 책임을 부담하는 자이다. 실무적으로 계약운송인을 운송주선인(freight forwarder)이라고 한다. 운송주선인은 주로 통관, 집화, 선적, 환적, 운송, 보관, 배달 등의 서비스를 제공한다.

2) 국제복합운송의 특징

국제복합운송의 특징은 작업비용의 절감, 작업흐름의 원활화, 수송수속의 간소화, 운송책임의 일원화 및 화물의 추적이 용이한 점이다.

3) 복합운송서류

복합운송서류(Multimodal Transport Documents; MTD)는 해상, 항공, 육송 중 두 가지 이상의 형태를 운송할 때 발행되는 서류이다. 통선화증권(through B/L)

은 반드시 선사나 그 대리인에 의하여 발행되지만 복합운송증권은 실무적으로 해상운송인에 의해서만 발행되는 것이 아니고 경우에 따라서 운송주선인(freight forwarder)에 의하여 발행될 수도 있다.

4) 컨테이너 운송과 복합운송

(1) 의의 및 장단점

컨테이너 운송은 표준화된 대형 운송용기에 단위화(unit)됨으로써 본선 적재, 양륙의 능률을 증가시킨다.

컨테이너 운송의 장점은 비용의 절감(운송비, 하역비, 포장비, 보험료, 인건비 등), 운송시간의 단축 및 화물의 손상 감소, Door to Door 운송이 가능하다는 점이다. 반면에 단점으로는 컨테이너 규격으로 인한 이용화물의 제한, 시설확보에 따른 경비 및 관리비 부담 등이 있다. 이에 컨테이너 운송은 국제운송에서 복합운송의 발전에 이바지하고 있다.

(2) 컨테이너 터미널의 구조

① Berth(Pier)

선박이 항내에 접안 또는 정박하는 장소로 컨테이너가 적재 및 양하되는 장소이다.

② Apron

안벽에서 갠트리 크레인(gantry crane)[36]의 레일을 설치하기 위하여 필요한 장소이다.

③ Marshalling Yard

컨테이너를 적재하거나 양하하기 위하여 컨테이너를 정렬시켜 놓은 장소이다.

④ Container Yard(CY)

컨테이너의 인도, 인수 및 보관을 위하여 컨테이너를 두는 장소이다. 주로 Marshalling Yard의 배후에 위치하거나 포함하기도 한다.

---

36) 컨테이너선으로부터 컨테이너를 적재하거나 양하하는 데 사용되는 기중기이다.

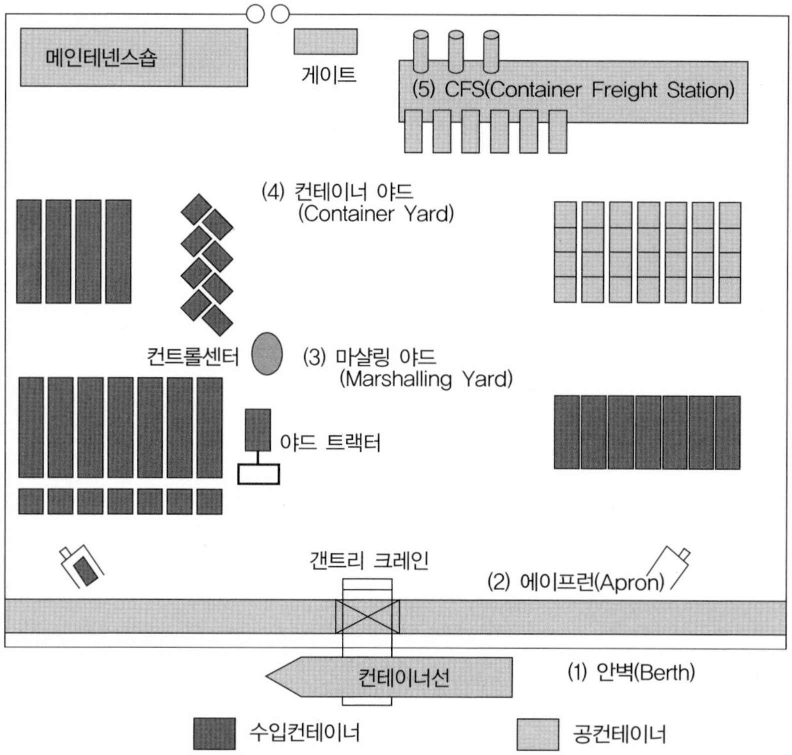

〈그림 6-1〉 컨테이너 터미널의 구조

⑤ Container Freight Station(CFS)

컨테이너 화물을 컨테이너에 적입하거나 혼재되어 있는 화물을 목적지별로 선별하는 장소이다.

(3) 컨테이너 운송형태

① CY- CY(FCL - FCL: Door to Door)

송화인의 생산 공장 또는 창고에서 컨테이너에 적재되어 최종 목적지의 수화인의 창고까지 동일한 컨테이너에 의하여 일관 운송되는 방식이다.

② CY- CFS(FCL - LCL: Door to Pier)

송화인의 생산 공장 또는 창고에서 컨테이너에 적재되어 목적항 지정 CFS까지 운송되는 방식이다.

③ CFS - CY(LCL - FCL: Pier to Door)

화물이 선적지에 있는 선박회사의 지정 CFS에서 컨테이너에 적입되어 최종 목적지에 있는 수화인의 창고까지 동일한 컨테이너에 의하여 운송되는 방식이다.

④ CY - CY(LCL - FCL: Pier to Pier)

화물이 선적항에 있는 선박회사의 지정 CFS에서 컨테이너에 혼재되어 도착항에 있는 선박회사의 지정 CFS에서 컨테이너로부터 반출되어 여러 수화인에게 인도되는 운송방식이다.

제7장

해상보험

| 학습목표 |

1. 해상보험의 필요성을 살펴본다.
2. 해상보험의 용어를 살펴본다.
3. 해상보험증권의 특징을 살펴본다.
4. 보험계약의 담보조건을 살펴본다.
5. 해상위험의 종류와 특약조건을 살펴본다.

1. 해상보험의 의의

해상보험은 해상사업과 관련된 사고를 보상하는 경제적 제도로서 보험자와 피보험자 간에 체결되는 해상보험계약에 의해 구체적으로 시행된다. 영국해상보험법(MIA, 1906)에서 "해상보험은 보험자가 피보험자에게 당해 계약에 의해 합의된 방법과 범위 내에서 해상손해, 즉 항해사업에 부수되는 손해를 보상할 것을 확약하는 계약이다."라고 규정하고 있다.

해상보험의 담보범위는 해상에서 발생하는 손해뿐만 아니라 해상사업과 관련하여 육상, 내수로 또는 항공에서 발생하는 손해에 대해서도 보상하는 혼합보험의 성격을 가지고 있다.[37] 해상보험의 보상원칙은 직접손해보상과 실손보상의 원칙[38]에 따른다.

2. 해상보험의 특징

1) 낙성계약

해상보험은 기본적으로 보험자(보험회사)와 보험계약자와의 조건이 일치하여야 계약이 성립하는 낙성계약이다. 그러나 현실적으로는 보험회사의 상품과 조건을 계약자의 필요에 따라 선택하고 보험료를 납부할 때 보험계약이 성립한다.

2) 쌍무계약

보험계약자는 계약목적물의 보험성립을 위해 보험료를 납부하고, 보험자는 계약목적물에 발생할 수 있는 위험을 인수하여 보험사고가 발생하였을 때 보험금을 지급한다.

3) 유상계약

보험계약의 성립은 계약자가 보험료를 납부하였을 때 유효하게 성립한다. 그러므로 보험료를 납부하지 않은 보험증권은 보험계약으로서 효력이 없다.

---

37) MIA 제2조 제1항.

38) 인보험과 같이 약정된 금액을 보상하는 것이 아니고, 실제로 발생한 손해만을 보상한다.

4) 부합계약

무역계약은 거래당사자의 합의에 따라 성립하는 것이 일반적이지만 해상보험은 보험회사에서 일방적으로 정한 계약조건을 보험계약자가 단순히 승낙하여 보험계약이 시작된다.

5) 최대선의계약

해상에서 발생하는 위험은 육상에서 보험계약 체결시 확정적으로 알 수 없으므로 보험회사는 계약자의 고지내용을 믿고 보험계약을 체결하게 된다. 따라서 보험계약에서는 보험당사자의 신의성실의무(utmost good faith)가 가장 중요한 요건이 된다.

6) 사행계약

보험회사가 제시하는 보험계약조건은 해상 또는 운송 도중 발생할 수 있는 우연한 사고의 발생 가능성을 확률(대수의 법칙(law of large numbers))로 표시하여 위험을 인수하는 계약이다. 따라서 보험계약은 보험료의 산정과 보험금의 지급은 확률적 상황에 따라 그 내용이 달라지는 사행계약이 된다.

3. 해상보험 용어

1) 위험

위험(risk)은 손실의 발생가능성(chance of loss) 또는 불확실성(uncertainty concerning loss)을 말한다.[39)]

2) 손실

손실(loss)은 손실발생의 가능성 또는 불확실성을 의미한다. 손실은 상업보험이나 정책보험으로 보험계약체결이 가능한 부보가능손실(insurable loss)과 손실의 성격상 보험대상이 되지 않는 부보불능손실(uninsurable loss)로 나눌 수 있다.

---

39) 가능성은 존재의 유무가 아니라 유와 무의 중간상태를 의미한다. 반면에 불확실성은 장래에 발생할 수 있는 특정현상을 사전에 정확하게 예측할 수 없기 때문에 조성되는 상태를 의미한다.

3) 손인과 위태

손인(peril)은 손실의 원인(손인)이 되는 것을 말한다. 손인에는 근인과 원인이 있다. 반면에 위태(hazard)는 손실발생의 가능성을 증가시키거나 감소시키는 요인을 의미한다.

4) 담보 및 보상

담보(to cover)는 보험자가 인수한 위험을 담보한다는 의미이다. 반면에 보상(to pay)은 보험자가 인수한 위험이 원인이 되어 발생한 손해를 보상한다는 의미이다.

5) 피보험목적물

피보험목적물(subject-matter insured)은 보험계약에서 보험자가 위험을 인수하는 거래대상 상품을 의미한다.

6) 피보험이익

피보험목적물에 대한 특정인의 이해관계를 피보험이익(insurable interest)이라고 한다. 피보험이익이 보험계약의 목적이다. 피보험이익은 보험계약에 따라 보험자로부터 손실을 보상받기 위한 전제조건이다.

이러한 피보험이익은 요건으로 적법성, 경제성 및 확정성을 가지고 있어야 한다.

피보험이익은 하나의 피보험목적물에 대하여 복수의 피보험이익이 존재할 수 있다. 피보험이익은 보험증권을 양도받음으로써 보상받을 수 있다.

7) 담보

담보(warranty)는 보험계약자 또는 피보험자가 보험자에 대해 담보하는 것으로 보험계약과 관련하여 피보험자가 반드시 지켜야 할 약속을 의미한다. MIA 제33조에 따르면 담보란 어떤 일이 행하여지거나 또는 행하여지지 아니할 것을 피보험자가 약속하거나, 또는 어떤 조건이 충족될 것 또는 피보험자가 특정 사실상태의 존재를 긍정하거나 부정하는 담보를 말한다.

담보의 효과는 고지나 표시와는 달리 담보는 그것이 위험에 대해 주요한지의 여부에 관계없이 반드시 충족되어야 하며 그렇지 않은 경우 보험자는 담보위반일로부터 책임이 면제(discharge)되며 담보위반일 이전에 발생한 손해에 대해서는 책임이 면제되지 않는다. 또한 피보험자에게 보험료는 반환되지 않는다.

8) 보험증권 및 보험증명서

보험증권(insurance policy)은 보험계약이 성립된 후 보험계약의 내용을 증명하기 위하여 보험자가 발행한 서류이다. 반면에 보험증명서(insurance certificate)는 포괄예정보험증권에 근거하여 발행된 보험서류이다.

9) 보험계약의 당사자

(1) 보험자(Insurer, Assurer)

위험을 인수하고 손실에 보상을 약속하는 자이다. 보험자는 보험사와 개인보험자로 구분할 수 있다. 우리나라에서는 개인보험자를 인정하지 않는다.

(2) 보험계약자(policy holder)

보험계약을 자신의 명의로 체결하는 자로 보험료 납입의무가 있다.

(3) 피보험자(Insured, Assured)

손실을 보상받을 수 있는 권리를 소유한 자이다. 손실 발생시 손해보상을 청구하고 보험금을 수령하게 된다.

〈표 7-1〉 보험계약의 당사자

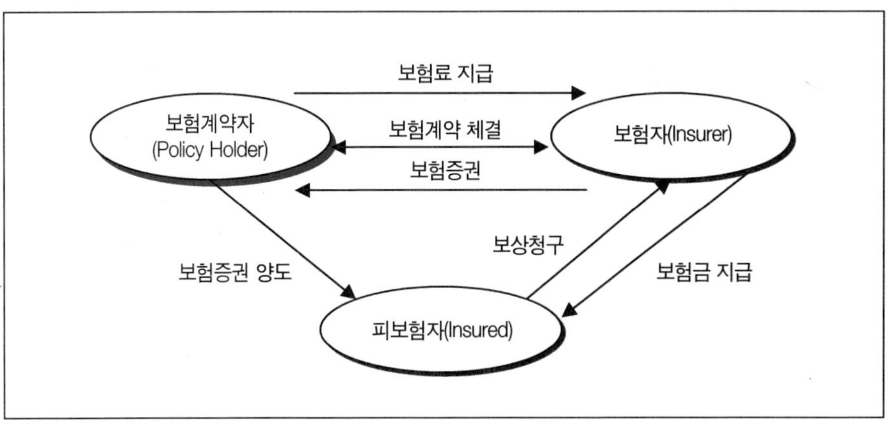

10) 보험약관

보험약관(clauses)은 보험자가 위험을 인수할 것을 담보하는 계약의 주요조항을 말한다.

11) 보험료, 보험금, 보험가액 및 보험금액

(1) 보험료(premium)

보험계약자가 보험자에게 위험인수의 대가로 지급하는 금액이다. 사고가 발생하였다면 보험자는 보험금을 지급하지만, 사고가 발생하지 않고 상품이 목적지에 도착하였다면 보험료는 환급되지 않는다.

(2) 보험금(claim amount)

보험자가 보험계약조건에 따라 피보험자에게 지급하는 금액이다.

(3) 보험금액(insurable amount)

손해발생시 보험자가 계약에 따라 피보험자에게 보상해야 하는 최고한도액을 말한다.

(4) 보험가액(insurable value)

보험대상인 보험목적물을 경제적으로 평가한 가치이다. 보험목적물을 경제적 가

〈표 7-2〉 보험료, 보험금, 보험금액 및 보험가액의 비교

<table>
<tr><td>보험료
(premium)</td><td colspan="2">보험자의 위험인수에 대한 대가로 보험계약자가 지급하는 보수</td></tr>
<tr><td>보험금
(claim amount)</td><td colspan="2">담보위험으로 발생한 손해에 대해 보험자가 피보험자에게 지급하는 금액
실손보상의 원칙에 따라 보험금 한도 내에서 보상</td></tr>
<tr><td>보험금액
(amount insured)</td><td colspan="2">보험계약상 보험자가 지급하기로 약정한 최고한도액
보험가액의 범위내에서 자유로이 정함</td></tr>
<tr><td rowspan="3">보험가액
(insurable value)</td><td colspan="2">피보험 목적물의 실제 경제적 가치를 평가한 금액</td></tr>
<tr><td>법정보험가액</td><td>법률에 의해 정해지는 보험가액</td></tr>
<tr><td>협정보험가액</td><td>계약체결시 당사자 간 합의에 의해 정한 보험 가액</td></tr>
</table>

치로 평가할 수 없다면 보험계약은 성립하지 않는다.

12) 전부보험, 일부보험 및 초과보험

먼저 전부보험(full insurance)은 약정한 보험금액이 보험가액과 100% 일치하는 보험조건이다. 그리고 일부보험(under insurance)은 약정한 보험금액이 보험가액에 미달하는 보험이다. 마지막으로 초과보험(over insurance)은 약정한 보험금액이 보험가액을 초과하는 보험이다. 실손보상원칙에 따라 손실액을 초과하는 초과금액은 지급하지 않는다.

〈표 7-3〉 보험가액과 보험금액의 관계

<table>
<tr><td>전부보험
(full insurance)</td><td>보험금액=보험가액</td><td>전손: 보험금=보험금액, 분손: 실손보상</td></tr>
<tr><td rowspan="2">일부보험
(under insurance)</td><td>보험금액 < 보험가액</td><td>전손: 보험금=보험금액, 분손: 비례보상</td></tr>
<tr><td colspan="2">의식적인 보험료 절감 혹은 미평가보험에서 보험가액 상승이 원인이 됨</td></tr>
<tr><td rowspan="2">초과보험
(over insurance)</td><td>보험금액 > 보험가액</td><td>전손: 보험금=보험금액, 분손: 실손보상</td></tr>
<tr><td colspan="2">중복보험의 경우나 미평가보험에서 보험가액의 하락이 원인이 됨</td></tr>
</table>

13) 공동보험과 중복보험

공동보험(co-insurance)은 동일한 하나의 피보험목적물에 대하여 복수의 보험계약이 존재하는 보험으로 복수의 보험금액의 합계가 보험가액을 초과하지 아니한다. 초과보험의 경우에 보험사고가 발생하지 않으면 피보험자는 손해액 이상으로 보상을 받아 부당이익을 취득하게 된다. 그러나 보험사고가 발생하지 않으면 보험자는 필요 이상의 보험료를 받는 결과가 초래된다. 이에 선의의 초과보험의 경우에는 피보험자는 보험금액을 감액하여 청구하고 보험자는 초과부분에 해당하는 보험료를 환불하여야 한다. 반면에 사기에 의한 초과보험의 경우에는 초과부분뿐만 아니라 보험계약 전체를 무효로 할 수 있다.

중복보험(double insurance)은 동일한 하나의 피보험목적물에 대하여 복수의 보험계약이 존재하는 보험으로 복수의 보험금액의 합계가 보험가액을 초과한다. 사기에 의한 중복보험의 경우에는 이를 무효로 하는 동시에 보험자는 그 사실을 알게 된

시점까지 보험료를 청구할 수 있다. 다만, 선의의 중복보험의 경우에는 보험계약의 효력을 인정하고 보상하되, 어떠한 경우에도 손해액 이상을 보상하지는 않는다.

14) 보험기간과 보험계약기간

보험기간(duration of risk)은 보험자의 위험부담의 시간적 한계를 말한다. 해상보험에서는 기본적으로 창고간 약관(ware house to ware house clause)을 적용한다. 반면에 보험계약기간(duration of the policy)은 보험계약이 유효하게 지속되는 시간적 한계를 말한다. 예정보험(Floating Policy)[40)]이나 소급보험(Lost or not Lost Clause)[41)]을 제외하고는 보험기간과 보험계약기간은 대체적으로 일치한다.

15) 위부와 대위

위부(abandonment)는 보험목적이 전부 멸실한 것과 동일시할 수 있는 일정한 사유가 있는 경우에 피보험자는 그 보험목적에 대한 모든 권리를 보험자에게 위부하고, 보험자에게 보험금액 전액을 청구할 수 있는 해상보험의 특유한 제도이다.

피보험자가 보험자에게 보험금지급청구를 하기 위해서는 보험사고로 인한 피보험자의 손해를 입증하여야 하지만 해상보험에 있어서 해상위험의 특수한 성질로 인해 실제로 손해의 입증이 어려운 때가 있다. 그러한 경우 현실전손이 아니더라도 전손에 준하여 피보험자로 하여금 보험목적에 대한 권리를 보험자에게 위부하고 전손보험금의 지급청구권을 행사하도록 하는 것이다.

위부의 법적성질은 위부의 원인이 발생하면 보험자는 보험목적에 대한 권리를 보험자에게 위부하고 보험금 전액을 청구할 수 있다. 위부는 보험자의 승낙을 필요로 하지 않는 단독행위로 피보험자의 일방적 의사표시에 의해 일정한 법적

---

40) 보험계약의 내용이 확정되지 않은 상태에서 보험계약이 성립되고 위험이 개시된 시점부터 보험자가 위험을 담보하고 보험계약자가 보험료를 청구하기로 하는 보험계약이다. 예정보험은 이미 성립된 매매계약에 의하여 운송이 예정된 화물의 선박명이 확정되지 않은 상태에서 발행하는 개별예정보험(provisional policy)과 매 건마다 보험계약을 체결하지 않고 미래에 거래될 화물 전부를 대상으로 보험계약을 체결하고자 하는 포괄예정보험(open policy)으로 나눌 수 있다.

41) 보험계약 체결시부터 그 이전의 시점으로 소급하여 보험자가 위험을 담보하는 보험이다. 예를 들어 화물이 선적된 후에 보험계약이 체결된 경우에 위험이 개시되는 시점부터 보험자의 위험부담이 시작된다. 단, 보험계약 체결전에 발생한 손해의 경우에 피보험자가 모를 경우에는 보상을 한다.

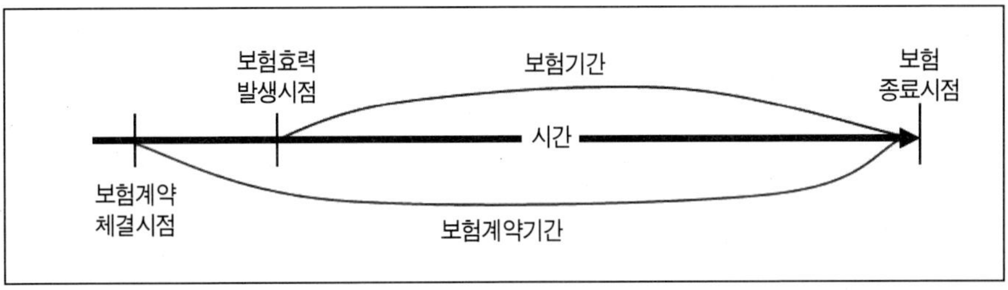

〈표 7-4〉 보험기간과 보험계약기간

효과를 가져온다.

대위(subrogation)는 보험계약자에게 보험금을 지급한 보험자가 보험목적물에 대해 피보험자가 가지는 권리 및 제3자에 대하여 가지는 권리를 취득하는 것이다. 대위는 위부와 달리 전손이나 분손을 불문하고 보상되는 일체의 손해에 대하여 적용된다.

4. 해상위험

1) 해상위험의 의의

해상 항해중에 기인하거나 부수하여 발생하는 우연한 사고나 재해를 해상위험이라고 한다. 따라서 통상적인 바람과 파도에 의한 작용은 해상위험이 아니다.

2) 해상위험의 담보방식

(1) 포괄담보주의

담보위험을 일일이 열거하지 않고 포괄적으로 규정하는 것으로 면책위험을 제외한 모든 위험을 담보한다. 구증권의 ICC(A/R)와 신증권의 ICC(A)가 해당된다.

포괄담보주의에서 피보험자는 손해가 보험기간 동안에 발생하였다는 사실과 손해액만을 입증하면 되고, 보험자는 해당 손해가 면책위험으로 발생하였음을 입증하면 된다.

(2) 열거담보주의

담보위험을 구체적으로 열거된 위험만을 담보하는 것으로 구증권의 ICC F.P.A.

와 W/A, 신증권의 ICC(B), (C)가 해당된다. 이러한 열거된 위험도 면책약관의 제한을 받는다. 열거담보주의에서는 피보험자는 손해가 보험기간 중에 약관상에 열거된 위험에 의하여 발생하였음을 입증하여야 한다.

3) 해상위험의 담보와 보험기간

해상위험의 담보와 보험기간은 손해발생시기에 상관없이 손해의 근인인 담보위험이 보험기간내에 발생한 경우에는 보상한다.

4) 담보위험, 면책위험 및 부담보위험

(1) 담보위험

담보위험(perils covered)은 보험자가 부담하는 위험으로 당해 위험으로 발생한 손해를 보험자가 보상하기로 약속하는 위험이다. 담보위험은 해당 위험의 원인 및 결과가 되는 위험을 면책하지 않는 한, 보험자가 해당 위험으로 기인하여 발생하는 손해를 보상한다.

〈표 7-5〉 절대적 면책위험과 상대적 면책위험의 비교

<table>
<tr><th colspan="4">면책위험</th></tr>
<tr><th colspan="2">법정면책위험 (M.I.A)</th><th colspan="2">관습적 면책위험 (보험증권상 약정면책위험)</th></tr>
<tr><td rowspan="4">절대적 면책 위험</td><td rowspan="4">• 어떠한 경우에도 담보되지 않음
• 피보험자의 고의적 악행</td><td rowspan="4">구증권</td><td>이탤릭체약관 (본문 위험약관의 전쟁위험 면책)
• 포획나포부담약관(F.C&S)
• 동맹파업폭동소요부담보약관(F.S.R&C.C)
• 항해중절부담보약관(Frustration)</td></tr>
<tr><td>면책률약관 (Franchise Clause)</td></tr>
<tr><td>전쟁위험 면책약관</td></tr>
<tr><td>동맹파업 면책약관</td></tr>
<tr><td>상대적 면책 위험</td><td>• 당사자 간 합의에 의해 담보가능
• 지연 (직접 혹은 간접손해)
• 통상적인 자연소모, 누손, 파손
• 고유의 하자 또는 성질
• 쥐 또는 벌레</td><td>신증권</td><td>• 제4조 일반면책약관 (A: 7개, B, C: 8개)
• 불감항성 부적합성 면책약관
• 제6조 전쟁면책약관 (A조건은 해적제외)
• 제7조 동맹파업면책약관</td></tr>
</table>

(2) 면책위험

면책위험(excepted perils)은 보험자가 해당 위험으로 기인하여 발생한 손해에 관하여 보상책임을 부담하지 않는 위험이다. 면책위험은 법류상의 면책규정에 의한 절대적 면책위험과 면책약관에 의한 관습적 면책위험으로 구분할 수 있다. 우리나라에서도 보험자는 모든 해상위험을 부담하지만, 해상보험약관이나 법률에서 특정한 위험은 보험자의 담보책임을 면책하고 있다.

〈표 7-6〉 담보위험, 면책위험 및 부담보위험의 관계

인과관계	보상여부	인과관계	보상여부
담보위험→손해	○	부담보위험→담보위험→손해	○
면책위험→손해	×	면책위험→담보위험→손해	×
부담보위험→손해	×		

〈표 7-7〉 구증권과 협회적하약관의 비교

<table>
<tr><th colspan="6">Lloyds S.G. Policy (구증권) 본문의 위험약관</th></tr>
<tr><th colspan="2">해상고유의 위험
(Perils of the Seas)</th><th colspan="2">해상위험
(Perils on the Seas)</th><th colspan="2">전쟁위험
(War Perils)</th></tr>
<tr><td colspan="2">• 보험증권상 명시되지 않음
• 판례에 의해 확정됨
• SSC
(Stranding, Sinking, Collision)
• Heavy Weather</td><td colspan="2">• Fire(Burning)
• Jettisons
• Barratry
• Pirates, Rovers, Thieves</td><td colspan="2">• Men-of-War
• Enemies
• Surprisals and Capture
• Taking at Sea & Seizure
• Arrests, Restraints and Detainments by Kings, Princess and People Letters of Mart and Countermart</td></tr>
<tr><td colspan="6">기타 일체의 위험(all other perils): 동종제한의 원칙(principle of Ejusdem Generis)</td></tr>
<tr><th colspan="6">협회적하약관 (Institute Cargo Clause)</th></tr>
<tr><th colspan="3">구증권(담보하는 손해의 유형에 따른 차이)</th><th colspan="3">신증권(담보위험의 종류와 수의 차이)</th></tr>
<tr><td colspan="3">• F.P.A (단독해손 부담보)
• W/A (분손 담보)
• A/R (포괄담보방식)</td><td colspan="3">• I.C.C (A) - 포괄담보방식
• I.C.C (B) - 제1조 담보위험 (10개)
• I.C.C (C) - 제1조 담보위험 (7개)</td></tr>
</table>

(3) 부담보위험

부담보위험(perils not covered)은 담보위험 및 면책위험 이외의 일체의 위험을 말한다. 부담보위험은 면책위험처럼 보험자가 보상을 하지 않으나 면책위험과 같이 담보위험을 제한하지는 않는다.

5) 담보위험의 제한 및 확장

해상보험증권에서 규정하고 있는 담보위험은 면책약관, 면책률약관(franchise clause) 및 발생한 손해의 유형 등에 따라 제한되며, 특약에 의해 담보범위나 담보기간이 확장되기도 한다.

6) 위험의 변동

위험의 변동(change of risk)은 보험자가 보험계약 체결시의 위험사정이 소멸하고 전혀 다른 위험사정으로 변하는 것을 의미한다. 항해의 변경시 그 시점부터 보험자의 보상책임이 면제된다. 이 경우 실제 항해의 변경여부는 중요하지 않고 항해변경의사가 명백하였을 때부터 보험자의 책임이 면제된다. 예를 들어 선박이 보험증권에 명시된 출발항이 아닌 다른 항에서 출항하는 경우나 보험증권에 기재된 목적항이 변경된 경우이다. 다만, 항해변경시에도 피보험자가 항해변경 사실에 대해 보험자에게 통보하면 보험료 및 담보조건을 조정하여 담보가 지속될 수도 있다.

항해변경의 유형에는 이로(deviation), 항해개시의 지연(delay in commencement), 항해의 지연(delay in voyage), 화물의 갑판적재(cargo shipped on deck), 임의의 환적(transshipment), 포장의 불완전(defective) 및 강제하역(force discharge) 등이 있다.

5. 해상손해

1) 해상손해의 의의

해상손해는 해상위험으로 인하여 피보험목적물의 전부 또는 일부가 멸실 또는 손상됨으로써 피보험자가 입게 되는 경제적 손실이다. 해상손해는 반드시 해상 구간에서 발생된 손해만을 지칭하는 의미는 아니며, 항해사업과 관련하여 부수적으로 발생되는 내수 및 육상의 손해까지도 포함하는 개념이다.

2) 물적손해, 비용손해 및 배상책임손해

(1) 물적손해

물적손해(physical loss)는 피보험목적물 자체에 직접적으로 발생한 손해로 전손(total loss)과 분손(partial loss)으로 나눌 수 있다.

① 전손

전손은 현실전손(actual total loss)과 추정전손(constructive total loss)으로 나눌 수 있다. 현실전손의 경우는 보험목적물이 완전히 파괴되어 멸실된 경우, 피보험목적물 본래의 성질을 상실한 경우, 피보험목적물이 박탈되어 회복불능인 경우나 선박이 행방불명된 경우이다. 추정전손은 현실전손은 아니지만 현실전손을 피할 수 없고, 피보험목적물의 가액을 초과하는 비용을 지출하지 않고는 현실전손을 피하기 어려운 경우이다. 추정전손의 경우 보험목적이 위부되면 전손처리되고, 위부의 통지가 없으면 분손처리된다.

② 분손

분손은 단독해손(particular average)과 공동해손(general average)으로 나눌 수 있다. 먼저 단독해손은 피보험목적물의 분손으로 공동해손이 아닌 것으로 손해를 피보험자 단독으로 부담하는 것인 반면에 공동해손은 피보험목적물에 발생한 손해를 이해관계자들이 공동으로 부담하는 것이다.

(2) 비용손해

비용손해(expenses loss)에는 구조비(salvage charge), 특별비용(particular charge), 손해방지비용 및 손해조사비용(sue & labor charge)이 있다.

① 구조비

구조비는 해난에 봉착한 재산에 발생할 가능성 있는 손해를 방지하기 위해 계약상의 의무가 아니라 자발적으로 화물을 구조한 자에게 해상법에 의해 지급하는 보수이다.

② 특별비용

특별비용은 피보험목적물의 안전 또는 보존을 위해 피보험자에 의하거나 피보험자를 위해 소요된 비용으로서 공동해손비용과 구조료 이외의 비용(사고의 사후 처리비용)이다.

③ 손해방지비용

손해방지비용은 피보험목적물(화물)에 손해가 발생하거나, 또는 손해발생의 염려가 있을 때, 보험자가 보상하게 될 손해를 방지 또는 경감하기 위해, 피보험자가 지출하는 비용이다.

④ 손해조사비용

손해가 발생한 경우, 그 손해의 원인 및 정도를 조사하는 데 소요되는 비용이다.

(3) 배상책임손해

배상책임손해란 자신의 과실, 과오, 부주의 등으로 인하여 제3자가 입은 손실에

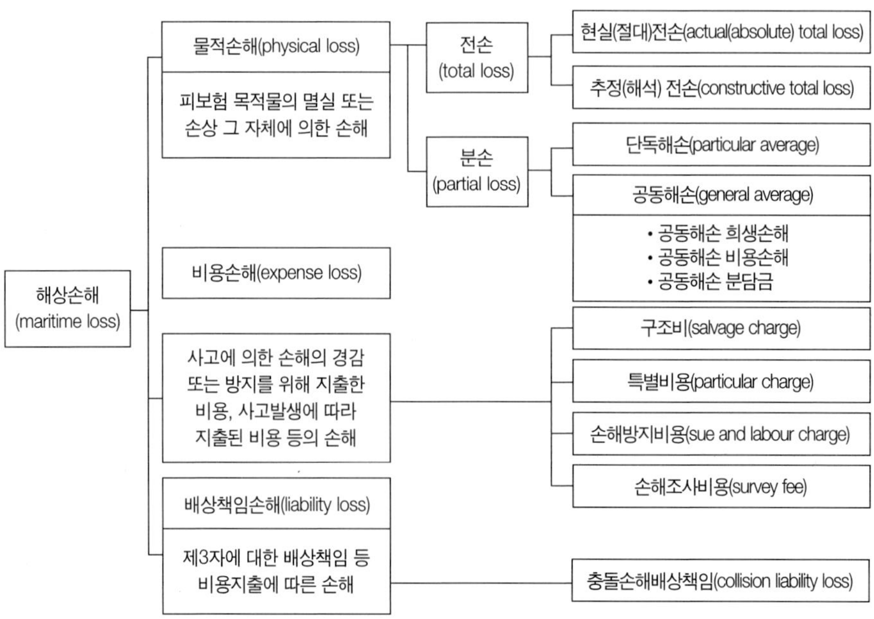

〈표 7-6〉 해상손해의 종류

대하여 법적으로 배상해 줄 책임을 말한다. 제3자에 대한 손해배상책임은 책임보험에 의하여 담보가 가능하다. 책임보험은 간접손해의 보상을 목적으로 하는 보험으로 선주는 선박의 충돌손해 배상책임을 담보하기 위하여 별도로 책임보험계약을 체결할 필요는 없다.

6. 해상보험증권

1) 해상보험증권의 의의

해상보험증권이란 해상보험계약이 체결되면 보험자가 보험계약의 성립과 그 내용을 증명하기 위하여 계약의 내용을 기재하고 보험자가 기명 · 날인하여 보험계약자에게 교부하는 증권을 말한다. 보험계약에 관한 모든 사항은 보험증권의 내용에 의해 결정된다. 보험증권의 교부는 보험계약의 성립여부에 영향을 미치지 않는다.

현재는 1982년 영국보험자협회에서 새롭게 내놓은 신보험증권을 병용하고 있다. 따라서 보험계약자의 편의에 따라 적절한 보험증권을 채택하여 보험계약을 체결할 수 있다.

2) 해상보험증권의 발전과정

(1) Lloyd' s S.G. Policy(1779)

Lloyd' s S.G. Policy는 1779년에 해상보험계약의 표준양식으로 채택되었고, 약관의 내용이 MIA 부록(RCP; Rules for Construction of Policy)에 수용되어 입법화되었다. 본 증권은 선박 및 적하 겸용으로 사용되었다.

(2) I.L.U(institute London Underwriter)의 Company' s Combined Policy(1884: 이하 구증권)

구증권은 Lloyd' s S.G. Policy의 골격을 그대로 유지하고 선박용과 적화용을 구분하여 사용되었다.

구증권은 ICC(F.P.A.: 1912), ICC(W/A: 1921), A/R(All Risks: 1951)을 제정하

여 특약으로 사용되었다.

(3) MAR Policy(1982: 이하 신증권)

신증권은 Lloyd' s와 ILU의 합동적하위원회(Joint Cargo Committee)에서 1981년에 해상적하보험증권을 새로이 제정하고, 동시에 해상보험증권과 함께 사용할 협회적하약관 ICC(A), (B), (C)를 제정하였다.

구증권 본문의 위험약관을 삭제하고, 협회적하약관(ICC) (A), (B), (C)조건에 흡수시켰다.

3) 해상보험증권의 구성

(1) 구증권

① 본문약관

본문약관에는 위험약관(담보위험 열거), 보험기간(선적시부터 양륙시까지), 면책률약관(franchise clause)[42], 소급약관(lost or not lost clause)[43], 준거법약관(MIA)[44] 등이 있다.

② 난외약관

난외약관에는 이탤릭체약관과 중요약관이 있다. 먼저 이탤릭체약관의 약관내용에는 포획나포부담보약관(F.C&S), 동맹파업폭동소요부담보약관(F.S.R&C.C) 및 항해중단부담보약관(Frustration Clause) 등을 규정하고 있다. 그리고 중요약관은 보험사고 발생시 피보험자가 취해야 할 제반 사항을 구체적으로 명시하고 있다.

---

42) 면책약관은 일정비율 미만의 소손해를 담보하지 않음으로써 보험경영측면에서 담보범위를 소멸 또는 감소시키려 한 것이다. 사탕, 피력, 연초, 아마 등은 3% 미만은 부담보하고 기타화물의 경우에는 5% 미만을 부담보한다.

43) 소급약관은 보험계약 체결 전에 위험이 개시한 경우에도 손해발생 사실에 대해 보험 계약자만 알고 보험자는 몰랐던 경우만 제외하고 위험의 개시 시점으로 소급하여 담보하는 약관이다.

44) 영국의 법과 관습에 따른다는 것을 규정하고 있다.

③ 협회적하약관

협회적하약관(Institute Cargo Clause)은 FPA(Free from Particular Average; 불특정단독해손부담보), W/A(With Average; 분손담보) 및 A/R(All Risks; 전위험담보)으로 구성되어 있다.

첫째, FPA에서 보상되는 손해는 전손, 공동해손 희생, 공동해손분담금, 특정단독해손(SSC; Stranding, Sinking, Burning), 특별비용(손해방지비용, 구조비, 중간항이나 피난항에서의 특별 및 부대비용으로 W/A조건에서 담보하는 특별비용까지 확장하여 담보), 확장담보(선적, 환적, 하역작업 중 포장당 전손 및 화재 폭발, 충돌, 운송용구 이외의 다른 물체와의 접촉, 피난항에서 화물의 하역과 상당한 인과관계가 있는 손해) 등이다.

둘째, W/A에서 보상되는 손해는 전손, 공동해손 희생, 공동해손분담금(면책비율의 적용을 받지 않음), 불특정단독해손(면책비율이 적용됨), 특정단독해손(면책비율에 관계없이 담보), 특별비용(손해방지비용, 구조비, 중간항이나 피난항에서의 특별 및 부대비용), 확장담보(화재, 폭발, 충돌, 운송용구 이외의 다른 물체와의 접촉, 피난항에서 화물의 하역과 상당한 인과관계가 있는 손해) 등이다.

셋째, A/R에서 보상되는 손해는 본문약관상의 담보범위를 외부적 위험으로

〈표 7-7〉 구증권 협회적하약관 조건별 손해보상범위

<table>
<tr><th colspan="3">보험조건</th><th colspan="2">손해보상범위</th></tr>
<tr><td rowspan="10">A/R</td><td rowspan="9">W/A</td><td rowspan="8">FPA</td><td colspan="2">전손 (현실전손 및 추정전손)</td></tr>
<tr><td colspan="2">공동해손 (공동해손희생, 공동해손비용, 공동해손분담금)</td></tr>
<tr><td rowspan="3">비용
손해</td><td>구조비</td></tr>
<tr><td>손해방지비용 및 특별비용</td></tr>
<tr><td>부대비용</td></tr>
<tr><td rowspan="3">특정
단독
해손</td><td>SSB 사고로 인한 단독해손</td></tr>
<tr><td>선적, 환적, 양하시의 Silling Loss</td></tr>
<tr><td>화재, 폭발, 충돌, 접촉 및 조난항에서 적하의 양륙작업시 발생하는 손해</td></tr>
<tr><td colspan="2">불특정단독해손</td><td>특정단독해손 이외의 단독해손. 다만 면책비율이 적용된다.</td></tr>
<tr><td colspan="4">기타 모든 외부적 위험으로 인한 손해(면책비율이 적용되지 않음)</td></tr>
</table>

인한 손해까지 확장하여 보상하고 여기에 MIA 제55조 2항의 법정면책위험, 제12조 전쟁위험 면책약관, 제13조 동맹파업 면책약관을 제외하고 면책비율에 상관없이 손해를 보상해 준다.

(2) 신증권

신증권에서는 본문에 준거법약관, 타보험약관, 약인약관, 선서약관을 제외한 모든 조항을 협회적하약관에 포함하고 있다.

담보범위를 정하는 위험약관이 모두 삭제되고 협회적하약관에 수용되고, 협회적하약관을 반드시 첨부하여야만 담보가 가능하게 되었다.

구증권의 협회적하약관은 A/R 조건을 제외하고 손해의 유형과 위험의 종류로 이분하여 담보범위를 정하였으나 신증권은 위험의 종류에 따라 담보하므로 분손, 전손의 구별이 필요치 않으며 담보의 범위가 명확해졌다.

신증권은 운송수단의 변화에 따라 컨테이너관련 조항을 신설하였다.

제1조(위험약관), 제4조(일반면책약관), 제6조(전쟁위험면책약관)을 제외하고 모두 동일하다.

① ICC(A)

ICC(A)는 포괄담보주의를 채택하여 제4, 5, 6, 7조의 면책위험을 제외하고는 모든 위험을 담보한다. ICC(A)의 일반면책약관 제4조는 7가지로 피보험목적 또는 그 일부에 대한 어떠한 자의 불법행위에 의한 의도적 손상 또는 파괴를 담보한다. 제6조는 전쟁위험면책약관에서 해적을 제외하고 있다.

② ICC(B)

ICC(B)는 제4, 5, 6, 7조의 면책위험을 제외하고 제1조에 열거된 위험을 담보한다.

③ ICC(C)

ICC(C)는 제4, 5, 6, 7조의 면책위험을 제외하고 제1조에 열거된 위험을 담보한다. ICC(C)는 ICC(B)에서 담보하는 지진, 화산의 분화, 낙뢰, 갑판유실, 본선/부선/선창/운송용구/컨테이너/지게차 또는 보관장소에 해수, 호수, 강수의 침입, 추락손을 담보하지 않는다.

제8장

무역결제

| 학습목표 |

1. 무역결제시 고려사항을 살펴본다.
2. 송금결제방식을 살펴본다.
3. 추심결제방식을 살펴본다.
4. 신용장결제방식을 살펴본다.
5. 기타결제방식을 살펴본다.

1. 무역결제의 개요

1) 무역결제의 의의

무역거래에서 무역결제에 관한 조항은 지급시기, 방식, 장소 및 통화로 구성되어 있고, 이러한 조항들에 대해 어떠한 조건으로 매매계약을 체결하였는지의 여부에 따라서 당사자들의 위험부담 정도가 달라진다.

이에 매매계약의 당사자들은 국제거래의 안정성이 확보되지 못한다면 일반적으로 매도인은 매수인으로부터 상품대금을 지급받는 것을 걱정하여 결제대금을 먼저 받기를 원할 것이고, 반면에 매수인은 계약에 일치하는 상품의 인도를 대금지급 전에 받기를 원할 것이다. 이러한 당사자들 간의 불안감을 제거하기 위하여 대금결제방식은 다양하게 발전되어 왔다.

2) 무역결제방법 결정시 고려사항

무역대금결제방식의 결정은 서로간의 이해관계를 절충하여 조화를 이루는 것이 중요하다. 실무적으로 무역대금결제방식은 무역계약의 기본조건으로 매매계약 당사자 간에 미리 약정하여야 한다. 매매계약에서 당사자들은 대금결제방식을 선택할 때 현실적으로 대금결제시기와 방식, 장소, 통화 등을 종합적으로 고려하여야 할 것이다.

(1) 대금결제시기

국제상거래에서 대금결제시기는 실무적으로 상품 또는 선적서류의 인도시점에 따라 선지급(advance payment), 동시지급(concurrent payment), 후지급(deferred payment), 분할지급(progressive) 등으로 나눌 수 있다.

① 선지급

선지급은 수출자가 상품을 선적 또는 인도하기 전에 수입자가 대금결제를 행하는 것으로 선지급에는 주문급(Cash With Order; CWO), 사전송금(advance remittance)[45], 전대신용장(red clause L/C) 방식[46]이 있다.

---

45) 사전송금방식은 단순송금방식 또는 주문지급(cash with order)이라고 한다.

② 동시지급

동시지급은 수출자가 상품을 선적 또는 인도와 동시에 수입자가 대금결제를 행하는 것을 말한다. 동시지급에는 상품인도와 동시에 현금을 지급하는 현물상환도(Cash On Delivery; COD), 선적 후 선적서류와 교환으로 현금을 지급하는 서류상환도(Cash Against Documents; CAD), 일람불신용장(at sight), 지급도(Documents against Payment; D/P) 등이 있다.

③ 후지급

후지급은 수출자가 상품 또는 선적서류를 인도한 후 계약상의 대금지급 약정일에 대금지급을 하는 방식이다. 사후송금방식(later remittance), 기한부신용장(usance credit), 인수도(Documents against Acceptance; D/A), Open Account(O/A) 등이 있다.

④ 분할지급

분할지급은 대금지급을 여러 단계로 나누어 분할하여 지급하는 방식이다. 예를 들어, 계약금을 선지급하고 잔금을 선적시 또는 선적 후 일정기간 이후에 2회 이상 분할하여 지급하는 방식이다.

(2) 대금결제방식

대금결제방식은 신용장의 발행유무에 따라 신용장방식(L/C basis)과 무신용장방식(Non-L/C)으로 나눌 수 있고, 무신용장방식은 송금(remittance), 추심방식(collection), 기타방식 등으로 나눌 수 있다.

국제상거래에서 수출자가 보다 합리적인 수출대금결제방식을 선택하기 위해서는 수입자의 신용도와 업종, 수입국의 재정상태, 결제금액 및 환위험, 상품의 종류, 결제비용 등을 고려하여야 할 것이다.

---

46) 전대신용장은 상품의 생산 및 가공 등에 필요한 자금을 선적서류 발행 전에 선급하여 줄 것을 수권하는 신용장으로 선적전 상품대금을 지급하라는 지급문구가 붉은 색으로 되어 있기에 red clause credit라고도 하고 선급금으로 상품을 집하 · 포장한다는 의미에서 packing credit라고도 한다.

① 신용장방식

신용장방식은 은행이 중간에 개입하여 수출자의 대금지급을 조건부로 확약함으로써 무역거래 이행의 확정, 금융수혜, 신용위험의 배제 등 여러 가지 국제무역상의 이점을 발생시킨다. 그러나 신용장방식은 다른 수출결제방식에 비하여 상대적으로 비용이 높고 거래절차가 복잡하며 사기거래가 발생할 가능성이 높은 단점을 내포하고 있다.

② 무신용장방식

무신용장방식은 절차나 비용측면에서 신용장방식보다 간편하고 저렴하나, 수입자의 신용만으로 거래를 하기 때문에 신용장방식에 비하여 신용위험, 비상위험 등이 발생할 가능성이 높다.

(3) 대금결제장소

지급장소는 계약상에 약정된 장소가 있으면 그 곳에서 매수인의 대금결제의무가 이행된다. 하지만 계약상에 명시가 없으면 일반적으로 대금결제의 장소는 채권발생 시점에서 그 상품이 존재하는 장소나 수출자의 영업소 소재지에서 대금을 지급하면 된다.

CISG에서도 지급장소에 대하여 규정[47)]하고 있는데, 매수인이 다른 어떤 특정한 장소에서 대금을 지급하여야 할 의무가 없는 경우에는 매수인은 매도인의 영업소, 대금이 상품 또는 서류의 인도와의 상환으로 지급되어야 하는 경우에는 그 인도가 행하여지는 장소에서 지급하여야 한다.[48)]

(4) 대금결제통화

무역거래는 이국 간에 이루어지기 때문에 거래당사자들은 매매계약체결시 상품의 가격을 자국통화로 표시할 것인지, 아니면 제3국의 통화로 표시할 것인지 정

---

47) CISG Article 57(1).

48) 우리나라에서는 매수인이 특약이나 관습이 없는 때에는 변제장소의 일반원칙(지참채무의 원칙)에 의하여 매도인의 현 영업소에서 대금을 지급하여야 한다(민법 제467조 2항). 그러나 매매목적물의 인도와 동시에 대금을 지급하여야 할 경우에는 특별한 약정이 없으면, 목적물의 인도장소가 대금지급장소가 된다(민법 제586조).

하여야 한다. 일반적으로 매매계약의 체결시점과 대금결제가 완료되는 시점 간에는 상당한 차이가 있어서 이에 따른 환율변화가 발생하여 거래당사자들은 환위험(exchange risks)에 노출될 수 있기 때문에 당사자들은 환율변동으로 인한 지급통화의 가치변동을 심각히 고려하여야 한다.

실무적으로 매매계약서상에 지급통화를 수출국의 통화로 표시하면 환율변동에 따른 환위험을 수입자가 부담하며, 수입국의 통화로 표시하면 이를 수출자가 부담한다. 제3국의 통화로 표시하면 환위험을 양 당사자가 모두 부담하게 된다.

예를 들어, 지급통화로 선택한 수입국통화 또는 제3국 통화가 강세를 보일 경우에는 환위험을 회피할 수 있으나, 약세를 보일 경우에는 환위험을 부담하게 되는데 수출결제통화로 강세통화를 선택하거나 또는 결제통화를 여러 국가 통화로 다양화하여 수출에 따른 환위험을 회피할 수 있다.

2. 송금방식

1) 송금방식의 개요

송금방식은 무역계약을 체결한 수입자가 수출자에게 대금지급을 직접 현금으로 송부하지 않고 은행의 환거래를 통하여 송금하는 방식이다.

수출자가 상품을 선적하기 전에 수입자가 그 결제대금의 전액을 송금하거나, 수출자가 상품 또는 선적서류를 인도한 후 수입자가 스스로 대금을 송금하는 방식이다.

송금방식은 송금수단에 따라 전신송금환(Telegraphic Transfer; T/T), 우편송금환(Mail Transfer; M/T) 및 송금수표(Demand Draft; D/D)로 나눌 수 있다.

〈표 8-1〉 송금수단에 따른 구분

전신송금환	수취인에 대하여 일정금액의 지급을 은행에 전신으로 위탁하는 지급지시서
우편송금환	수취인에 대하여 일정금액의 지급을 은행에 우편으로 위탁하는 지급지시서
송금수표	수취인에 대하여 일정금액의 지급을 은행에 위탁하는 유가증권

2) 송금방식의 특징

송금방식의 특징을 살펴보면 다음과 같다. 첫째, 송금방식은 추심방식 또는 화환신용장방식에 비하여 신속하게 무역거래를 이행할 수 있다. 왜냐하면 송금방식에서는 추심방식 또는 화환신용장방식에서와 같이 은행이 중간에 선적서류 인도 및 대금의 추심에 개입되지 않기 때문이다. 둘째, 송금시기에 따라 당사자 간의 위험부담이 달라진다. 먼저 사전송금의 경우에는 수출자는 대금을 선지급받기 때문에 유리하지만, 수입자는 상품대금을 먼저 지급하여야 하므로 위험이 큰 지급방식이라고 할 수 있다. 수출자가 수입자에게 소액의 견본품을 보내거나 본지사 간 또는 신용이 높은 당사자들 사이의 거래에 적합한 거래이다. 그리고 사후송금의 경우에는 수출자가 상품 또는 선적서류의 인도 후 수출대금이 지급되는 방식으로, 수출대금결제방식 중 수출자에게 위험이 발생할 가능성이 가장 높은 방식이다. 셋째, 신용장은 신용장통일규칙(Uniform Customs and Practice for Documentary Credit; UCP), 추심은 추심에 관한 통일규칙(Uniform Rules for Collections; URC)이라는 국제규범으로 구속될 수가 있다. 하지만 송금방식을 규제하는 국제규범은 존재하지 않는다.

3) 송금방식의 종류

(1) 사전송금방식

사전송금방식(advance remittance)은 수출자가 상품을 선적하기 전에 수입자에게 미리 대금의 전액을 지급하는 방식이다. 사전송금방식은 수출자의 입장에서 보면 상품대금을 미리 받기 때문에 유리하다. 하지만, 수입자의 입장에서는 미리 대금을 지급하여야 하기 때문에 상업위험이 발생할 위험이 있다. 사전송금방식은 실무적으로 소액결제, 견본품, 본지사 간의 거래 또는 상품이 매도인 중심의 시장(buyer' s market)일 경우에 주로 사용된다.

사전송금 기재방법은 T/T in advance within before shipment in favor of seller, T/T in advance within 15 days after the date of sales contract, T/T after receiving firm offer 등으로 표시할 수 있다.

(2) 사후송금방식

사후송금방식(later remittance)은 수출자가 상품과 선적서류를 송부하고 수입자는 상품을 인수한 후에 결제대금을 수출자에게 송부하는 방식이다. 사후송금방식은 수출자 입장에서는 상품을 인도한 이후에 대금을 지급받기 때문에 신용위험이 발생할 위험이 있다. 하지만 수입자 입장에서는 상품 인수 후에 결제대금을 송부하기 때문에 유리하다. 사후송금방식의 기재방법은 T/T within 30days after bill of loading date, Buyer shall remit by T/T within 20days after the shipment, buyer shall remit by T/T within 15days after the date of arrival at buyer' s works 등으로 표시할 수 있다.

3. 추심방식

1) 추심방식의 의의

추심(collection)에 관한 통일규칙(Uniform Rules for Collections(1995 Revision) ICC Publication No 522: URC 522)에서 추심은 "은행이 접수된 지시에 따라 지급(payment) 및/또는 인수(acceptance)를 받기 위하여, 또는 지급 및/또는 인수에 대하여 서류(document)를 인도하기 위하여, 또는 기타의 조건으로 서류를 인도하기 위하여, 금융서류(financial documents)와 상업서류(commercial documents)를 취급하는 것을 의미한다."라고 정의하고 있다.[49)]

국제상거래에서 추심방식은 수출자가 수출대금을 회수하기 위하여 상품을 선적한 후 자신의 위험과 비용부담으로 수입자를 지급인(drawee)으로 하는 화환어음(documentary bill)을 발행하고, 자국에 있는 거래은행에게 수입자 소재지의 환거래은행(correspondent bank)을 통하여 대금을 회수하라는 지시와 함께 관련서류(documents)를 인도한다. 여기서 서류[50)]란 금융서류(financial documents)와 상업서류(commercial documents)를 의미하는데, 금융서류라 함은 환어음(bill of exchange), 약속어음(promissory notes), 수표(cheques) 또는 금전의 지급을 받

49) URC 522 Article 2(a).
50) URC 522 Article 2(b).

기 위하여 사용되는 이들과 유사한 기타의 증서를 의미하고, 상업서류는 상업송장(commercial invoice), 권리증권(documents of title), 운송서류(transport documents), 그 밖의 금융서류가 아닌 일체의 서류를 의미한다.

이때 거래은행은 추심의뢰은행(remitting bank)이 되어 추심은행(collecting bank)에게 선적서류를 송부하여 추심을 의뢰하고, 추심은행이 환어음의 지급인(drawee)인 수입자에게 선적서류와 환어음을 제시하여 대금을 징수한 후 추심의뢰은행에 송금하면, 추심의뢰은행이 이를 추심의뢰인(principal)인 수출자에게 지급함으로써 대금결제가 이루어지는 역환방식을 말한다. 이와 같이 추심방식은 수입자 거래은행의 지급확약 없이 단지 수입자와 수출자 간의 매매계약에 따라서 수입자의 신용을 바탕으로 은행을 통하여 선적서류와 상환으로 대금의 결제가 이루어지는 방식이다.

추심거래에서 "추심에 관한 통일규칙"(Uniform Rules for Collections(1995 Revision) ICC Publication No 522: URC 522)이 적용되기 위해서는 추심의뢰서(collection instruction or order)[51]에 추심에 관한 통일규칙 준거문언이 표시되어 있어야 하며 다음과 같다. "This collection is subject to Uniform rules for collection, 1995 Revision, ICC Publication No. 522."

그러나 관계당사자 간에 별도의 합의가 있거나 국가, 주 또는 지방의 법률 및/또는 규칙에 반하는 경우에는 추심에 관한 통일규칙이 적용되지 않는다.

추심방식은 환어음을 지급인이 어음지급을 하여야 선적서류를 인도해 주는 지급도(D/P; Documents against Payment)와 지급인이 어음인수를 하면 선적서류를 인도해 주는 인수도(D/A; Documents against Acceptance)로 구분된다.

2) 추심방식의 특징

추심방식의 장점은 다음과 같다. 첫째, 수출자의 신용공여로 거래가 이루어지므로 수입자에게 아무런 부담이 없다. 둘째, 화환신용장보다 수입자가 선호하는 대금결제방식으로 같은 품질 및 가격의 상품이라면 수입자는 화환신용장보다는 추

---

51) 추심의뢰은행이 추심의뢰인(principle)으로부터 추심의뢰를 받아 추심은행에게 추심을 의뢰할 때에 추심에 관한 여러 가지 의뢰사항을 기록한 첨부서류를 말한다.

심의 대금결제조건을 제시하는 수출자와 계약을 체결할 가능성이 높아서 수출자는 수출경쟁 수단으로 활용할 수 있다. 셋째, 어음지급인인 수입자로부터 어음대금을 결제받은 후 추심관련은행을 통하여 결제대금을 회수하는 절차를 거치는 것이 일반적이지만, 실무상 일정한 자격요건을 갖춘 수출자는 화환신용장거래와 같이 선적 후 즉시 수출대금을 회수할 수도 있다. 넷째, 수출신용보험제도를 통하여 추심거래에 따른 대금지급 거절로 인한 대금회수불능의 위험을 회피할 수도 있다.

반면에 단점은 다음과 같다. 첫째, 신용장방식에서와 같이 은행이 대금지급을 보장하는 것이 아니기 때문에 수입자의 신용상태가 불량하거나 지급불능인 경우에는 수출자는 대금회수불능의 신용위험을 면할 수 없다. 둘째, 추심방식에서 추심의뢰은행이나 추심은행은 화환신용장거래에서와 같이 선적서류의 일치성을 심사하여야 할 책임이나 스스로 대금지급의 의무를 부담하지 아니하며, 오직 선의의 당사자로서 수출자의 추심대리인에 불과하다. 셋째, 신용장방식은 대부분의 국가에서 그 거래규칙을 신용장통일규칙에 의존하고 있지만, 추심방식은 모든 어음행위는 준거법으로서 URC보다는 상업어음 거래약정, 행위지의 국내법에 구속받기 때문에 추심당사자 간에 분쟁이 야기되면 해결에 어려움이 따를 수 있다. 넷째, 수출자의 신용공여로 상품의 선적이 이루어지기 때문에 대금회수의 위험을 부담하게 된다. 신용장의 경우에는 독립 · 추상성의 원칙에 따라 수입자는 개설은행이 신용장조건과 일치하는 서류의 인수를 거절할 수 없지만, 추심의 경우에는 일치된 서류를 제시하여도 수입자가 제시한 환어음과 관련서류의 인수를 거절할 수 있다.[52)]

3) 추심거래절차

추심거래절차는 다음과 같다.

① 수출자와 수입자 간 매매계약에서 대금결제를 추심결제방식으로 합의한다.

② 수출자는 계약조건에 따라 상품을 선적한다. 이때 운송회사로부터 운송서

---

52) Justin Malbon · Bernard Bisshop, "Australian Export, A Guide to Law and Practice", Cambridge University (2006) p. 99.

류를 발급받거나 작성한다. 또한 수출자는 계약에 따라 요구하는 선적서류를 작성 및 준비한다.

③ 수출자는 수입자를 지급인으로 환어음을 발행하고 추심의뢰은행(remitting bank)에 추심지시서(collection instruction) 및 선적서류를 제시하여 추심을 의뢰한다.

④ 추심의뢰은행은 수입지의 추심은행(collection bank)에 추심지시서와 서류를 송부하여 추심을 의뢰한다.[53)]

⑤ 추심은행은 수입자에게 서류도착을 통지한다.

⑥ 수입자는 지급도인 경우에는 어음대금을 추심은행에 지급하고 서류를 인수한다. 하지만 인수도인 경우에는 수입자는 어음 인수 후, 어음의 만기에 추심은행에게 대금을 지급하면 된다. 또한 어음인수시 선적서류를 받으면 된다. 대금을 지급받은 추심은행은 대금을 추심의뢰은행으로 송부하고 추심의뢰은행은 수출자에게 수출대금을 지급한다.

⑦ 수입자는 서류를 인수한 후 화물도착 통보를 운송회사로부터 받으면 운송서류를 제시하여 상품을 인수받으면 된다.

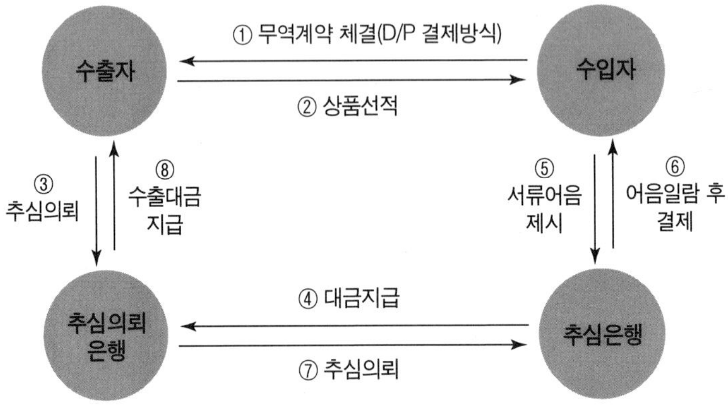

〈표 8-2〉 추심거래절차(D/P)

53) 추심은행은 서류에 대한 내용 심사 없이 추심지시서에 명시된 서류와 실제 송부된 서류가 일치하는지 여부만을 확인한다.

4. 신용장방식

1) 신용장방식의 의의

국제상업회의소(International Chamber of Commerce; ICC)가 제정한 "화환신용장 통일규칙 및 관례(Uniform Customs and Practice for Documentary Credit, 2007년 제6차 개정 공표 제600호, 이하 "UCP 600 또는 신용장통일규칙"이라고 한다.) 제2조에 따르면, 신용장이란 "그 명칭과 상관없이 개설은행(issuing bank)이 일치하는 제시(complying presentation)에 대하여 결제(honour)[54]하겠다는 확약(confirmation)으로서 취소가 불가능한 모든 약정을 의미한다."라고 규정[55]한다.

신용장의 정의에서 알 수 있듯이 수출자가 신용장의 개설은행에 대하여 권리를 행사함에 있어서는 제시한 서류가 신용장의 제조건과 일치하는지 여부가 관건이 되는데, 이를 "엄격일치의 원칙(doctrine of strict compliance)"이라 하며, 이는 독립성 · 추상성의 원칙(the principle of independent or abstraction)[56]과 함께 신용장거래의 가장 본질적인 특징이다. 이러한 신용장방식의 특징으로 인하여 은행은 신용장에 명시된 모든 서류를 상당한 주의를 기울여 심사하여 서류가 문

---

54) 참고로 영문은 다음과 같다.
honour means:
a. to pay at sight if the credit is available by sight payment.
b. to incur a deferred payment undertaking and pay at maturity if the credit is available by deferred payment.
c. to accept a bill of exchange ("draft") drawn by the beneficiary and pay at maturity if the credit is available by acceptance(UCP 600 Article 2).

55) UCP 600 Article 2.

56) 화환신용장거래는 본질적으로 일단 은행에 의하여 개설되면 그 화환신용장은 그 근거가 되는 매매계약(underlying contract)으로부터 완전히 독립되어 그 자체로서 별도의 법률관계를 형성하게 되는, 이른바 "독립성"을 갖게 된다. 이러한 독립성에 의하여 신용장이 그러한 계약에 관한 참조사항을 언급하고 있다 하더라도 은행들은 매매계약 등에 관계되는 이유 또는 항변으로 권리를 침해당하거나 의무나 책임을 추궁당하지 않게 된다. 신용장거래에 관계하는 모든 당사자들은 서류상의 거래를 하는 것이지 그러한 서류들과 관련된 상품, 용역 또는 기타 계약이행상의 거래를 하는 것은 아니다. 이러한 원리가 "추상성"이다. 그리고 이러한 화환신용장의 특성은 각국의 법과 우리나라를 비롯한 각국의 판례에 의해서도 확립되어 인정되고 있는 절대적인 원칙으로 되어 있다. 그러나 독립 · 추상성도 매입을 위한 제시된 서류가 고의적으로 매도인의 사기에 의하여 제시된 경우에는 사기성 예외의 원칙(fraud exception rules)에 의하여 지급거절될 수 있다.

면상 신용장 조건과 일치하는지를 확인하여야 하고, 만일 제시된 서류가 신용장 조건과 일치하지 않는 경우에는 서류의 수리를 거절할 수 있다.

2) 신용장의 기원과 신용장통일규칙의 제정

국제무역이 시작된 이래 신용장은 상당히 오래전부터 이용되어 왔다. 신용장의 기원에 대해서 이미 로마시대에 이와 유사한 결제수단이 사용되었다고 하며, 중세기의 지중해와 소아시아 및 이집트의 상인들에 의해 사용되었다고 하지만 이를 입증할 만한 확실한 기록은 없다.

기록에 나타난 최초의 신용장은 1654년의 것으로 영국 런던의 공증인이었던 마리우스(Marius)의 저서에서 볼 수 있다. 즉 영국의 토마스(Thomas)가 파리에 출장가는 존(John)을 위해서 파리의 상인 윌리암(William) 앞으로 발행한 신용장으로, 존에게 1회 또는 수회로 분할하여 2,000Crown 한도로 그의 요구 및 상황에 따라서 영수증 또는 환어음을 인수하여 지급하고 이를 발행인인 토마스의 계정으로 산입하여 둘 것과 신용장은 윌리암의 그러한 행위에 대하여 보증한다는 내용이다.

이 신용장은 오늘날의 여행자 신용장(traveller' s letter of credit)과 동일한 기능을 가지고 있었다는 것이 많은 학자들의 통설로 되어 있는데, 여기에서 신용장의 개설의뢰인은 그 신용장의 편익을 이용하는 수익자이고 또한 매수인 자신이기도 하며 그는 이 신용장을 지참하여 구매지 또는 행선지의 상인에게 제공함으로써 상품구입 및 자금조달 등의 목적에 사용할 수 있었던 것이다. 또한 이들 중세의 신용장은 현재 국제상거래에서 사용되고 있는 신용장과 여러 가지 면에서 다른 점이 많았다. 예를 들어 이들 신용장에는 일정한 형식이 없고 거의 모두 매수인이 작성하는 Buyer' s Letter of Credit의 형식을 취하고 있기 때문에 오늘날의 은행이 신용장을 발행하는 Banker' s Letter of Credit와는 그 성격이 전혀 다르다. 즉, 중세의 신용장하에서는 매도인은 단지 매수인의 신용만을 신뢰하여 상품을 인도하는 것이다.

은행이 신용장의 발행인으로 등장한 것은 19세기에 들어서면서 런던의 수입자를 대리하여 어음을 인수한 대륙계 상인을 근원으로 어음인수나 또는 증권발행을 주업무로 취급한 "Merchant Bank"에 의해서 시작되었다. 일반 시중은행이

어음인수를 시작한 것은 19세기 후반에야 비로소 가능하였지만, 이때의 신용장도 여행자 신용장 수준을 탈피하지 못하였다. 오늘날의 신용장이 사용된 것은 1920년대 이후의 일이며, 신용장은 발달과정에서 무역금융의 한 수단으로 환어음을 첨부하여 사용하게 되었다. 이에 따라 상업신용장이 발달하게 되었으며 화환거래의 관습상 운송서류를 요구하게 됨으로써 화환신용장(documentary credit)이 출현하게 되었다.

국제상업회의소(International Chamber of Commerce; ICC)에서는 1926년 이래로 그 용어의 해석 및 취급규정의 국제적 통일을 위하여 노력한 결과 드디어 1933년 비인회의에서 화환신용장에 관한 통일규칙 및 관례(Uniform Customs and Practice for Commercial Documentary Credit; 약칭 UCP)가 채택되었다.

제1차 개정은 1951년 6월 리스본에서 개최된 국제상업회의소 제13차 회의에서 개정되었다. 본 개정은 세계 약 90개국 은행이 채택하였으나 유독 영국만은 본 규칙이 수취선화증권 · 보험증권 및 분할선적 용인문제 등에 있어서 영국의 관행에 어긋난다는 이유로 이를 채택하지 않았다.

제2차 개정은 영국이 EEC 가입문제와 관련하여 본 규칙의 개정작업에 전면적으로 협력하게 되어 그 결과 1963년 4월의 제19회 멕시코총회에 개정안이 상정되어 통과됨으로써 동년 7월 1일부터 영국을 포함한 각국이 이를 채택 · 시행하게 되었다. 이에 따라 우리나라도 대한금융단의 결의에 따라 동년 7월 1일 이를 채택 · 시행하였다.

제3차 개정은 새로운 국제무역형태의 출현, 특히 복합운송과 컨테이너 운송의 비약적인 발전, 컴퓨터의 발달, 과거의 신용장 거래관습의 변화 등에 대응하기 위해서, 새로이 1974년 12월 이사회에서 개정이 가결되어 1975년 10월 1일부터 실시되었다.

제4차 개정은 Incoterms 1980, New Institute Cargo Clauses 1982(신보험 약관), United Nations Convention on International Multimodal Transport of Goods 1981(유엔 국제 복합운송조약) 등과 같은 국제규칙들이 개정 또는 제정되었으므로 1983년 6월 21일 제4차 개정안(1983 Revision, ICC Publication No. 400)이 144차 파리이사회를 통과하여 1983년 10월 1일부터 정식으로 시행하게 되었다.

제5차 개정은 복합운송방식이 일반화됨은 물론 컴퓨터와 통신기술의 발달로 무역업체, 금융기관, 운송 · 보험업체 및 무역관계 부서에도 대부분 전산망이 구축되는 등 무역환경이 급속하게 변화되고 신용장거래도 SWIFT 방식이 확대됨에 따라 ICC는 1993년 제5차 개정을 1994년 1월 1일부터 제5차 개정(UCP500)안을 시행하고 있다.

최근의 제6차 개정은 2000년 이후 은행, 운송, 통신 및 보험산업의 변화에 따른 신용장거래 관행의 변화에 대응하고 불일치한 적용 및 해석을 야기할 수 있는 문언을 제거하기 위하여 기존의 49개 조항을 39개 조항으로 통합하여 정리하였다.

UCP600은 2006년 10월 25일 파리의 ICC 은행위원회의 승인에 따라 2007년 7월 1일부터 시행되었다.

3) 신용장방식의 특징

신용장방식의 장점을 살펴보면, 첫째, 은행의 조건부 지급확약이기 때문에 개설은행이 수입자를 대신하여 상품을 대표하는 선적서류 및/또는 환어음과 상환으로 대금을 결제하여 주는 것이다. 즉, 신용장은 개설은행이 수입자를 위하여 자신의 신용을 공여하는 행위로 이는 불확실한 수입자의 신용을 확실한 은행의 신용으로 대체한 증서이다. 따라서 수출자는 판매 및 대금회수가 은행으로부터 보장을 받기 때문에 수입자의 지급불능이나 지급거절을 염려할 필요가 없다. 둘째, 은행의 지급확약이기 때문에 이를 담보로 수출자나 수입자가 관계은행으로부터 금융상의 혜택을 받을 수 있는 금융기능을 하게 된다. 셋째, 외국정부가 비상사태나 외화부족 등의 이유로 외국환의 대외지급이나 결제를 제한할 경우에도 기발행된 신용장에 대하여는 지급규제를 하지 않기 때문에 비상위험을 회피할 수 있다. 넷째, 취소불능신용장은 신용장이 어느 당사자 일방에 의하여 취소되거나 변경될 위험이 없으므로 수출자는 안심하고 수출상품의 집하 또는 생산에 임할 수 있다.

반면에 신용장방식의 단점을 살펴보면, 첫째, 신용장 거래의 특성인 독립성 · 추상성의 원칙은 신용장 사기가 발생하면 본질적인 한계성을 나타낸다. 신용장은 상품의 거래가 아니라 서류거래이며, 매매계약으로부터 독립되어 있는 독립성 · 추상성의 원칙에 따라 신용장의 관계당사자들은 단지 서류만을 근거로 모든 것이 판단되므로 수출자는 신용장에서 요구하는 서류를 위조나 변조하여 은행에 제시하여 대금을 편취하여도 은행이 그 사실을 알지 못하고 행한 대금지급은 독립성 · 추상성의 원칙에 의해 면책으로 인정되기 때문에 은행이나 수입자는 피해를 입게 된다. 둘째, 수출자는 계약적격상품을 선적하였음에도 불구하고 신용장에서 요구하고 있는 서류를 제대로 구비하여 제시하지 못하면, 서류상의 불일치를 이유로 대금이 지급되지 못하는 경우가 발생하게 된다. 셋째, 은행은 엄격일치에 따라 수익자로부터 제출된 복잡한 서류를 신용장조건과 일치하는지 심사를 하여야 하는데, 이 서류심사는 인간의 눈으로 행하는 이외에는 다른 방법이 없으므로 일정한 시간이 소요된다. 이 때문에 본선이 도착하여도 선적서류가 도착하지 않으므로 화물수령에 지장이 생기는 선화증권의 위기(Bill of Lading Crisis)가 종종 일어나고 있다. 이것은 본선의 고속화에 은행이 화환서류 처리능력이 따라잡지 못하기 때문에 일어나는 현상으로 화환신용장의 위기라고도 말할 수 있다.

4) 신용장거래의 당사자

신용장거래의 당사자는 신용장거래에 따라 직접적 권리와 의무를 부담하는 주요당사자와 신용장거래의 원활화를 위하여 간접적으로 참여하는 기타 당사자로 나눌 수 있다.

주요당사자는 개설의뢰인(applicant), 개설은행(issuing bank), 수익자(beneficiary)이다. 만약 확인은행이 있는 경우에는 확인은행도 신용장거래의 주요당사자로 포함된다.

기타당사자에는 통지은행(advising bank), 매입은행(negotiating bank), 지급은행(paying bank), 인수은행(accepting bank), 매입은행(negotiating bank), 상환은행(reimbursing bank) 등이 있다.

(1) 주요당사자

① 개설의뢰인

개설의뢰인은 신용장개설을 신청하는 당사자라고 정의하고 있다.[57] 무역거래에

57) UCP 600 Article 2. "**Applicant** means the party on whose request the credit is issued."

서 매매계약을 체결한 수입자와 수출자가 대금결제방식을 신용장방식으로 약정한 경우 수입자는 수출자를 수익자로 하는 신용장을 약정기일까지 수출자에게 개설할 의무를 부담한다.

② 수익자

신용장에 의하여 권리와 이익을 획득하는 자를 수익자라 한다.[58)] 수익자는 개설은행 또는 확인은행에게 매입, 지급 또는 인수를 요구할 권리가 있다. 따라서 개설은행 또는 확인은행은 신용장조건에 일치하는 서류의 제시가 있다면 매입, 지급 또는 인수를 거절할 수 없다.

③ 개설은행

개설은행은 개설의뢰인의 요청과 지시에 따라 수익자 앞으로 신용장을 개설하는 은행이다.[59)]

개설은행은 개설의뢰인으로부터 신용장의 개설 및 이에 따른 일련의 업무를 위임받고, 그것을 이행해서 신용장거래에 수반되는 수수료와 비용, 그리고 손해가 발생한 경우에는 이에 상당하는 금전을 개설의뢰인에게 청구할 권리를 가진다.

개설은행은 수익자에 대해서는 신용장조건에 일치하는 서류가 제시될 것을 조건으로 지급, 인수 또는 매입이라는 방법에 의해 신용장에 의한 결제(honour)를 행할 의무를 부담한다. 개설은행은 opening bank 또는 establishing bank라고도 한다.

④ 확인은행

확인은행은 개설은행의 수권 또는 요청에 의하여 신용장에 확인을 한 은행을 의미한다.[60)] 수입자 측면에서 확인은행은 신용장 개설은행의 신용도가 낮거나 수입국의 대외지불금지 등에 대비하여 수출자의 요청에 따라 신용장에 개설은행과 별도로 지급확약을 하는 은행이다.

---

58) UCP 600 Articel 2. "**Beneficiary** means the party in whose favour a credit is issued."

59) UCP 600 Article 2. "**Issuing bank** means the bank that issues a credit at the request of an applicant or on its own behalf."

60) UCP 600 Article 2. "**Confirming bank** means the bank that adds its confirmation to a credit upon the issuing bank' s authorization or request."

신용장의 확인은 개설은행으로부터 신용장을 확인할 것을 위임받은 은행, 통상의 경우에는 통지은행에 의해서 행해진다. 확인은행이 신용장통지서 등에 "We confirmed this credit"라는 문언을 기재해서 신용장을 확인한 것을 수익자에게 통지하면 동 은행은 이에 따른 의무를 부담하게 된다.

확인은행은 개설은행과 동일한 의무를 수익자에 대해서 부담하게 되고 그 의무는 개설은행의 파산 또는 개설은행에 있어서의 불가항력에 의해서 개설은행이 신용장상의 채무를 이행할 수 없게 되었을 경우에도 이행하여야 하기 때문에, 동 은행은 위험부담료에 해당하는 확인수수료를 개설은행이나 경우에 따라서는 수익자로부터 받는다.

(2) 기타당사자

① 통지은행

통지은행은 개설은행의 요청에 따라 신용장을 통지하는 은행을 의미한다.[61] 여기서 통지란 수입지의 개설은행이 신용장의 개설이나 이미 발행된 신용장의 취소 및 조건변경을 직접 또는 수출지의 은행을 통하여 수익자에게 통지하는 것을 말한다.

통지은행은 신용장 통지를 하고 그 대가로서 통지수수료를 개설은행 또는 경우에 따라서는 수익자로부터 받는다. 또한 통지은행은 개설은행으로부터 신용장의 통지를 위임받음과 동시에 매입, 지급 또는 인수를 행하는 지정은행이 되는 것이 보통이다. 그러나 동 은행이 단지 신용장을 수익자에게 통지한 것만으로는 나중에 수익자로부터 지급, 인수 또는 매입을 의뢰받는다 하더라도 이에 응할 의무를 부담하지 않는다. 그러나 통지은행이 개설은행으로부터 신용장 확인을 부가하여 통지할 것을 의뢰받고 이에 응한 경우에는 확인은행으로서의 의무를 부담하게 된다. 통지은행을 notifying bank 또는 transmitting bank라고도 한다.

61) UCP 600 Article 2. "Advising bank means the bank that advises the credit at the request of the issuing bank."

② 매입은행

매입신용장(negotiation credit)에 의거하여 수익자가 발행한 환어음 및 서류를 매입하는 은행을 매입은행이라 한다. 여기서 매입(negotiating)이란 일치하는 제시에 대하여 지정은행이, 지정은행에 상환하여야 하는 은행영업일 또는 그 전에 대금을 지급함으로써 또는 대금지급에 동의함으로써 환어음(지정은행이 아닌 은행 앞으로 발행된) 및/또는 서류를 매수(purchase)하는 것을 의미한다.[62)]

매입은행은 개설은행에 의하여 지정될 경우에는 지정은행이 매입은행이 되고, 지정은행이 없을 경우에는 모든 은행이 매입은행이 될 수 있다.[63)]

③ 지급은행

지급신용장(payment credit)에 의거하여 신용장조건에 부합되게 발행된 서류가 제시되면 지급할 것을 확약한 은행을 지급은행이라 한다.

지정은행은 개설은행 자신이거나 개설은행으로 지정받은 예치환거래은행(depository correspondent bank) 또는 개설은행이 결제대금의 전액을 미리 위탁해둔 은행이 지정은행이 될 수 있다.

지급신용장은 지급시기에 따라 일람출급지급(sight payment)과 연지급(deferred payment)이 있다.

④ 인수은행

인수신용장에 의하여 수익자가 선적서류에 추가하여 지정된 인수은행 앞으로 기한부환어음(usance draft)을 발행하여 제시할 때 이를 인수하는 은행이다.

기한부환어음을 인수한 인수은행은 인수 후 당해 어음의 만기에 어음대금을 지급할 의무를 가진다.

---

62) UCP 600 Article 2. "**Negotiation** means the purchase by the nominated bank of drafts (drawn on a bank other than the nominated bank) and/or documents under a complying presentation, by advancing or agreeing to advance funds to the beneficiary on or before the banking day on which reimbursement is due to the nominated bank."

63) 매입은행이 지정될 경우를 자유이용/일반/개방신용장(freely negotiable/general/open L/C)이라고 하고, 지정되지 않을 경우를 제한매입신용장(restricted L/C)이라고 한다.

⑤ 상환은행

상환은행은 개설은행으로부터 위임을 받아서 매입, 지급 또는 인수를 행한 은행으로부터의 상환청구에 응해서 개설은행을 대신하여 대금상환을 행한 은행이다. 또한 상환청구은행에 대금을 결제한다는 의미에서 결제은행(settling bank)이라고도 한다.

5) 신용장의 종류

(1) 상업신용장과 여행자신용장

상업신용장(commercial credit)은 국제상품매매에 따른 무역대금의 직접적인 결제를 목적으로 이용되는 신용장을 말하는 것이다. 무역거래는 상품과 용역(service)을 대상으로 이루어지고 있으며, 이와 관련하여 후술하는 화환신용장(documentary credit)이나 무담보신용장(clean credit)도 모두 상업신용장에 포함된다.

여행자신용장(traveller' s credit)은 해외여행자의 현금휴대의 위험과 불편을 제거하여 주고 여행자가 여행지에서 필요한 금액을 쓸 수 있도록 하기 위하여 여행자의 의뢰에 의하여, 개설은행이 국외의 자기 은행의 본 · 지점 또는 환거래은행에 대하여 그 여행자가 발행하는 일람지급어음의 매입을 의뢰하는 신용장을 말한다.

(2) 화환신용장과 무담보신용장

화환신용장(documentary credit)은 신용장 개설은행이 수익자가 발행한 환어음에 신용장조건과 일치하는 운송서류, 보험서류, 상업송장, 포장명세서 등을 첨부할 것을 조건으로 하여 지급, 인수, 매입할 것을 확약하는 신용장을 말하며, 국제상품매매와 관련한 대부분의 신용장이 여기에 속한다. 은행은 이러한 서류를 소지하게 됨으로써 상품에 대한 담보권을 가지게 되므로 안심하고 어음에 대하여 매입, 지급 또는 인수를 할 수 있다. 이 때 권리증권(document of title)으로서의 선화증권은 유통증권(negotiable instrument) 형식으로 발행되어야만 담보물로서 효력을 가지게 된다.

무담보신용장(clean credit)이란 선적서류의 제시 없이도 대금지급을 확약하는 신용장으로 여행자신용장(traveller's credit), 입찰보증(bid bond), 계약이행보증(performance bond), 은행의 지급보증서(letter of guarantee), 보증신용장(stand-by credit) 등이 여기에 속한다. 또한 운임(commission), 보험료(insurance premium), 수수료(commission) 등 무역외거래에 대한 지급확약시에도 사용된다.

(3) 확인신용장과 무확인신용장

확인신용장(confirmed credit)과 무확인신용장의 차이는 신용장에 추가적인 지급 확약이 있는지 여부이다. 추가적인 지급확약이 있는 신용장을 확인신용장이라고 하고 추가적인 지급확약이 없는 신용장을 무확인신용장(unconfirmed credit)이라고 한다.

상술하자면 확인신용장이란 개설은행 이외의 제3의 은행이 수익자가 발행하는 어음의 지급, 인수, 매입을 확약하고 있는 신용장을 말한다. 확인은행의 확인(confirmation)은 개설은행과는 별개의 독립된 것으로 수익자의 입장에서는 개설은행과 확인은행으로부터 이중으로 결제에 대한 확약을 받는 셈이 되지만 확인은행이 연대보증인이라고는 할 수 없다.

확인은행으로는 보통 수익자가 소재하고 있는 지역의 개설은행의 예치환거래은행(depositary correspondent bank)이 되는데, 실무적으로는 주로 통지은행이 확인은행이 된다.

(4) 양도가능신용장과 양도불능신용장

양도가능신용장(transferable credit)은 신용장상에 "transferable"이란 표시가 있어 최초의 수익자(first beneficiary)가 신용장금액의 전부 또는 그 일부를 제3자에게 양도할 수 있도록 허용하고 있는 신용장을 말한다.

신용장 양도의 필요성은 최초의 신용장 수익자가 ① 무역업을 직접적으로 수행할 수 없거나, ② 거래은행에 무역금융수혜를 위한 거래한도가 부족하거나, ③ 쿼타(quota)보유상사 앞으로 부득이 신용장을 넘겨줄 필요가 있거나, ④ 기타 업무수행상의 번거로움을 덜기 위한 이유 등을 들 수 있다.

양도가능신용장은 1회에 한하여 양도가 허용되며, 분할선적이 금지되어 있지 않은 한 최초의 수익자는 다수의 제2수익자에게 분할양도(partial transfer)할 수 있다. 단, 제2수익자(양수인)가 제3자에게 재양도가 금지된다. 따라서 양도권은 최초의 수익자만이 갖게 된다. 또한 신용장의 양도는 원신용장에 명시된 조건에 의해서만 가능하지만, 예외적으로 ① 신용장금액과 ② 단가의 감액, ③ 유효기일 및 서류제시기간이 정해져 있을 경우에는 서류제시최종일의 단축, ④ 선적기일의 단축, ⑤ 보험금액은 원신용장에서 요구되는 금액을 한도로 증액을 허용하고 있다. 또한 최초의 수익자는 신용장에 표시된 금액을 초과하지 않는 한 자기의 송장으로 제2수익자의 송장을 대체(substitution of invoices)할 권리를 가지며, 송장금액의 차액을 향유할 수 있다.

양도불능신용장(non-transferable credit)은 신용장상에 "transferable" 이란 표시가 없는 신용장을 말하며, 이와 같은 신용장은 양도사유가 발생하여도 신용장 양도는 할 수 없는 것이다.

(5) 매입, 일람지급, 연지급, 인수신용장

신용장의 이용방법에 따라 매입(negotiation), 일람지급(sight payment), 연지급(deferred payment), 인수(acceptance)신용장으로 구분할 수 있다.

① 매입신용장

매입신용장(negotiation credit)은 신용장을 가지고 발행된 환어음이 매입(negotiation)되는 것을 예상하여 매입을 허용하고, 어음의 발행인(drawer)뿐만이 아니라 어음의 배서인(endorser), 어음의 선의의 소지인(bona-fide holder)에 대해서도 지급을 확약하고 있는 신용장을 말한다.

매입신용장의 확약문언은 다음과 같다. "we hereby engage with drawer, endorser and/or bona fide holder that drawn under and negotiated in complied with the term and conditions of credit will duly honoured on presentation."

매입신용장의 특징은 수출지의 매입은행이 발행은행의 무예치환거래은행인 경우에 사용되며, 서류매입의뢰시에 환어음을 제시하여야 하고, 일람출급 또는 기한부신용장으로 사용된다. 개설은행이 서류가 부도반환을 하더라도 환어음 발행인에게 소구권을 행사할 수 있다.

매입신용장은 원칙적으로 매입을 제한하는 경우를 제외하고는 어느 은행에서나 매입이 가능하다. 전자를 매입제한신용장(restricted, special credit)[64]이라고 하고 후자를 자유매입신용장(freely negotiable, open, general credit)[65]이라고 한다.

매입신용장은 환어음 지급인이 중간에 개입되는 은행이 아니라 개설은행이라는 점이 지급신용장과 인수신용장과의 차이점이다.

② 지급신용장

지급신용장(payment credit)은 신용장이 일람지급 및 연지급을 규정하고 있는 경우 이는 지급신용장을 의미한다. 지급신용장이란 신용장에 의한 환어음의 매입여부에 대해서는 아무런 명시가 없고, 신용장조건에 일치되게 발행된 서류가 개설은행 또는 동 은행이 지정하는 은행에 제시되면 지급할 것을 확약한 신용장을 말한다.

지급신용장의 지급 확약문언은 다음과 같다. "We hereby engage that payment will be duly made against documents presented in conformity with the terms of this credit." "Documents must be presented to the paying bank not later than May 10, 2011."

지급신용장의 특징은 대부분의 경우 수출지의 지급은행이 개설은행의 예치환거래은행인 경우에 사용되며, 영국과 같이 신용장발행시 어음을 반드시 필요로 하는 국가 이외에는 어음발행을 요구하지 않으며[66], 일람출급(sight payment) 또는 연지급신용장(deferred payment credit)으로 사용되는데, 이 신용장하에서는 지급은행은 서류가 개설은행에 의해 부도반환되더라도 수익자에게 매입대금의 반환을 요구할 수 없다.

③ 인수신용장

인수신용장(acceptance credit)[67]은 신용장 이용방법이 인수(acceptance)로 지정

---

64) 예를 들어, 신용장상에 다음과 같은 문언이 있으면 매입제한신용장이다. "This credit is available with xxx bank" 또는 "Negotiation under this L/C is restricted to xxx Bank"

65) 예를 들어, 신용장상에 다음과 같은 문언이 있으면 자유매입신용장이다. "Draft are available by negotiation at any banks"

66) 일부 국가에서는 어음발행에 대하여 인지세를 부과하기 때문이다.

67) 기한부어음의 인수형태에는 shipper' s usance(seller usance)와 banker' s usance(buyer usance)가 있다. 이것은 usance기간 동안의 여신을 누가 부담하는가에 따라서 결정된다.

되어 있는 것으로 선적서류 기한부어음을 발행하여 지정된 인수은행 앞으로 제시하는 것을 요구하고 제시 시 인수하여 만기에 지급할 것을 확약하고 있는 신용장을 말한다.[68)]

인수신용장의 지급 확약문언은 다음과 같다. "We hereby engage that draft drawn in confirmity with the terms of this credit will be duly accepted on presentation and duly honoured at maturity."

인수신용장은 개설은행이 예치환거래은행에서 인수편의를 사용할 때 발행되며, 어음이 발행되어 기한부신용장으로만 사용된다. 또한 이 신용장하에서는 인수은행으로 지정된 은행만이 인수업무를 담당할 수 있으며, 인수은행은 서류가 개설은행에 의하여 부도반환될 경우에도 수익자에게 소구권을 행사할 수 없다.

〈표 8-3〉 매입 · 지급 · 인수신용장의 비교

신용장 종류	어음제시여부	지급기일	서류 매입은행	어음 배서여부
지급신용장	불필요	일람/연지급	지정은행	배서불필요
인수신용장	어음제시	기한부	상동	상동
매입신용장	어음제시	일람불/기한부	원칙적으로 자유	배서필요

(6) 일람불신용장과 기한부신용장

일람불신용장(sight credit)은 신용장에 의하여 발행되는 어음이 지급인(drawee)에게 제시되면 즉시 지급되어야 하는 일람불어음(sight draft)을 발행할 수 있는 신용장을 말한다.

기한부신용장(usance credit)은 신용장에 의해 발행되는 어음이 지급인에게 제시된 후 일정기간이 경과한 후에 지급받을 수 있도록 어음지급기일이 특정기일로 된 기한부어음(usance draft)을 발행할 수 있는 신용장을 말한다.[69)]

---

shipper' s는 수출자가 신용공여를 하고 이자부담도 수출자가 부담하는 반면에 banker' s는 수입자가 신용공여를 하고 이자부담도 하는 방법이다. 즉, 이때 shipper' s는 수출자가 직접 할인을 하게 되고 banker' s는 수입자은행이 할인한다.

68) 인수신용장은 개설의뢰인에게 금융상의 편의를 제공하기 위하여 발행되는데, 만약 인수된 어음이 할인(discount)된다면 수익자에게도 즉각적인 금융혜택이 주어진다.

69) 기한부환어음은 어음의 기간에 대한 신용공여가 수출자가 하는지, 신용장 개설은행이 하는지에 따라 전자를 shipper' s usance라고 하고 후자를 banker' s usance라고 한다.

기한부신용장에서는 어음의 지급기일에 따라 일람후정기출급(at xx days after sight), 일부후정기출급(at xx days after date of draft), 확정일후정기출급(at xx days after date of B/L) 등으로 발행할 수 있도록 하고 있다.

기한부신용장에 의한 거래는 위의 특정기간 동안의 대금결제에 따른 유예는 결과적으로 수입자인 신용장 개설의뢰인이 받을 수 있으므로 보통 수입자가 요청하게 된다.

(7) 내국신용장

내국신용장(local L/C)은 외국으로부터 수출신용장(master L/C)을 받은 수출자가 국내생산업자나 원자재공급업자로부터 상품을 공급받고자 할 때 국내공급업자 앞으로 발행해 주는 신용장이다. 상품대금을 현금이나 어음 등으로 지불하는 대신 신용장을 발행함으로써 쌍방이 안전과 금융상의 편리를 도모하고 권리 · 의무를 부담하자는 것이다.

내국신용장은 수출자(master L/의 수령자)가 개설의뢰인이 되고, 국내의 은행이 개설은행이며 상품의 공급업자가 수익자가 된다. 신용장의 형식이나 문언의 해석은 일반 신용장에 준하고 있다.

(8) 구상무역에 사용되는 신용장

구상무역에 사용되는 신용장에는 기탁신용장(escrow credit), 동시개설신용장(back to back credit), 토마스신용장(Tomas credit) 등이 있다.

① 기탁신용장

원래 "escrow"란 용어는 은행이나 신탁회사에 어떤 것을 신탁하고 일정한 조건이 충족되면 이를 타인에게 양도할 것을 의뢰하는 신탁행위를 말한다. 따라서 escrow credit는 수입자가 수입신용장발행시에 신용장조건상으로 그 신용장에 의하여 발행된 어음의 매입대금을 수익자에게 지급하지 않고 수익자 명의의 escrow 계정에 입금해 두었다가 그 수익자가 원신용장 개설국으로부터 상품수입에만 사용하도록 규정한 신용장을 말한다.

② 동시개설신용장

양국의 무역균형을 유지하기 위하여 사용되는 신용장으로 한 나라의 수입자가 정액의 수입신용장을 발행할 경우 그 신용장은 상대방에게서 같은 금액의 수입신용장을 발행하는 경우에만 유효하다는 조건이 붙은 신용장을 말한다.[70]

③ 토마스신용장

수출자와 수입자가 서로 같은 금액의 신용장을 개설하는데 일방이 신용장을 먼저 개설하고 일정기간 이후에 동액의 신용장을 개설하겠다는 요지의 보증서를 발급하는 조건으로 개설된 신용장을 말한다.[71]

(9) 선대신용장

선대신용장(red clause or packing L/C)은 신용장상에 개설은행이 지정은행에게 일정한 조건하에 수출자에게 수출대금을 선불해 주도록 허용하는 문구가 있는 신용장이다. 선대신용장의 유래는 신용장상에 수출대금의 일부를 선적 전에 미리 결제할 수 있다는 적색문언으로 표시되었다고 하여 "red clause"라고도 한다. 또한 선대대금으로 수출상품을 구매하여 포장한다는 의미에서 packing credit이라고도 한다. 선대신용장은 본지사 간의 거래나 플랜트 수출 등에 사용된다.

(10) 회전신용장

회전신용장(revolving credit)이란 수출자와 수입자가 동종상품을 일정기간을 정하고 일정금액의 신용장을 발행하여 어떠한 조건변경 없이도 일정한 조건에 따라서 수회에 걸쳐 자동적으로 갱신될 수 있도록 한 신용장이다.

회전신용장의 회전방법은 첫째, 개설은행에 의하여 환어음이 지급 완료될 경우, 둘째, 개설은행으로 서류 송부 후 일정기간 이내에 지급거절 통지가 없는 경우, 셋째, 신용장상에 일정기간을 두고 그 기간이 지나면 자동적으로 갱신되는 경우이다.

---

70) 미국에서는 Back to Back Credit가 내국신용장의 뜻으로 사용된다.
71) 일 · 중 거래에서 처음 사용되었는데 TOMAS는 일본상사의 전신약호이다.

(11) 보증신용장

보증신용장(stand-by credit)은 미국에서 기원한 것으로 은행보증을 대체하는 수단으로 출현하였다. 미국의 연방은행법(National Bank Act)에서는 은행은 타인의 채무에 대하여 보증할 권한이 법규에 의하여 수권되지 아니하였다는 이유로 은행의 보증행위는 월권행위(ultra vires acts)라고 판결함으로써 사실상 은행의 보증서 발행은 금지되었다. 즉, 보증은 보험회사 및 보증회사의 독점적 영역에 속하는 것으로 보는 것이다. 이렇듯 은행의 보증행위가 금지되고 상대적으로 보증을 할 권한이 없는 미국의 은행들이 보증행위를 수행하고 있는 외국은행과의 경쟁에서 불리한 입장에 놓이게 되자, 미국 은행업계는 은행의 영업능력의 범위 내에서 신용장에 보증의 성격을 부가한 보증신용장을 고안하였다. 즉, 보증신용장이란 화환신용장 형식을 취한 은행보증이라 할 수 있다.

미국내에서 보증신용장의 발행금액은 증가되고 있고, 그 기능도 다양해지고 있다. 원래 보증신용장은 원채무자의 금융적 채무 외에도 비금융적 채무를 보증하는 데 사용되었고, 나아가 원래의 금융채무의 사용을 제고하는 데도 사용되었다. 특히 미국에서는 현재 화환신용장이 사용되는 분야에도 보증신용장을 사용하는 경향이 있다.

보증신용장은 은행보증(bank guarantee), 요구불보증(demand guarantee), 보증(guarantees)과 같은 용어로 다양하게 알려져 있는데, 법률관점에서는 이들은 동의어다.

보증신용장은 주채무와는 독립적인 지급 약속이라고 할 수 있다. 즉, 그 형태는 1차적인 지급약속을 취하되, 기초계약상의 원채무자의 채무불이행 또는 지급요청이 있는 경우에 이용된다. 보증신용장에서 수익자는 신용장의 발행의뢰인이 채무를 이행하지 않았다는 진술서(non-performance statement) 또는 채무불이행 확인서(certificate of default)와 보증신용장만으로 대금을 받을 수 있다. 반면에 은행보증은 인과관계에 있는 주채무에 대한 부종보증(surety guarantee)[72]이다. 부종보증은 수익자가 원채무자의 채무불이행을 입증 없이 보증인에게 지급청구할 수 없다.

---

72) 부종보증은 그 의도와 형태 모든 점에서 2차적이다. 보증인은 오직 원채무자의 채무불이행이 있을 때에 그리고 오직 원채무자의 책임의 존재를 한도로 나아가 원채무자가 갖는 모든 항변을 가지고서, 보증지급채무를 부담한다는(혹은 기초계약상의 원채무자의 채무를 이행한다는) 것이 양 당사자의 의도이다. 이러한 의사는 보증의 형태에 반영되고, 그리하여 부종보증은 원채무자의 불이행이 있는 때에 비로소 지급된다고 명시된다.

6) 신용장의 개설

(1) 화환신용장 거래절차

화환신용장거래의 절차를 신용장 당사자를 중심으로 설명하면 다음과 같다.

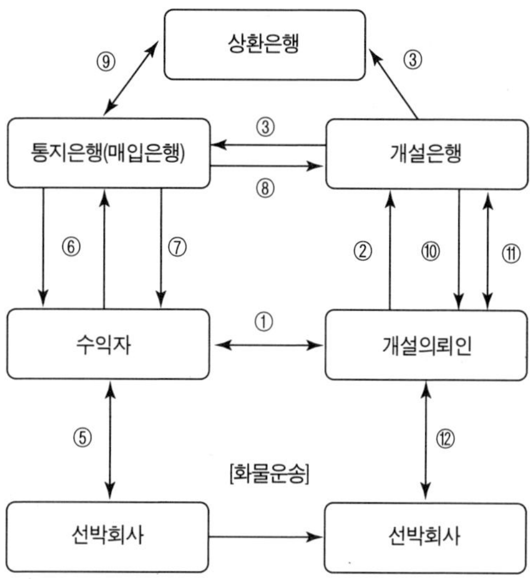

① 매매계약체결
② L/C 개설 신청
③ L/C 개설, 송부(통지은행) 및 대금결제 수권(상환은행)
④ L/C 통지
⑤ 선적 및 선적서류 교부
⑥ 매입의뢰
⑦ 대금지급
⑧ 어음 및 선적서류 송부
⑨ 제 청구 및 결제
⑩ 서류심사 및 도착통보
⑪ 수입대금지급 및 서류인도
⑫ 선적서류 제시 및 화물인도

〈표 8-4〉 화환신용장 거래절차

(2) 신용장 개설

신용장을 개설하기 위해서는 수입자격을 가진 수입자가 수입절차에 따라 수입승인(또는 허가)을 얻은 후 일정한 기간 내에 ① 외국환거래약정서 ② 취소불능화환신용장개설신청서 ③ 수입승인서(Import License; I/L) ④ 계약관련서류(offer sheet) 등을 구비하여 외국환은행에 신용장 개설신청을 하면 된다.

이와 같이 개설의뢰인이 신용장개설신청서와 외국환거래약정서(신청서의 이면에 기재)를 은행에 제출하고 소정의 수수료와 신용이 부족한 경우 개설에 대한 현금담보로서의 수입보증금을 은행에 납부하면 은행은 신용장을 발행하여 수출국의 통지은행을 통하여 신용장의 수익자(수출자)에게 전달하게 된다.

신용장의 개설방법으로는 전신(Cable: Full Cable, Short Cable[73])과 Mail(우편)의 2가지가 있다. 전신방식에는 cable, FAX 및 EDI 방식이 있다. 오늘날에는

---

73) Short Cable은 Mail L/C의 사전통지서의 역할을 한다.

SWIFT[74] 시스템을 이용한 EDI 방식의 L/C가 많이 사용되는 추세이다.

신용장 개설시의 유의사항은 다음과 같다.

① 신용장금액은 어떠한 경우에도 수입허가(승인)금액(I/L Amount)을 초과할 수 없다.

② 상품명세 및 가격조건은 수입허가서(I/L)상의 그것과 완전히 일치하여야 한다. 그러나 I/L 내용보다도 더욱 자세한 상품명세의 표시는 가능하다.

③ 필요한 선적서류는 구체적으로 명시하여야 한다.

④ 선적항과 도착항의 표시는 수입허가서(I/L)상의 그것과 일치해야 한다.

⑤ 상품명세서에 details as per beneficiary' s offer No. 11로 기재될 경우에는 당해 오퍼를 신용장발행신청서에 첨부 · 제출한다.

⑥ 분할선적과 환적의 허용여부를 분명히 밝혀야 한다. 아무런 언급이 없으면 허용되는 것으로 간주된다.

⑦ 신용장 유효기일(expiry date)은 I/L의 유효기일에서 상대국으로부터의 항해일수를 차감한 범위내로 정해야 한다. 왜냐하면 I/L의 유효기일내에 수입대금 결제가 완료되어야 하기 때문이다.

⑧ 선적마감날짜(선적기일) 역시 항해일수와 수입통관일수 등을 고려하여 수입상품을 실제로 입수하게 되는 예정날짜를 계산하여 국내시장 공급이나 자가수요에 차질이 없도록 해야 한다.

⑨ 선적서류 등의 제시기간은 신용장 유효기일에서 선적기일(the latest shipping date)을 차감한 일수를 그 기간으로 한다. 즉 선적기일이 1월 10일이면 선적 후 선적서류 제시기간을 20일로 하여 신용장 마감(유효기일)날짜를 1월 30일 정도로 하면 된다.

⑩ 신용장은 Cable로 개설할 수도 있고, Mail로 할 수도 있으므로 해당되는 곳에 표시한다.

74) 이는 "Society for Worldwide Interbank Financial Telecommunication"의 약어로 세계 각국에 있는 외국환은행 상호간에 온라인망으로 연결하여 국제간의 자금결제 및 메시지 교환을 보다 신속하고 안전하게 처리하기 위한 국제은행업무의 자동화를 의미하며, 1973년에 벨기에에 본부를 두고 처음 설립된 비영리 협동조합이다.

취소불능화환신용장 발행신청서
(APPLICATION FOR IRREVOCABLE DOCUMENTARY CREDIT)

AT SIGHT L/C 및 내국수입 USANCE
지 급 보 증 용

SWIFT Code HVBK KRSE :
Mailing Address : P.O.Box Central 126
Telex Number : K24611-6 Seoul
22723-5
To : Hanvit Bank
Dear Sirs :

We request you to establish by ☐ cable ☐ air mail an Irrevocable Credit on the following terms and conditions

Advising Bank	XXX Bank, TOKYO Branch
Cable Address	Date June 10. 2011
Credit Number	
②Applicant	KORYO MULSAN Co., LTD. C.P.O. Box 123, SEOUL, KOREA
①Beneficiary	JAPAN HAMADA Co., LTD. I ITCHOME, MARINOUCHI, TOKYO, JAPAN
③Amount	US$5,500-(USDLS FIVE THOUSAND AND FIVE HUNDRED ONLY.)
④Expiry Date	AUGUST 31, 2011
⑤Tenor of Draft	×××× At ×××× Sight For 100 % of invoice value

Documents(please indicate by placing x Mark in applicable box)

⑥☐ **full set of clean on board ocean bills of lading,** made out to the order of the ABC Bank of Korea Ltd.. marked "**Freight** **PREPAID**" and "Notify accountee"

⑦☐ **Marine Insurance policy or certificate in duplicate**, endorsed in blank for % of the invoice value. Insurance polices or certificates must expressly stipulate that claims are payable in the currency of the drafts and policies or certificates must also indicate a claim settling agent in Korea. Insurance must include: Institute Cargo Clauses : I.C.C(A)

⑧☐ **Signed commercial invoice in** QUINTUPLICATE

⑨☐ **Packing list in**

⑩☐ **Other document(s) (if any)** CERTIFICATE OF ORIGIN IN DUPLICATE

⑪Commodity Description

Name of Commodity	Quantity	Unit Price	Amount
INDUSTRIAL OVERLOCK SEWING MACHINE	5 SETS	C.I.F 1,100	US$ 5,500.00
*********	5 SETS	*****	US$ 5,500.00
Country of Origin JAPAN			

⑫Shipment from KOBE, JAPAN to BUSAN, KOREA Latest AUGUST 10, 2011

Partial shipments are NOT PERMITTED Transhipment is NOT PERMITTED

Documents must be presented within ____days after the date of issuance of B/L or other transportation documents.
⑬Special condition(s) : All banking charges including postage, advising and payment commission outside Korea are for account of BENEFICIARY Shipment by KOREAN VESSEL

위와 같이 신용장발행은 신청함에 있어서 위 기재사항이 수입허가(승인)사항과 틀림없음을 확인하고 따로 제출한 수입거래약정서의 각 조항에 따를 것을 확약하며 아울러 위 수입화물에 관한 모든 권리를 귀행에 양도하겠습니다.

인감대조

Except so far as otherwise expressly stated, this credit is subject to the : Uniform Customs and Practice for Documentary Credits : (2007Revision) International Chamber of Commerce, Publication **NO. 600**

신청인 KORYO MULSAN Co., LTD 인
주 소C.P.O Box 123 SEOUL, KOREA
× × ×

지급보증확인	Checked By	Approved By

계	대 리	차 장	부 점 장

5. 기타 결제방식

1) 상호계산방식

(1) 의의

상호계산(offsetting, netting)방식은 본지사 간 또는 고정거래선과 수출입 · 자본 · 용역거래 등으로 채권 · 채무가 빈번히 발생할 경우에 지정거래외국환은행에 공동의 계정을 두고 서로 상쇄하고 남은 차액만을 결제하는 방식을 말한다. 상호계산은 외환거래 때 부대비용 절감효과가 커서 선진국에서는 보편화된 결제방식이다. 하지만 우리나라에서는 제한적으로 허용되고 있다.

상호계산은 1년 이내의 월단위로 정기적으로 대기 또는 차기를 행하는 외국환거래의 방식으로 거래형태나 출자액에 상관없이 지정거래 외국환은행 장에게 신고하면 된다. 반면에 상계는 일반기업체 및 외국인 투자기업의 출자액이 1천만 불 미만인 경우에는 일반수출입형태의 무역에서는 한국은행총재에게 신고하여야 하나, 연계 및 위탁가공 무역에서는 신고하지 않아도 된다. 외국인투자기업으로 출자액이 1천만 불 이상인 경우에는 외국환은행에 신고하여야 한다.

(2) 특징

상호계산의 장점을 살펴보면, 첫째, 채권 · 채무에 대하여 일일이 결제하지 않고 상호계산으로 차액만 결제할 경우에는 거래 회수에 관계없이 결산일에 한 번의 결제로 거래를 종료할 수 있어 부대비용을 절약할 수 있다. 둘째, 당사자들은 지정된 기일에 대금을 결제하기 때문에 현금 유동성 확보측면에서 유리하고, 수입자는 상품의 하자나 사기를 당할 위험 가능성이 낮고, 수출자는 외상거래를 하는 것이기 때문에 수입자에게 계약체결시 상품의 단가를 높일 수도 있다. 셋째, 결산시점에 한 번의 결제로 거래당사자 간의 채권 · 채무가 정산되기 때문에 결제관련 행정업무가 경감된다. 반면에 상호계산의 단점을 살펴보면, 첫째, 신용이 불안한 당사자들 간 거래에서는 신용위험이 발생할 가능성이 상당히 높은 거래이다. 둘째, 실무적으로 과다한 증빙자료 요구 및 외환관리 통제로 인하여 현실적으로 이용하기 힘들다.

2) Open Account[75)]

(1) 의의

Open Account(O/A)방식은 일종의 외상거래 방식으로서 수출자가 상품을 선적한 후 선화증권 · 상업송장 등의 선적서류를 직접 수입자에게 발송하되 수출채권을 은행에 매각[76)]하여 현금화하는 방식이다.

외화자유화 및 신용거래가 보편화된 선진국에서는 오래전부터 O/A방식의 거래를 광범위하게 이용하여 왔으나, 국내에서는 1996년에 처음 도입되었다.

O/A방식은 선적서류 등이 은행을 경유하지 않는다는 점에서 추심이나 신용장과 다르며, 수출채권을 미리 은행에 매입(Nego)할 수 있다는 점에서는 사후송금방식과도 다르다.

(2) 특징

O/A의 장점을 살펴보면, 첫째, 신용장 및 추심은 은행수수료 등의 금융비용과 복잡한 절차가 요구되나, O/A는 이를 크게 절감할 수 있다. 둘째, T/T 등 여타 송금은 수입자가 송금하기 전에도 외상매출채권을 매각을 통하여 수출대금을 회수할 수 있다. 반면에 O/A의 단점을 살펴보면, 첫째, 송금 또는 추심과 마찬가지로 수출대금 회수면에서 신용위험 발생가능성이 높다. 따라서 수입자의 재무상태나 신용도에 대한 철저한 조사가 필요하다. 둘째, 실무적으로 신용상태가 우수한 대기업이 주로 사용하고 있으며, 신용도가 낮거나 담보 제공 등이 어려운 중소기업이 이용하기에는 현실적으로 애로점이 많다. 다른 수출결제방식과 비교하면 〈표 8-5〉와 같다.[77)]

---

75) O/A방식은 "선적통지부 사후송금방식", "외상수출채권방식", "무서류매입방식"이라고도 한다.

76) O/A방식에서 수출채권의 성립은 실무적으로 수출자가 B/L사본을 제출하거나 EDI(Electronic Data Interchange)방식을 통하여 B/L번호를 통보함으로써 이루어진다.

77) 신승관, "Open Account거래 이용현황과 활성화 방안", (무역연구실, 2001.4), 1면 참조.

〈표 8-5〉 O/A 결제방식과 다른 수출결제 방식의 비교

구분	수출채권성립시기	선적서류송부방법	환어음발행	대금결제방법
O/A	선적통지시점	은행미경유	×	수출자앞 송금
COD, CAD	선적서류 또는 상품인도시점	은행미경유	×	수출자앞 송금
Collection	선적서류인도	은행경유	○	추심은행앞 송금

제9장

통관

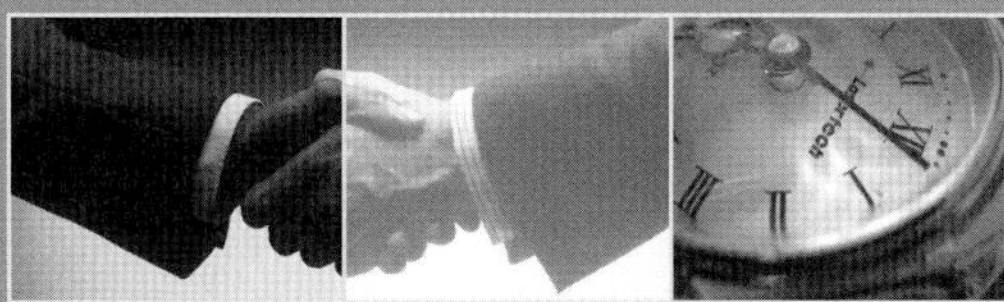

| 학습목표 |

1. 통관절차를 살펴본다.
2. 통관관련 무역법규를 살펴본다.
3. 보세제도를 살펴본다.
4. 관세환급제도를 살펴본다.

1. 통관의 의의

통관(custom clearance)은 관세법에 따라 상품을 수출·수입 또는 반송하는 것이다. 통관은 곧 관세선을 통과하는 것이며 관세선의 현실적인 관문은 세관을 통과하는 것을 의미하기도 한다.[78)]

수출은 내국상품[79)]을 외국으로 반출하는 것이다. 수입은 외국상품[80)]을 우리나라에 반입하거나 우리나라에서 소비 또는 사용하는 것이다. 반송은 국내에 반입된 외국상품을 수입하지 아니하고 그대로 외국으로 다시 반출하는 것이다. 예를 들어 중계무역을 위하여 보세구역에 반입하였던 상품을 제3국으로 반출하는 경우도 반송에 해당한다.

통관은 수출입절차의 일부로서 통관에 관한 이해는 신속한 통관, 합법적 절세 및 물류비용 절감을 가능하게 하고, 또한 관세법 위반행위의 발생을 방지할 수도 있다.

통관에 관한 가장 기본적인 법규는 관세법이며 수출용원자재의 환급에 관한 법규는 관세환급특례법을 두고 있고, 자유무역협정(Free Trade Agreement; FTA) 품목의 통관에 관해서는 FTA관세특례법상 특례규정에 따른다. 만약 관세환급특례법 및 FTA관세특례법이 관세법과 충돌할 경우에는 관세법에 우선하여 적용된다.

대부분의 국가에서 통관절차를 법으로 규정하고 있는 이유는 ① 재정수입의 효과적 확보, ② 국내산업의 보호, ③ 소비자보호, ④ 국민건강과 동식물보호 및 환경보호, ⑤ 국가의 안전보장, ⑥ 선량한 풍속의 보호, ⑦ 통상정책 집행의 효율성 확보 등이다.

---

78) 수출신고가 수리된 상품을 우리나라로 재반입하는 것은 관세법상 수입에 해당한다.

79) 관세법상 내국상품은 ① 우리나라에 있는 상품으로 외국상품이 아닌 것, ② 우리나라 선박 등에 의하여 공해상에서 채집 또는 포획된 수산물 등, ③ 입항전 수입신고가 수리된 상품, ④ 수입신고 수리전 반출승인을 얻어 반출된 상품, ⑤ 수입신고전 즉시 반출신고를 하고 반출된 상품 등이다.

80) 관세법상 외국상품은 ① 외국으로부터 우리나라에 도착된 상품으로 수입신고가 수리되기 전의 상품, ② 외국선박 등에 의하여 공해에서 채집 또는 포획된 수산물 등으로 우리나라에 도착된 상품으로 수입신고가 수리되기 전의 것, ③ 수출신고가 수리된 상품 등이다.

2. 통관관련 법규

1) 관세법

통관에 있어 기본이 되는 법이자 통관시 적용되는 규정으로 관세법은 관세의 부과 · 징수 및 수출입상품의 통관을 적정하게 하고 관세수입을 확보함으로써 국민경제의 발전에 이바지함을 목적으로 하고 있다.

2) 관세환급특례법

관세환급특례법(수출용원재료에 대한 관세 등 환급에 관한 특례법)은 수출용원재료에 대한 관세의 환급을 적정하게 함으로써 효율적인 수출지원과 균형 있는 산업발전에 이바지하기 위하여 관세에 대한 특례를 정함을 목적으로 하고 있다.

3) FTA관세특례법

FTA관세특례법(자유무역협의 이행을 위한 관세법의 특례에 관한 법률)은 자유무역협정의 이행을 위하여 필요한 관세의 부과 · 징수 및 감면, 통관 등 관세법의 특례에 관한 사항과 자유무역협정에 규정된 체약상대국과의 관세행정협조에 관하여 필요한 사항을 규정함으로써 자유무역협정의 원활한 이행과 국민경제발전에 기여함을 목적으로 한다.

3. 무역통관절차

1) 수출통관

(1) 수출통관의 개요

수출통관(export clearance)은 수출상품을 세관에 수출신고한 후에 신고수리받아 상품을 외국무역선(기)에 적재하기까지의 절차이다. 수출통관은 수출신고수리를 의미하는 것으로 내국상품을 외국으로 반출하는 것을 허용하는 세관장의 처분이다.

(2) 수출통관절차

① 수출신고

수출신고(export declaration)는 내국상품을 적법한 절차에 따라 외국으로 반출하기 위하여 행하는 행정절차이다. 수출자는 상품을 선적전까지 상품소재지 관할 세관장에게 수출신고를 하고 수리를 받아야 한다. 수출신고는 화주, 관세사, 관세사법인, 통관취급법인이 할 수 있다.

수출신고시 필요한 구비서류로는 수출신고서, 상업송장, 포장명세서, 수출승인서(필요시), 기타 수출통관에 필요한 서류를 제출하여야 한다. 수출통관에서 1994년 12월부터 EDI(Electronic Data Interchange)방식의 도입 및 1996년 7월부터 수출신고제로의 전환으로 수출통관에 소요되는 시간이 단축되었고, 서류 없는 수출신고가 전면 허용되고, 신고상품의 95%가 신고즉시 수출통관시스템(CEDIE; Customs EDI for Export)에 의하여 자동수리가 되었다.

② 수출신고수리

수출화물검사는 생략하는 것이 원칙이다. 다만 수출검사 대상상품은 선별검사에 의하여 선별된다. 수출신고수리는 서류제출대상이 아닌 상품은 자동수리되고, 자동수리대상이 아닌 상품 중 검사 생략된 상품은 즉시 수리된다. 다만, 우범화물 상품 중 세관장이 판단하여 현품확인 후 수리한다.

③ 수출상품 선적관리

신고가 수리된 상품은 수출신고 수리일로부터 30일 이내 운송수단에 적재하여야 한다. 다만, 선적 연장사유 발생시에는 수출자는 적재기간내에 세관장에게 적재기간연장승인 신청서를 제출하면 1년 범위내에서 적재기간 연장신청을 할 수 있다.

(3) 수출통관절차의 흐름도

구체적인 수출통관절차는 아래와 같다.

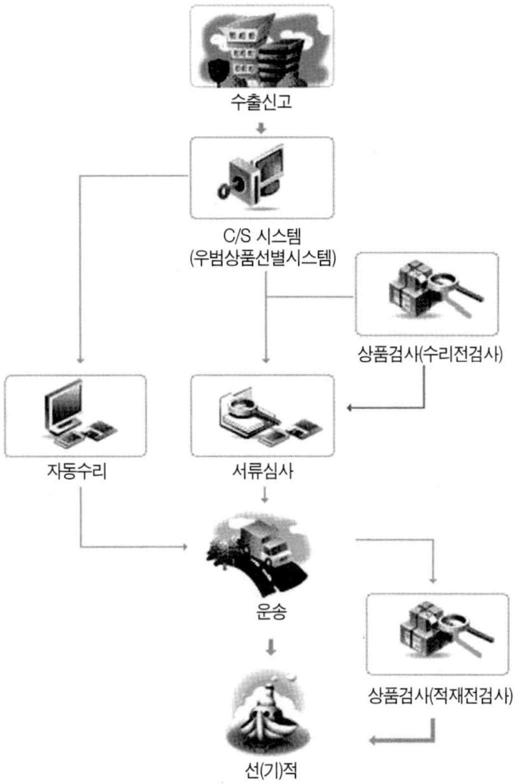

〈표 9-1〉 수출통관절차
자료: 관세청 홈페이지(www.customs.go.kr)

2) 수입통관

(1) 수입통관의 의의

수입통관(import clearance)은 수입신고를 받은 세관장이 신고사항을 확인하여 일정한 요건을 갖추었을 때 신고인에게 수입을 허용하는 것이다. 즉, 수입통관은 우리나라에 도착된 보세화물을 적법한 절차에 따라 국내로 반입하기 위하여 수입자가 행하는 것이다.

수입상품은 세관에 수입신고를 하여야 하며, 세관에서 수입신고를 수리하여야 상품을 국내로 반입할 수 있다.

(2) 수입통관절차

① 수입신고

수입신고(import declaration)는 우리나라에 도착된 보세화물을 적법한 절차에 따라 국내로 반입하기 위하여 행하는 행정절차이다. 수입신고시 납세의무자, 과세물건 및 적용법령이 확정되고, 수입신고시 납세신고를 하게 된다. 단, 부과고지대상은 제외된다.

수입을 하고자 하는 자는 보세구역장치 후 30일 이내에 수입신고를 하여야 한다. 그러나 수입신고 시기는 원칙적으로 보세구역 장치 후에 신고하여야 하나 신속통관을 위하여 예외적으로 출항전 신고(declaration prior to departure), 입항전 신고(declaration prior to arrival), 보세구역 도착전 신고(declaration prior to arrival at the bonded area)를 할 수도 있다.

먼저 출항전 신고는 선박, 항공기가 상품을 적재한 항구, 공항을 출항하기 전에 수입신고하는 것으로 항공수입 또는 중국, 일본, 대만, 홍콩에서 선박으로 수입하는 화물을 대상으로 한다. 출항전 신고의 대상은 컨테이너 화물로 FCL화물에 한정한다. 또한 입항전 신고는 수입상품을 선(기)적한 선박 또는 항공기가 상품을 적재한 항구 또는 공항에서 출항한 후 입항하기 전에 수입신고하는 것을 말한다.

신고시기는 선박은 입항 5일전이고, 항공기는 1일전이다. 마지막으로 보세구역 도착전 신고는 수입하고자 하는 상품이 상하기 쉬운 상품이거나 긴급한 통관이 요구되는 등 신속통관이 필요한 경우 보세구역에 도착하기 전에 수입신고를 하는 것이다.

수입신고시 제출하여야 하는 서류로는 수입신고서, 가격신고서, 송품장, 선화증권 또는 항공화물운송장, 포장명세서, 원산지증명서(해당상품에 한정함) 등이 필요하다.

② 신고서심사

수입신고서를 접수한 후 세관은 통관시스템에 조회하여 선별검사(C/S; Cargo Selectivity) 결과, 통관심사 및 검사에 특별한 주의를 요하는 사항이 있는지 여부를 확인하여 즉시수리, 심사, 상품검사 중 한 가지를 선택하여 수입신고서 처리방법을 결정한다.

첫째, 즉시수리시는 신고서에 대한 검사 없이 신고인의 신고내용대로 수입신고를 수리하는 것이다.

둘째, 심사는 신고된 상품의 세율과 과세가격이 적정한지, 당해상품이 수입과 관련된 국내 법규의 제한사항을 충족하는지 여부를 검토 · 확인하기 위하여 관련 수입신고서류를 검토하고 필요할 경우에는 상품 검사를 병행하기도 한다.

셋째, 상품검사는 수입신고 사항과 현물일치여부 등의 확인을 위하여 검사를 실시할 수 있다.

검사대상은 선별검사를 이용하여 우범화물을 선별하여 2인 이상의 검사인이 복수검사를 전량 · 정밀조사를 실시한다.

③ 수입신고수리

수입신고가 관세법의 규정에 따라 정당하게 이루어지고 담보를 제공하거나 관세를 납부한 상품에 대해서는 수입신고를 수리한다. 담보 미제공시에는 관세 등 감면 분할납부 승인신청을 하여야 하고, 담보 제공시에는 수리 후 15일 이내 관세를 납부하여야 한다.

수입신고가 수리된 상품은 보세구역에서 반출이 허용된다. 반출은 신고수리일로부터 10일 이내 이루어져야 한다.

(3) 수입통관절차의 흐름도

수입통관은 무역거래자가 자가통관을 하거나 관세사 등에 의뢰하여 할 수 있다. 구체적인 수입통관절차는 다음과 같다.

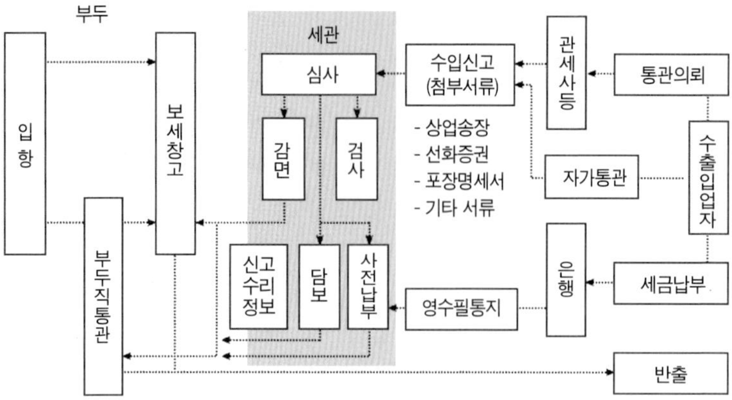

〈표 9-2〉 수입통관절차

자료: 관세청홈페이지(www.customs.go.kr)

4. 보세제도

보세는 국내에 있는 외국상품에 대해 과세를 유보하고 있는 상태를 의미한다. 외국상품이 우리나라에 있음에도 불구하고 과세를 유보하는 제도를 운용하는 이유는 수출입상품에 대한 세관의 효율적 통제, 과세채권의 확보, 통관업무의 효율화, 무역의 촉진, 산업시설 건설의 지원 등이다. 보세제도는 보세구역제도와 보세운송제도로 구분할 수 있다.

1) 보세구역

(1) 의의

보세구역(bonded area)은 외국상품을 수입신고수리 미필상태로 장치하거나, 가공 · 전시 · 판매 등을 하기 위한 구역으로 보세구역은 세관에 의한 수출입상품관리의 중심이 되는 장소이다.

(2) 종류

보세구역은 지정보세구역 · 특허보세구역 및 종합보세구역으로 구분하고 지정보세구역은 지정장치장 및 세관검사장으로 구분하며, 특허보세구역은 보세창고 · 보세공장 · 보세전시장 · 보세건설장 및 보세판매장으로 구분한다. 보세구역의 종류에 대하여 구체적으로 살펴보면 다음과 같다.

① 지정보세구역

지정보세구역은 지정장치장과 세관검사장으로 구분할 수 있다. 먼저 지정장치장은 통관을 하고자 하는 상품을 일시 장치하기 위한 장소로 세관장이 지정하는 구역이다. 지정장치장은 공항, 부두와 같이 수출입화물이 반드시 통과하고, 보관 및 운송이 편리한 지역을 일반인이 모두 차별 없이 이용할 수 있도록 지정하여 운영하고 있다. 예를 들어 지정장치장은 세관구내창고, 공항, 부두 등이 있다.

지정장치장의 상품의 장치기간은 관세청장이 6개월 이내에 장치할 수 있고, 세관장이 3개월 범위내에서 그 기간을 연장할 수 있다.

세관검사장은 통관을 하고자 하는 상품을 검사하기 위한 장소로서 세관장이 지정하는 지역이다.

세관검사장은 관세청장이 정하는 바에 따라 검사를 받을 상품 전부 또는 일부를 세관검사장에 반입하여 검사할 수 있다.

세관검사장은 상품검사를 하는 구역이기 때문에 세관청사, 국제공항 휴대품 검사장, 통관우체국의 검사장 등이 세관검사장으로 지정된다. 세관장에서의 반입되는 상품의 채취, 운반 등에 관한 비용은 화주가 부담한다.

② 특허보세구역

특허보세구역은 보세창고, 보세공장, 보세전시장, 보세건설장 및 보세판매장으로 구분할 수 있다.

첫째, 보세창고는 외국상품 또는 통관을 하고자 하는 자가 세관장의 특허를 받아 상품을 장치하는 보세구역이다. 보세창고는 관세를 징수하지 아니한 외국상품을 통관을 유보한 채 장기간 장치하면서 국내로 수입하거나 외국으로 반송함으로써 중계무역을 진흥시키는 것을 목적으로 한다.

둘째, 보세공장은 외국상품을 원료 또는 재료로 하거나 외국상품과 내국상품을 원료 또는 재료로 하여 제조, 가공, 기타 이와 비슷한 작업을 할 수 있는 보세구역이다. 단, 보세공장에서 내국상품을 원료로 하거나 재료로 하여 제조, 가공, 기타 이와 비슷한 작업을 하기 위해서는 반드시 세관장의 허가를 받아야 한다.

셋째, 보세전시장은 박람회 · 전람회 · 견품시 등의 운영을 위하여 외국상품을 장치 · 전시 또는 사용할 수 있는 보세구역이다.

넷째, 보세건설장은 산업설비 건설에 소요되는 외국상품인 기계류 설비품 또는 공사용 장비를 장치 · 사용하여 건설공사를 할 수 있는 보세구역이다. 보세건설장에 외국상품을 반입한 때에는 사용전에 당해 상품에 대하여 수입신고를 하고 세관공무원에게 검사를 받아야 한다. 단, 세관공무원이 검사가 필요 없다고 인정하는 경우에는 검사를 하지 아니한다.

다섯째, 보세판매장은 외국상품을 판매할 수 있는 보세구역이다. 보세판매장은 외국으로 반출하거나 우리나라 외국 대사관, 공사관, 기타 이에 준하는 기관의 업무용품 또는 해당 기관의 직원과 그 가족이 사용하는 상품을 판매하는 지역이다. 세관장은 보세판매장에 판매할 수 있는 상품의 종류, 수량, 장치장소 등을 제한할 수 있다.

③ 종합보세구역

종합보세구역은 관세청장의 직권 또는 관계중앙행정기관의 장이나 지방자치단체의 장, 그 밖의 종합보세구역을 운영하고자 하는 자의 요청에 의하여 무역진흥에 기여하는 정도, 외국상품의 반입 · 반출 물량 등을 고려하여 일정한 지역을 종합보세구역으로 지정할 수 있다.

종합보세구역은 보세창고, 보세공장, 보세전시장, 보세건설장, 또는 보세판매장의 기능 중 둘 이상의 기능을 종합적으로 수행할 수 있다.

특허보세구역은 동일인이 동일한 장소에서 2가지 이상의 특허보세구역 기능을 수행하려면 해당 기능별로 각각 특허를 받아야 하나, 종합보세구역은 한 번의 설치신고로 기존의 특허보세구역의 모든 기능을 수행할 수 있다.

2) 보세운송

(1) 보세운송의 의의

외국으로부터 개항에 도착한 상품을 해당 공항 또는 항구에서 통관을 하지 아니하고 내륙의 보세구역까지 운송한 후에 통관을 하고자 한다면, 보세운송에 의하여 운송을 하여야 한다. 즉, 보세운송이란 외국상품을 보세상태로 국내에서 운송하는 것이다.

(2) 보세운송의 신고 및 승인

보세운송을 하고자 하는 자는 관세청장이 정하는 바에 따라 세관장에게 보세운송 신고를 하여야 한다. 다만, 상품의 감시 등을 위하여 필요하다고 인정하여 대통령령이 정하는 경우에는 세관장의 승인을 얻어야 한다. 예를 들어 검역이 필요한 상품, 위험물, 재보세운송상품 등이다.

(3) 보세신고인

보세운송의 신고 또는 승인 신청은 화주, 관세사, 보세운송업자의 명의로 하여야 한다.

(4) 보세운송기간

보세운송상품은 신고 및 승인일로부터 15일 이내 또는 7일 이내에 목적지에 도착하여야 한다. 보세운송신고 및 승인을 얻어 보세운송하는 외국상품이 지정된 기간내에 목적지에 도착하지 아니한 때에는 당해 보세운송의 신고를 하거나 승인을 얻은 때의 성질과 수량에 의하여 신고를 하거나 승인을 얻은 자로부터 즉시 그 관세를 징수한다. 다만, 당해 상품이 재해, 기타 부득이한 사유로 인하여 망실되었거나 미리 세관장의 승인을 얻어 폐기한 때에는 그러하지 아니한다.

5. 관세환급제도

1) 관세환급의 개요

관세환급은 세관에서 징수한 관세, 가산금, 체납처분비 등을 특정한 요건에 부합하는 경우에 그 전부 또는 일부를 되돌려주는 것을 말한다.

관세환급은 관세법상 관세환급과 환급특례법상 관세환급으로 구분할 수 있다. 관세법상 관세환급은 과오납급, 위약상품, 지정보세구역 장치상품의 멸실 또는 손상, 종합보세구역내 판매상품 등에 대한 환급을 관세법상 관세환급이라 하고, 수출용 원재료를 수입하는 경우에 납부하였거나 납부할 관세 등을 관세법 규정에도 불구하고 수출자 또는 수출상품 생산자에게 되돌려주는 환급을 환급특례법상 관세환급이라 한다.

2) 관세환급의 종류

(1) 관세법상 관세환급

① 과오납급 환급

과오납금환급(duty overpaid or erroneously paid)은 이미 납부한 관세 등에 대하여 과다 납부한 세금이 있거나 이중 납부한 경우에 납세의무자가 환급을 청구할 경우에 세관장은 대통령령이 정하는 바에 의하여 지체 없이 환급을 하여야 한다. 또한 납세의무자의 청구가 없는 경우에도 세관장이 확인한 과오납금은 이를 환급하여야 한다.

② 위약환급

위약환급(drawback with breach of contract)은 수입신고 수리된 상품이 계약내용과 다른 경우에 수입신고 당시의 상품의 성질이나 형상이 변하지 아니한 상태에서 1년 내에 보세구역에 반입하여 수출한 때에 그 관세를 환급하는 것이다.

③ 지정보세구역 장치상품의 멸실 · 손상으로 인한 관세환급

수입신고가 수리된 상품이 수리후 지정보세구역에 장치되어 있는 중에 멸실 · 손상으로 인하여 그 가치가 감소된 경우에는 관세의 일부 또는 전부를 환급하는 것이다.

④ 종합보세구역내 판매상품에 대한 관세환급

종합보세구역내에서 외국인 관광객이 구입한 상품을 국외로 반출하는 경우에는 당해 상품을 구입시 기납부한 관세 및 내국세를 환급하는 것이다.

(2) 환급특례법상 관세환급

환급특례법상 관세환급의 대상은 환급대상수출이거나 수출용원재료에 한정한다. 여기서 환급대상수출은 ① 수출신고가 수리된 유상수출, ② 보세구역 등에 상품공급, ③ 무상수출, ④ 우리나라 내에서 외화 획득하는 판매 또는 공사이다. 단, ① 중계무역 수출상품, ② 현지인도 수출상품, ③ 중고품의 수출아래의 상품은 비환급대상수출이다. 또한 수출용원재료에는 수출상품을 형성하는 데 소요되는 원재료와 수입한 상태 그대로 수출하는 수출상품이 모두 포함된다. 하지만 수출상품의 생산에 사용되는 시설재 또는 소모성 기자재는 수출용원재료에 포함되

지 않는다.

환급특례법상 관세환급의 효과는 첫째, 국산원재료의 사용 및 개발을 촉진하여 외국원재료 수입을 억제하는 효과가 있다. 둘째, 관세환급제의 실시로 수입시에 모든 상품에 대하여 관세를 부과하기 때문에 양수도승인이나 대응수출에 관한 사후관리가 필요 없게 되어 사후관리 절차를 간편화하는 효과가 있다.

① 간이정액환급

간이정액환급은 원재료의 소요량을 계산하거나 원재료를 수입할 때 납부한 세액을 계산할 필요가 없고 수출 사실을 증명하는 서류만 첨부하면 관세환급을 받을 수 있는 제도이다.

환급특례법에서는 대상자를 중소기업기본법에 의한 중소기업자로서 최근 2년간 매년 환급실적이 4억 원 이하인 업체로 한정한다.

간이정액환급제도는 환급액과 실제 납부세액 간에 차이가 있지만, 개별환급제도에 비하여 환급신청 서류작성 및 확인절차가 간편하기 때문에 환급에 소요되는 인력 및 시간 등을 절감할 수 있고 중소기업의 수출을 지원할 수 있다.

② 개별환급

개별환급제도는 수출상품 제조시 소요된 원자재의 종류와 수량을 소요량계산서에 의하여 확인하고 그 원자재를 수입할 때 납부한 세액의 합계를 환급하는 제도이다.

개별환급금 신청시 필요서류로는 수출신고필증(수출내역확인), 소요량계산서(소요원재료확인), 수입신고필증, 기초원재료 납세증명서(수입시 납부세액확인) 등이 필요하다.

소요량 증명서류에 따라 소요원재료의 품명, 규격, 수량 등이 확인되면 납부세액은 수입신고필증 등에 의해 산출된다.

개별환급제도는 원재료를 수입할 때 납부한 세액에 대하여 정확하게 환급할 수 있는 장점이 있으나, 구비서류 및 환급금 산출이 복잡하다는 단점이 있다. 개별환급제도는 구비서류 및 환급절차가 복잡하고 환급금지급에 장시간이 소요되고 환급비용이 많이 드는 단점이 있다.

따라서 이를 보완하기 위하여 평균세액증명제도와 일관납부정산제도를 운용하고 있다. 평균세액증명제도는 수출용 원재료를 HS 10단위별로 통합하여 평균세액을 환급함으로써, 수출용 원재료의 규격확인절차를 생략한 제도이다. 일괄납부정산제도는 일정기간별로 일괄하여 납부한 후 지급이 보류된 환급금을 정산하는 제도이다.

제10장

무역클레임

| 학습목표 |

1. 무역클레임의 해결방법을 살펴본다.
2. 무역클레임의 유형을 살펴본다.
3. 중재제도의 특징을 살펴본다.
4. 중재제도의 절차를 살펴본다.
5. 중재와 소송의 차이를 살펴본다.

1. 무역클레임의 의의

국제무역거래에서 '클레임(claim)[81]' 이란 무역거래의 손해를 입은 당사자가 손해를 일으키게 한 측에게 손해배상 또는 기타의 의무이행을 청구하는 것을 말한다.

무역클레임의 발생은 무역계약당사자 일방이 계약조건을 위반하여 발생하는 경우가 대부분이다. 그러나 경우에 따라서는 시장상황이 악화됨에 따라 매수인이 매도인에게 가격인하나 인수거부 등 고의적으로 제기하는 이른바 마켓클레임(market claim)도 자주 발생한다.

무역클레임에 대처하기 위해서는 거래상대방에 대한 신용조사를 철저히 하여야 하고, 무역계약 체결도 신중히 하여야 할 것이다. 실무적으로는 무역계약체결 시 아래와 같은 클레임제기조항을 기재할 수도 있다.

"Claims, if any, shall be filed by cable within 14 days from the date of final discharge at destination. Certificates by recognized surveyors shall be sent by airmail without delay"

클레임 조항에는 상기 예문과 같이 세 가지 주요한 내용이 포함되어야 한다. 즉, 클레임 제기기간, 클레임 제기방법, 클레임의 증빙서류 등이다. 특히, 매도인의 입장에서 클레임 조항은 매우 중요하다. 매도인은 매수인의 클레임이 제기기간 이내에, 그리고 정해진 방법대로 제기되지 않거나 클레임을 입증할 서류가 없을 경우에는 클레임의 수리를 거부할 수 있기 때문이다.

2. 무역클레임의 발생원인

1) 직접적 원인

무역클레임 발생의 직접적 원인은 무역계약 성립과정에서 당사자 간의 착오, 오해 및 부주의 등이다. 무역계약의 이행과정에서 불확실한 계약의 성립, 무역계약

81) 클레임은 본질적 의미는 당연한 권리로서 요구 · 청구 · 주장 및 그러한 청구를 할 수 있는 권리 또는 자격 그리고 그러한 청구의 목적물을 지칭한다.

내용의 미비 및 계약위반 등으로 나눌 수 있다.

(1) 불확실한 계약성립

무역계약의 성립은 청약자의 청약에 대하여 피청약자의 승낙에 의하여 이루어진다. 그러나 청약이 조건부청약(conditional offer)이거나 대응청약(counter offer)일 경우에는 당사자 간에 계약이 유효하게 성립되었는지에 대하여 당사자 간에 이견이 있을 수 있기 때문에 무역클레임의 원인이 될 수 있다.

또한 계약이 성립할 경우 최종 승낙을 무엇으로 보아야 하느냐에 따라 계약내용이 달라질 수 있다. 청약과 대응청약이 반복되는 동안 의사표시의 내용에 착오(mistake)나 사기(fraud) 또는 강박(threat)이 있다고 주장할 경우에도 계약의 유효성에 관한 문제가 생길 수 있다.

(2) 계약내용 불충분

계약체결시 매매계약의 내용이 불충분하면 클레임이 발생하기 쉽다. 이에 실무적으로 계약체결시 품질, 수량, 포장, 가격, 선적, 보험, 결제, 검사, 불가항력조항, 클레임조항, 중재조항 등에 관하여 명확한 합의가 필요하다.

이 외에도 필요할 경우에 약정손해배상액조항(liquidated damage clause), 담보조항(warranty clause), 권리침해조항(infringement clause), 계약종료조항(termination clause), 준거법조항(governing law clause), 권리불포기조항(non-waiver clause) 등을 기재할 수도 있다.

(3) 계약불이행

무역계약 이행시 지연선적(delayed shipment), 품질클레임(claim on quality), 수량클레임(claim on quantity), 포장클레임(claim on package), 대금미지급클레임(claim on non-payment), 신용장미개설클레임(claim on L/C being not opened) 등이 있다.

2) 간접적 원인

무역클레임 발생의 간접적 원인은 당사자 간에 사용하는 언어, 상관습, 법률 및 신용조사의 불비 등으로 인하여 발생하게 된다.

(1) 언어의 상이

무역거래에서 당사자들은 서로 상이한 언어를 사용하기 때문에 의사소통에 문제가 발생할 수 있다. 실무적으로 무역서류에 사용되는 용어에 대한 이해부족으로 무역클레임이 발생할 수도 있다.

(2) 상관습 및 법률의 상이

무역거래는 국가별로 매매, 운송, 보험, 결제 및 중재 등에 관한 관습과 국내법규가 다르기 때문에 무역거래에서 동일한 상황이나 용어에 대한 해석이 다를 수 있기 때문에 무역클레임이 발생할 수도 있다.

(3) 신용조사의 불비

무역거래에서 거래상대방에 관한 신용조사를 사전에 철저히 하지 않을 경우에 무역클레임이 발생할 수도 있다.

3. 무역클레임의 종류

1) 발생원인

무역클레임의 발생원인은 일반적으로 품질, 수량, 포장 및 서류 등으로 나눌 수 있다.

(1) 품질 클레임

무역거래에서 가장 빈번하게 발생하는 것으로 수출자가 매매계약의 품질조건(quality terms)을 위반할 경우에 발생한다. 실무적으로 자주 발생하는 품질 클레임의 유형에는 품질불량, 품질불일치, 유사품혼입, 변질, 변색 등이 있다.

(2) 수량 클레임

수량에 관한 무역클레임은 주로 계약상품보다 적거나 많은 경우, 총중량(gross

weight)과 순중량(net weight) 등에 관한 관습상 이해의 차이, 과부족용인조항의 결여로 인하여 발생할 수도 있다.

(3) 포장 클레임

포장에 관한 무역클레임에는 포장불충분, 포장불완전 등이 있다. 이러한 포장의 불충분은 화인까지 포함하기 때문에 화인의 오기 또는 위조 등으로도 발생할 수 있다.

(4) 서류 클레임

서류에 관한 무역클레임은 상업송장, 포장명세서, 원산지증명서 등과 같은 선적서류의 기재사항 오류나 서류의 미비로 인하여 발생할 수도 있다.

2) 성질 기준

(1) 일반적 클레임

무역거래를 이행과정에서 거래당사자 일방의 과실이나 태만으로 발생하거나 당사자 이외의 제3자에 의하여 야기된다. 예를 들어 클레임이 제조자나 공급자와 같은 제3자의 귀책사유에 의하여 발생할 경우에 가해자는 피해자에게 손해배상을 먼저 한 후에 책임 있는 제3자에게 그 책임을 전가시킬 수도 있다.

이러한 일반적 클레임은 무역거래에서 당사자들이 신의성실의 원칙에 따라 주의를 하면 사전에 그 발생을 예방할 수도 있다.

(2) 마켓 클레임

시장상황이 좋으면 클레임 대상이 되지 않지만 계약체결 후 상품의 시세가 하락할 경우에 경미한 과실을 구실로 제기하는 클레임을 마켓 클레임(market claim)이라고 한다.

특히 신용장방식이 아닌 무신용장방식의 경우에는 수입자가 대금지급을 거부할 가능성이 높기 때문에 계약체결전에 매수인의 신용조사를 철저히 하여야 할 것이다.

(3) 계획적 클레임

매매계약 당사자의 고의에 의하여 발생하는 클레임이다. 즉, 수출자나 수입자가 처음부터 교묘하게 함정을 사용하여 상대방이 계약을 이행하는 것에 지장을 일으키게 하여 제기하는 클레임이다.

4. 무역클레임의 내용

1) 금전청구에 관한 클레임

금전청구에 관한 클레임은 대금의 지급거절, 대금의 감액청구 및 손해배상의 청구로 나누어서 살펴볼 수 있다.

(1) 대금지급의 거절

무역대금결제방식 후지급일 경우에 수출자가 상품을 수입자에게 인도한 이후에 수입자가 대금지급을 거절하거나 서류의 인수를 거절할 수 있다.

또한 신용장결제방식의 경우에도 대금지급이 거절될 수도 있다. 예를 들어 신용장상에 선적시 대금의 일부분만을 지급하고 잔액은 목적지에서 검사 후 지급방식이라고 할 경우에도 대금지급이 거절될 수 있다.

(2) 손해배상액의 청구

신용장방식의 경우에는 대금결제가 서류를 중심으로 이루어지기 때문에 매수인의 입장에서는 서류가 일치하면 대금을 지급하지 않을 수 없다. 매수인이 대금지급 후 서류를 인도받아 이를 통하여 상품을 수령하게 된다.

상품 수령시 상품의 품질이나 수량이 계약과 일치하지 않을 경우 수입자는 수출자를 상대로 손해배상을 청구하게 된다.

(3) 대금감액의 청구

목적지에서 상품의 품질, 포장, 화인, 상품 등이 계약내용과 불일치하거나 계약과 다른 상품이 송부된 경우에 수입자는 수출자에게 상품을 계약가격보다 감액

된 가격으로 인수하겠다고 요구하는 것이다. 대금감액의 방법에는 대금잔액으로부터의 감액, 다음 계약분이나 선적분에 대한 감액 또는 송금, 기타의 방식에 의한 감액 등의 방법이 있다.

2) 금전청구 이외의 클레임

(1) 상품의 인수거절

목적지에 도착된 상품에 품질의 하자가 있거나 그 품질이 계약내용과 다를 경우에 수입자는 상품인수를 거절할 수 있다. 매매계약서상 인수거절에 관한 약정이 있는 경우에 수입자는 상품의 내용이 인수거절의 요건을 충족하면 거절할 수 있다.

인수거절 후에 취해야 할 조치를 화물에 관한 조치, 대금결제에 관한 조치, 대체품의 청구로 나누어 생각할 수 있다. 화물에 관한 조치로, 매도인의 지점이나 대리점이 도착지에 있을 때에는 다른 매수인을 물색하여 전매토록 하거나 그렇지 않으면 선적지로 반송하도록 할 수 있다. 그렇지만 도착지에 지점이나 대리점이 없는 경우에는 당초의 매수인을 통하여 그 상품을 매각처분하도록 의뢰하거나 매도인의 비용부담으로 최초의 선적지로 반송하도록 할 수 있다.

(2) 계약이행의 청구

계약대로의 이행을 청구하는 것도 넓은 의미의 클레임에 속한다. 수입자가 수출자에게 하는 대표적인 계약이행의 청구는 선적과 관련된 것이다. 반면에 수출자가 수입자에게 하는 대표적인 계약이행의 청구는 대금결제와 관련된 것이다.

(3) 대체품의 청구

수입자가 목적지에 도착한 화물인수를 거절하고 선적지로 반송함과 동시에 수출자에게 계약품을 다시 선적하도록 요구하는 것을 말한다.

(4) 잔여분의 계약해제

분할선적의 경우에 계약상품 중 일부가 먼저 선적되어 수입지에 도착하였으나 수입자가 품질불량이나 규격상이를 이유로 클레임을 제기하고 미선적분에 대하여 계약을 해제하는 것을 말한다.

5. 무역클레임의 제기와 수리

1) 클레임의 제기시기

클레임의 제기기간은 일종의 면책조항과 같은 기능을 한다. 왜냐하면 정해진 기간이 경과하면 법률적인 구상권이 상실되기 때문이다. 클레임의 제기기간에 관하여 계약에서 약정된 바가 없으면 그 기간은 통상 계약의 준거법에 따르지만 준거법에 이에 관한 명시가 없으면 상품의 검사 및 통지기간과 같다.

우리나라 상법은 매수인이 목적물을 수령한 때에 지체 없이 이를 검사하여야 하며, 하자 또는 수량부족 등을 발견한 때에는 즉시 매도인에게 그 통지를 하도록 규정하고 있다. 만일 이러한 통지를 하지 아니하면 이로 인한 계약해제, 대금감액 또는 손해배상을 청구할 수 없다고 규정하고 있다. 다만 매매의 목적물에 즉시 발견할 수 없는 하자가 있는 경우에는 매수인이 6개월 내에 이를 발견하면 즉시 통지하고 배상을 요구할 수 있다.

클레임의 제기시기는 매매계약서(Sales Agreement)의 클레임조항(Claim Clause)에 따라 결정된다. 대한상사중재원의 표준 클레임조항은 다음과 같다.

"Any claims by buyer of whatever nature arising under this contract shall be made by cable within 30 days after arrival of the goods at the destination specified in the bills of lading. Full particulars of such claim shall be made in writing, and forwarded by registered mail to seller within 15 days after cabling. Buyer must submit with particular sworn surveyor' s reports when the quality or quantity of the goods is in dispute."

2) 클레임의 당사자

클레임을 제기할 사유가 발생하면 누구를 대상으로 제기하여야 할 것인가를 결정하여야 한다. 이를 판단하기 위해서는 클레임의 발생원인과 그 책임당사자가 누구인지를 알아야 하며, 그와 어떤 계약관계에 있으며 어떤 계약의 내용을 위반하였는지를 판단하여야 한다.

3) 클레임의 통지

클레임의 사유가 발견되면 이를 상대방에게 통지하여야 한다. 통지방법은 매매계약서의 클레임조항에 약정된다. 일반적으로 통지방법은 문서로 하며, 팩스 또는 이메일 등의 방법을 사용한다. 통지방법이 계약서에 명시되어 있지 않으면 준거법에 따른다.

클레임의 통지에는 통상 이를 입증할 서류가 첨부되는데 대표적인 입증서류가 국제적으로 공인된 검정회사의 Survey Report이다. 클레임 제기시에는 상대방의 계약위반으로 자신이 입은 손해내용과 자신이 청구하는 손해배상액이 명확하게 기술되어야 한다.

4) 클레임의 수락 또는 거절

상대방이 클레임을 수락하면 손해배상청구나 대체품의 인도 등 구제조치를 취할 수 있다. 그렇지만 상대방이 클레임을 거절하면 상대방을 상대로 소송이나 중재를 신청하게 된다.

상대방으로부터 클레임의 통지를 받으면 먼저 검토할 사항은 클레임의 제기가 약정된 기간 내에, 약정된 방법대로 그리고 이를 뒷받침하기 위한 증빙서류가 첨부되어 있는지를 검토하여야 한다. 또한 상대방의 손해배상 청구 내용이 합리적인지 그리고 증빙서류의 내용이 합리적인지를 검토하여야 한다.

검토 결과 상대방의 클레임이 정당하다고 생각되면 손해배상, 대체품의 송부 또는 하자보완청구 등을 제의하여 클레임을 해결하면 된다. 그렇지만 만약 상대방의 클레임이 부당하거나 클레임의 제기가 약정된 내용과 다를 경우 항변자료를 첨부하여 거절의 의사표시를 할 수 있다.

6. 클레임의 예방

1) 신의성실의 원칙 고수

신의성실의 원칙은 원래 윤리적 · 도덕적 규범이나 국제무역거래에 있어서도 준수할 최고의 규범이다. 이를 위하여 거래당사자는 상대방을 선택할 때 먼저 신용있는 거래처임을 확인하고 자신도 상대방에게 신의를 지킬 수 있도록 노력하여야 한다.

2) 철저한 신용조사

신용이라 함은 상대방에 대한 경제적 평가, 특히 지급능력을 말한다. 따라서 상대방과 거래를 시작할 때 또는 거래개시 시 상대방의 신용상태를 조사하여야 한다.

신용조사의 방법은 자기의 거래은행이나 국내외 신용조사기관에 의뢰한다. 신용조사의 결과 상대방의 신용에 확신이 없을 경우 이를 보완하는 방법으로 보증제도와 신용장을 활용할 수도 있다.

3) 거래상담시 주의

계약시 예비단계에서 상대방에게 가격을 제시할 수도 있는데 이를 상대방이 firm offer로 착각할 수 있기 때문에 실무적으로 가격에 "These price will be valid with our final confirmation"란 문언의 삽입이 필요하다.

firm offer의 경우에도 주요계약조항이 빠짐이 없는지를 확인하여야 한다. 수출시 정부의 인 · 허가가 필요하다면 "subject to export license"란 문언을 첨부하여 offer하여야 한다. 선적은 L/C 수령 후 60일 이내, L/C는 offer 승낙 후 2주일 이내 개설을 조건으로 할 경우 "Shipment shall be available within 60 days after receipt of L/C, which is to be opened within 2 weeks after this offer accepted" 라고 기재해 두어야 한다. firm offer에 대하여 상대방이 counter offer를 할 경우 firm offer의 유효기일 이내에 행해져야 한다.

청약의 승낙시 주의할 점은 상대방의 offer가 firm offer인지 free offer인지에 따라 그 효과가 다르다는 점이다. 전자의 경우 acceptance를 하면 바로 계약이 성립되지만, 후자의 경우에는 상대방이 다시 확인을 하여야만 계약이 성립된다. 즉,

상대방의 확인이 바로 승낙이 된다. firm offer 또는 free offer의 여부에 따라 계약의 체결시기와 체결장소가 달라지며 이는 이후 상대방의 계약위반시 손해배상액의 산정 기준일과, 이 사건이 소송이나 중재로 이어질 때 재판관할지(jurisdiction)의 선정과도 관계된다.

4) 계약서의 완비

매매계약은 낙성계약이며 불요식계약이므로 계약당사자가 반드시 정식의 계약서를 작성 · 교환할 의무는 없으나 후일 분쟁을 피하기 위하여 매매계약서(Sales Agreement) 및 일반거래조건약정서(Agreement in General Terms and Conditions of Business)를 작성해 주는 것이 좋다.

특히 계약서에는 매매의 기본조건 이외에 가격변동을 대비한 신축조항(escalator clause), 손해배상액 산정의 어려움을 대비하여 약정손해배상액조항(liquidated damage clause), 담보조항(warranty clause), 클레임조항(claim clause), 불가항력조항(force majeure clause), 권리침해조항(infringement clause), 계약종료조항(termination clause), 중재조항(arbitration clause), 권리불포기조항(non-waiver clause), 완전합의조항(entire agreement clause) 및 준거법조항(governing law clause) 등 필요한 조항을 삽입하여야 한다.

특히 클레임조항에는 클레임의 제기기간, 제기방법, 증빙서류 및 비용부담자 등을 명기하여야 하며, 클레임을 중재로 해결하고자 할 경우 중재조항을 삽입하여야 한다. 여기에는 중재지, 중재기관 및 준거법 등을 명기하여야 한다.

또한 클레임을 제기하기 위한 정당성 확보를 위한 검사조항이 명시되어야 한다. 검사조항에는 검사시기, 검사방법, 검사증빙서류 등에 관한 내용이 포함되어야 한다.

5) 제조업자의 엄선

수출자가 직접 생산하지 않고 동일국내의 제조자로부터 구입하여 수출할 경우 제조자의 선정에 유의하여야 한다. 이를 잘못 선정하면 불량품이 수출되기 쉽다. 따라서 제조자 선정시 신중하여야 하며 제조업자와 납품계약을 체결하여 품질 때문에 수입자로부터 제기되는 클레임은 제조업자에게 그 책임을 전가할 수 있도록 하여야 한다.

6) 결제방식에 따른 주의

먼저 신용장은 신용의 안정성으로 인하여 국제결제에 기여하는 바가 크지만 이로 인한 분쟁도 적지 않다. 따라서 신용장을 취급할 때 주의하여야 할 몇 가지 점을 살펴보고자 한다.

첫째, 신용장을 수령한 수입자는 신용장의 내용이 매매계약의 내용과 일치하는지를 확인하여야 한다. 신용장의 독립추상성 때문에 일단 개설되면 매매계약과는 독립되어 당사자를 구속하므로 수령 즉시 확인하여 불일치한 내용이 있으면 신용장의 조건변경을 요구하여야 한다.

둘째, 선적기간, 유효기간, 또는 서류제출기간을 확인하여야 한다. 신용장에는 선적기간과 유효기간이 기재되고 양 기간 사이에는 10일이나 15일 정도의 간격이 있다. 유효기간과 별도로 서류제출기간이 명시되는 경우가 있는데 이들 양 기간이 불일치할 경우에 수출자는 서류제출기간 내에 서류를 제출하면서 동시에 그 기간이 유효기간 이내이어야 한다.

셋째, 선적서류가 신용장의 조건과 일치하는지를 면밀하게 확인한 후 은행에 제시하여야 한다. 국제결제에서 은행은 개개의 거래상품에 대하여는 그 내용을 모르기 때문에 수출자가 제출하는 서류가 신용장 조건과 일치할 것을 요구한다. 만약 은행이 사소한 위반이라고 생각하여 신용장 조건과 불일치한 서류에 대하여 대금을 지급한다면 수입자로부터 어음금액을 상환받을 수 없을지도 모른다.

또한 추심 및 송금방식 대금 회수에 대하여 은행의 지급확약이 없으므로 신용위험이 발생할 수도 있다. 그러나 이러한 위험 때문에 수출자가 신용장방식만을 주장한다면 거래가 이루어지지 않을 수도 있다. 이에 수출자는 수입자의 신용상태를 철저하게 체크하고, 실제 거래시에는 무역보험제도를 적극 활용하는 것도 좋은 방안이 될 수 있다.

7. 무역클레임의 해결방법

1) 클레임의 해결형태

(1) 클레임의 철회

클레임의 철회(withdrawal) 또는 취소(cancellation)라 함은 청구자 클레임을 스스로 철회 또는 취소하므로 이것을 백지로 환원시키는 것을 말한다.

철회 또는 취소하는 이유에는 첫째, 청구자가 클레임을 자기 자신의 과실과 오해에 기인된 것임을 인정하고 자진하여 철회하는 경우, 둘째, 피청구자가 청구자에 대하여 반증을 들어 클레임의 부당성을 지적하였기 때문에 부득이 철회하는 경우 등이 있다.

(2) 클레임의 거절

클레임의 거절은 피청구자가 청구자로부터 제기당한 클레임의 수락을 거절하는 것을 말한다. 클레임을 거절하기 위하여 그 부당성을 충분히 입증할 만한 증거와 이유를 제시하여야 한다.

(3) 클레임의 수락

클레임의 수락은 전면적 수락과 부분적 수락으로 나눌 수 있다. 전면적 수락은 피청구자가 청구자로부터 제기된 클레임을 인정하고 그대로 이행하는 것이다. 부분적 수락은 첫째, 피청구자가 클레임의 원인을 조사한 결과 그 일부를 자신이 부담하는 것이 타당하다고 인정하며 이를 청구자가 승인하는 경우이다. 둘째, 피청구자가 클레임의 내용이 지나치다고 생각하여 그 일부만을 수락하는 경우이다. 셋째, 청구자가 상대방과 장래의 거래관계를 고려하여 클레임의 일부를 철회하거나 또는 클레임 금액을 감액하는 경우 등이다.

2) 클레임의 해결내용

(1) 손해배상금의 지급

손해배상금의 지급은 청구자가 입은 손해를 피청구자가 금전적으로 변상하는 것을 말한다. 손해배상금의 지급방법은 유보금이나 예금에서 지급하거나 송금방식을 이용할 수 있으며 무담보신용장을 이용하는 방법도 있다.

(2) 대금의 감액

대금의 감액이라 함은, 예를 들어 매도인이 매수인으로부터 품질불량, 포장불충분, 품질상이 등을 이유로 계약금액의 감액을 요청받고 이를 수락하는 것을 말한다.

(3) 상품의 반송

이는 매수인이 상품의 수령을 거절하고 이를 다시 선적지로 보내는 것이다. 반송의 대상이 되는 상품은 계약과 다른 상품, 품질불량품, 규격상이품, 손상품 또는 상품위반품 등이다. 매수인이 상품을 반송할 때는 대체품의 공급이나 대금의 반환을 요구할 수 있다.

(4) 계약의 이행청구

청구자가 피청구자에게 계약대로의 이행을 요구하는 것을 말하고 특정이행이라고도 한다. 그러나 피청구자에 의한 계약의 이행이 불완전할 경우 손해배상금의 청구나 대금의 감액을 수반하는 경우도 있다. 대표적인 이행청구는 신용장의 조건변경과 선적요구이다.

3) 클레임의 해결방법

(1) 포기

실제 무역거래에서 클레임의 포기는 빈번히 일어나고 있다. 그 원인은 피청구자가 청구자에게 클레임의 내용과 다른 조건을 만족시켜 주거나 또는 시간이 흐르면서 클레임을 제기할 가치가 없다고 판단하거나 상대방의 반응이 없기 때문에 스스로 클레임을 포기하는 경우 등이 있다.

(2) 화해

클레임을 제3자의 개입 없이 당사자 간의 자주적인 교섭으로 해결하는 것을 화해라고 한다. 당사자 간의 교섭에 의하여 타협점이 모색되면 화해가 이루어지는데 실무적으로 이것이 가장 바람직하며, 실제로 클레임의 대부분이 이 방법에 의하여 해결되고 있다.

(3) 알선

알선이란 공정한 제3자적 기관이 당사자의 일방 또는 쌍방의 의뢰에 의하여 클레임 사건에 개입하여 해결을 위한 조언을 하는 것을 말한다. 알선기관으로서 국제적으로 널리 이용되고 있는 곳이 상업회의소(Chamber of Commerce)이다.

상업회의소는 회원 상호간의 분쟁을 처리하는 것이 그 설립목적의 하나이므로 알선기관으로서는 적절하지만 국가 기관이 아니므로 강제력이 없다. 알선은 조정이나 중재와는 달리 형식적인 절차를 요하지 않는다.

(4) 조정

조정은 양 당사자가 공정한 제3자를 조정인(mediator)으로 선입하고 조정인이 제시하는 구체적인 해결안에 대하여 합의함으로써 클레임을 해결하는 것을 말한다.

조정은 양 당사자의 합의에 의하여 행하여지므로 일방이 조정을 신청하더라도 상대방이 이에 응하지 않으면 조정은 효력을 발휘할 수 없다. 더욱이 당사자는 제시된 조정안을 수락할 의무가 없으므로, 만약 어느 일방이 조정안에 불복하면 결국 조정은 실패로 돌아간다.

(5) 중재

중재는 조정의 경우와 같이 공정한 제3자를 중재인(arbitrator)으로 선임하고 이러한 중재인의 판정에 복종함으로써 클레임을 해결하는 방법이다. 중재에 의한 해결은 양 당사자가 계약체결시나 또는 클레임이 제기된 후에 이를 중재로 해결할 것을 합의하여야 한다는 점에서 조정의 경우와 같다.

그러나 중재에 있어서 양 당사자는 중재판정(arbitral awards)을 거부할 수 없을 뿐만 아니라 이러한 판정은 국제적으로 효력을 미치게 된다. 또한 중재는 1회의 판정으로 끝나게 된다.

(6) 소송

소송은 국가기관인 법원의 판결에 의하여 분쟁을 강제적으로 해결하는 방법이다. 그러나 국제거래의 상대방은 법역이 다른 외국에 거주하는 것이 보통이므로 자국의 재판권이 타국에 미칠 수 없는 한계성이 있다. 특히 재판지의 소송절차, 외국판정의 승인과 집행, 국제적 소송경합 내지 판결의 저촉(conflict of laws) 등도 문제가 된다. 따라서 국제거래에서 발생하는 분쟁이 당사자 간 화해로 해결되지 않을 경우 소송(litigation)은 최악의 해결방법이라고 할 수 있다.

8. 상사중재제도

1) 상사중재제도의 의의

중재란 분쟁발생시 당사자 간의 중재합의에 따라 사법상의 권리, 기타 법률관계에 관한 분쟁을 법원의 소송절차에 의하지 않고 제3자를 중재인(arbitrator)으로 선정하여 그 분쟁을 중재인의 결정에 맡기는 동시에 최종적으로 그 판정에 복종함으로써 분쟁을 해결하는 제도이다. 중재계약은 분쟁에 관한 법원의 판결을 배제하는 약속이므로 중재제도는 국가기관인 법원이 아닌 민간인에 의한 자주적 분쟁해결방법이다.

분쟁을 중재로 해결하기를 원하는 당사자는 계약자유의 원칙에 따라 중재절차, 중재지, 중재인의 선정방법 등을 임의로 약정할 수 있다(임의중재). 그러나 분쟁당사자 간 이러한 것을 합의하기가 쉽지 않기 때문에 오늘날 대부분의 중재는 그러한 절차를 전담하는 상설 중재기관에 의뢰하여 중재절차를 수행하고 있다(기관중재).

2) 중재제도의 장 · 단점

(1) 중재제도의 장점

① 자유합의에 의한 분쟁해결

중재는 원칙적으로 중재계약으로부터 중재판정에 이르는 모든 절차를 당사자의 합의로 결정할 수 있는 자주적 분쟁해결방식이다. 또한 중재는 당사자의 의사를 존중하여 별도의 격식 없이 평화적 분위기에서 진행되는 데 반하여 소송은 엄격히 법정절차에 따라서 공식적으로만 진행된다.

② 신속한 해결방식

보통 재판은 3심제이므로 패소한 당사자가 3심제를 악용하여 무리하게 지연작전을 펼 가능성이 있으나 중재는 단심제이므로 판정이 신속하여 분쟁이 신속히 종료될 수 있다. 중재는 국내중재가 약 4개월, 국제중재가 약 6개월 정도 소요된다.

③ 경제적 해결방식

중재는 단심제이고 소송의 경우와 같이 변호사를 선임할 필요가 없으므로 비용이 적게 든다.

④ 절차의 비공개

민사소송은 공개를 원칙으로 하나 중재는 비공개를 원칙으로 한다. 따라서 기업의 기밀보장이 가능하게 된다.

⑤ 중재인의 전문성 활용가능

소송의 경우 재판관의 선정에 있어 분쟁당사자가 관여할 수 없으나 중재의 경우 양 당사자의 합의로 분쟁내용에 적합한 전문가로 중재판정부를 구성할 수 있다.

⑥ 비적대성

중재는 분쟁해결을 대화와 양보로 해결하고자 하기 때문에 기본적으로 화해에 의한 분쟁해결방식이다. 중재가 끝난 뒤에도 당사자 간 거래가 지속되는 경우가 많으므로 비록 분쟁당사자 간이라고 하더라도 소송의 경우처럼 적대적인 관계가 아니다.

⑦ 중재판정효력의 국제성

중재판정은 국내적 효력(법원의 확정판결과 동일) 외에 중재조약(N.Y.협약)에 의하여 국제적으로도 그 집행이 보장되기 때문에 실효성이 매우 크다.

(2) 중재제도의 단점

① 예측가능성의 결여

소송은 엄격한 절차법에 따라 진행되고 엄격한 실체법이 적용되므로 당사자가 재판결과를 어느 정도 예측할 수 있다. 그러나 중재에서는 법률이 엄격히 적용되지 않으므로 그 결과를 예측하기 어렵다.

② 강제성의 결여

소송의 경우 판사에게는 법률에 의하여 각종 권한이 부여되어 있으나 중재인에게는 아무런 강제적인 권한이 부여되고 있지 않다. 따라서 증거조사에 있어 증인 및 감정인이 응하지 않을 때에는 중재인은 법원에 협력을 구할 수밖에 없다.

③ 단심제

우리나라의 중재는 1심에 한하고 불복의 기회가 없다.

④ 예방성의 결여

보전처분(가압류, 가처분)을 할 경우에는 별도로 법원에 이를 청구하여야 하므로 중재신청인은 그 권리를 보전하기 위하여 번거로운 절차를 거쳐야 한다.

3) 중재제도의 한계

중재제도는 많은 장점이 있음에도 불구하고 법원의 협조가 필요한 한계성을 갖고 있다. 첫째, 당사자 간의 중재합의의 효력에 관한 분쟁은 법원의 해결을 받아야 한다. 둘째, 중재인의 선임이 원만하게 이루어지지 않을 때에는 법원이 이를 선정 · 보충 · 대체한다. 셋째, 보전처분이 필요한 경우 신청인은 법원으로부터 피신청인에 대한 법적 강제력이 있는 보전처분을 받아야 한다. 넷째, 중재인은 증인이나 감정인을 강제로 출석시킬 권한이 없으며, 증인 등에 대한 선서를 시킬 권한도 없다. 따라서 증거조사를 위하여 법원의 협조를 받아야 한다. 다섯째, 당사자가 중재판정에 따르지 않는 경우에는 법원의 집행판결을 받아서 강제집행을 하여야 한다. 또한 외국의 중재판정도 중재조약에 의하여 그 효력이 인정되지만 역시 법원의 집행판정을 받아야 집행할 수 있다. 여섯째, 내국중재판정에 하자가 있을 때에는 법원에 소를 제기하여 이를 취소할 수 있다. 외국중재판정의 취소와 무효는 중재절차준거법에 의하여 결정된다.

4) 중재계약

(1) 중재의 적용대상과 요건

중재는 당사자가 자유로이 처분할 수 있는 사법상의 분쟁으로서 현재 또는 장래에 발생할 분쟁 모두가 중재의 대상이 된다. 따라서 당사자가 자유로이 처분할 수 없는 행정 또는 형사사건과 같은 법률관계는 중재의 대상이 되지 않는다.

중재계약의 성립요건은 ① 당사자 자격에 결격사유가 없어야 하며, ② 분쟁이 현실적으로 존재하여야 하며, ③ 분쟁은 서면에 의한 중재합의의 범위 내에 속하여야 한다.

(2) 중재계약의 기본요건

앞서의 중재계약의 성립요건이 구비된 경우라 하더라도 기관중재의 경우 3가지 기본요건과 필요한 경우 절차진행요건을 갖추어야 한다. 즉, 기본요건으로는 ①

〈중재회부서〉

SUBMISSION TO ARBITRATION

We, the undersigned parties, hereby agree to submit the below dispute to the Korean Commercial Arbitration Board for arbitration under the Commercial Arbitration Rules of the Korean commercial Arbitration Board with impeccable understanding that the arbitral award to be rendered on the dispute shall be final and binding upon all the parties concerned.

(1) Points of Dispute	(2) Further References :
Party(A) :	Party(B) :
Title of Corporation Address	Title of Corporation Address
Name of President(or Agent)	Name of President(or Agent)
Signed by	Signed by
Date of Signature	Date of Signature

Enclosure : 1. A power of attorney, in case where the submission is made by an agent.... one copy

중재지(이는 중재지 내의 특정한 심문장소 또는 중재장소와는 구별되어야 한다), ② 중재기관(명칭을 정확하게 명기할 것), ③ 준거법 등을 들 수 있다. 이들 3가지 요건을 갖추면 중재계약은 유효하다.

중재는 본질상 분쟁당사자가 모든 절차를 중재계약 또는 기타 특약으로 미리 약정할 수 있으며 이러한 약정은 준거법의 규정보다 우선하여 적용된다.

〈표준 중재조항〉

> All disputes, controversies, or differences which may arise between the parties, out of or in relation to or in connection with this contract, or for the breach thereof, shall be finally settled by arbitration in Seoul, Korea in accordance with the Commercial Arbitration Rules of The Korean Commercial Arbitration Board and under the Law of Korea. The award rendered by the arbitrators shall be final and binding upon both parties concerned.

이 표준 중재조항에는 전술한 상설중재기관을 이용하는 경우의 중재계약의 3요소(중재지, 중재기관, 중재절차의 준거법)가 잘 표현(밑줄 친 부분 참조)되어 있다. 이 중재조항의 대상이 되는 분쟁은 이 계약과 직접(out of), 자연적(in relation to) 및 간접적(in connection with)으로 관련된 분쟁과 계약불이행 등의 분쟁, 논쟁 또는 의견차이이다. 중재조항 설정 시에는 용어의 개념에 유의하여야 한다.

(3) 중재계약의 효력

당사자가 중재계약을 체결하면 그 계약이 갖는 효력의 내용은 다음과 같다. 첫째, 중재는 직소금지의 효력을 갖는다. 중재계약이 있는 경우에는 법원에 소송을 제기할 수 없다. 다만 중재계약이 무효, 효력상실, 이행이 불능인 경우에는 예외로 한다. 둘째, 중재계약에 따라 선정된 중재인이 판정권을 갖는다. 셋째, 중재인은 당사자 일방의 요청에 따라 타방 당사자에게 재산보존조치를 지시할 수 있다. 넷째, 서면으로 된 중재합의는 계약에 의한 것이거나 아니거나를 불문하고 뉴욕협약에 따라 승인 및 집행이 인정된다. 다섯째, 중재계약은 독립성 내지 분리가능성을 갖는다. 중재조항이 포함된 계약의 주요부분이 어떠한 사유로 무효가 된 경우, 중재조항만큼은 유효하다고 보는 것이 국제적 통설이다. 이를 중재조항의 독립성 내지 분리가능성(separability)이라고 한다. 즉, 주된 계약이 무효가 되더라도 중재합의는 당연히 무효가 되지 아니하고 유효하며 중재에 의하여 주계약의 효력을 판단받게 된다.

(4) 중재계약의 준거법

중재계약은 사법상의 계약이므로 거래자자유의 원칙이 우선적으로 적용된다. 이러한 관점에서 예상되는 준거법으로 ① 주계약의 준거법, ② 중재지법(당사자 간 중재지에 관한 합의가 있는 경우), ③ 계약체결지법(행위지법) 등이 있다.

이와 함께 중재계약의 준거법과 중재지법의 준거법을 구별하는 것이 타당하다. 이 가운데 절차는 법정지법(lex fori)에 따른다는 원칙이 적용되고 있다.

5) 중재절차와 판정

(1) 중재절차

중재절차는 중재사건이 접수되어 판정이 내려질 때까지 전 과정을 의미한다. 중재절차도 거래자자유의 원칙에 따라 정할 수 있으나 만약 당사자 간 이러한 절차에 관하여 합의가 없을 경우 우리나라에서는 상사중재규칙에 따라 결정된다.

즉, 중재신청서 접수 → 중재비용예납 → 중재신청의 접수통지 → 중재인 선정(1인 또는 3인) → 제1차 심문기일통지 → 심문개최 → 피신청인으로부터 반대신청서 접수 → 심문종결 → 중재판정 → 중재판정문 정본(당사자) 및 원본(법원) 송달 → 사건종결과 같이 중재절차가 진행된다(중재법 제19조~제28조). 이러한 절차는 어느 국가나 유사하다.

(2) 중재판정

중재판정부는 당사자 간 별도의 약정이 없는 한 중재심리가 종결된 날로부터 30일 이내에 중재인 과반수 찬성으로 판정하여야 한다. 또한 중재판정부는 중재계약의 범위내에서 손해배상이나 기타의 구제는 명할 수 있으며 판정시에 중재비용의 부담자와 부담비율을 명하여야 한다.

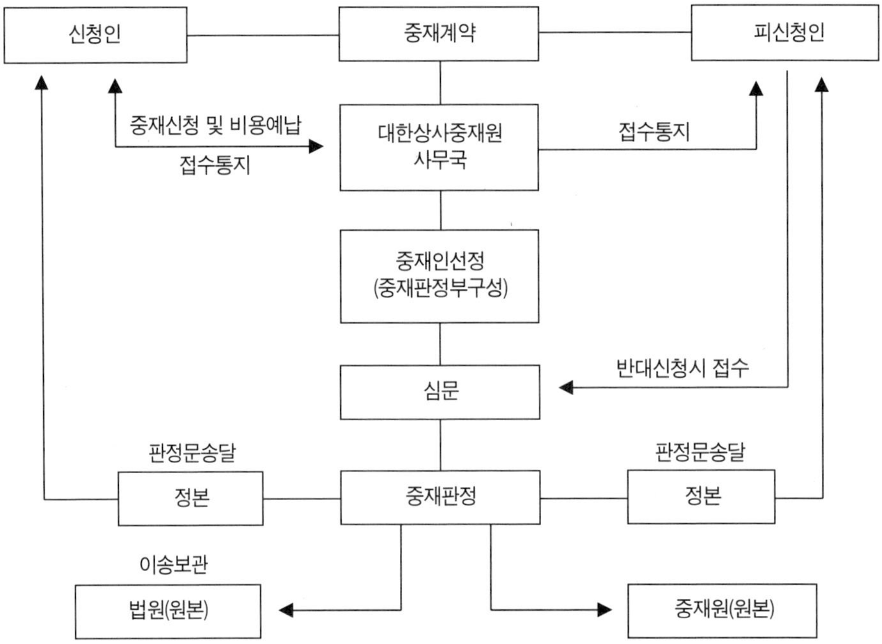

〈표 10-1〉 중재절차 진행과정

중재판정은 서면으로 작성하고 당사자의 성명, 주소(만약 대리인이 있는 경우 대리인의 성명과 주소), 판정주문, 판정 이유의 요지, 작성년월일 등을 기재하여 중재인이 서명 날인하여야 한다.

중재판정은 한국어로 작성하며, 당사자의 요구나 중재인 중에 외국 국적을 가진 자가 있을 때에는 한국어와 영어를 공용할 수 있으며, 이때 국문과 영문으로 작성되는 판정문은 모두 이를 정본으로 한다.

중재원 사무국은 판정의 정본을 당사자 또는 대리인에게 최후로 알려진 주소에 등기우편(배달증명)으로 발송하거나 직접 교부한다. 판정의 정본을 당사자에게 송달한 후 이의 수령을 확인하는 우편물 배달증명서가 도착하면 사무국은 판정문 원본과 송달의 증서를 첨부하여 관할법원에 이송·보관한다.

중재판정은 분쟁당사자에게 법원의 확정판결과 동일한 효력이 있어 법원에 항소나 상고할 수 없다. 따라서 분쟁사안에 중재판정이 나면 당사자들은 이에 구속되고 이러한 판정내용을 이행하여야 한다. 외국의 중재판정도 뉴욕협약에 따라 판정지국이 아닌 외국에서도 승인 및 집행이 보장된다.

그러나 중재판정은 그 자체로서 집행력이 없으므로 강제집행을 하기 위해서는 별도로 법원의 집행판결로 그 적법함을 선고받아야 한다.

중재판정이 법원의 확정판결과 동일한 효력이 있음에도 불구하고 다음의 사유에 해당되면 법원은 중재판정을 취소할 수 있다. 첫째, 중재인의 선정 또는 중재절차가 중재법이나 중재계약에 의하지 아니한 경우이다. 둘째, 중재인의 선정 또는 중재절차에서 당사자가 소송무능력자이거나 대리인이 적법하게 선임되지 아니한 경우이다. 셋째, 중재판정이 법률상 금지된 행위를 할 것을 내용으로 한 경우이다. 넷째, 중재절차에서 정당한 사유 없이 당사자를 심리하지 아니하였거나 중재판정에 이유를 붙이지 아니한 경우이다. 다섯째, 민사소송법 제422조 제1항 제4호 내지 제9호에 해당하는 사유(재심사유)가 있을 때 등이다.

9. 외국중재판정의 효력과 뉴욕협약

1) 중재판정의 효력과 집행

중재판정은 법원의 확정판결과 동일한 효력이 있다. 법원의 최종심판결과 동일하므로 단심임을 간접적으로 나타내고 있다. 즉, 중재판정에 대하여는 항소 또는 상고가 있을 수 없으며 당사자의 불복, 중재인의 판정철회 또는 변경은 있을 수 없다. 그리고 중재판정은 당사자를 구속하는 규범성, 즉 기판력을 갖는다.

중재합의의 대상인 분쟁에 관하여 소가 제기된 경우에 피고가 중재합의존재의 항변을 하는 때에는 법원은 그 소를 각하하여야 한다.

중재판정은 기판력이 주어지지만 집행은 해당국가의 전속사항이므로 자동 부여되지 않는다. 중재판정의 승인 또는 집행은 법원의 승인 또는 집행판결을 받아야 한다.

집행판결의 적극적 요건으로는 중재판정이 존재하여야 하고, 소극적 요건으로는 중재판정의 취소사유가 없어야 한다.

통상 법원판결의 국제적 효력은 각국의 법제에 따라 다르다. 우리나라의 경우 외국판결은 우리나라의 법질서에 적합할 수 있는 일정한 요건을 갖춘 경우에만 그 효력을 인정하고 있다.

중재판정의 국제적 효력은 법원의 판결과는 다르다. 중재판정의 판단기준은 국제거래관습 및 관행에 기초를 두고 있기 때문에 외국중재판정의 승인 및 집행에 관한 협약(뉴욕협약)이 이미 성립 · 발효 중에 있고 우리나라도 이에 가입하고 있기 때문에 동 협약에 따른다.

2) 뉴욕협약

(1) 뉴욕협약의 성립과 가입

1958년 6월 10일 뉴욕의 유엔 본부에서 "외국중재판정의 승인 및 집행에 관한 협약(United Nations Convention on the Recognition and Enforcement of Foreign Arbitral Award; 뉴욕협약)"이 채택되어 1959년 6월 7일 정식으로 발효되었다.

우리나라는 동 협약에 가입하여 1973년 5월 9일 제42번째의 회원국이 되었으며 2001년 12월 1일 현재 총 가입국이 126개국에 달하고 있다.

(2) 뉴욕협약의 주요내용

임시 및 상설중재와 서면으로 된 중재합의는 계약이든 아니든 불문하고 승인 및 집행이 인정된다. 또한 승인 및 집행청구서는 중재합의의 원본 또는 사본과 판정문의 원본 또는 사본만 집행국 법원에 제출하면 된다.

국제중재의 경우도 국내중재와 마찬가지로 판정을 집행하기 위해서는 집행지의 법원에 집행판결청구소송을 제기하여 적법판결을 받아야 한다. 이 경우 동 법원은 국제중재판정의 집행절차를 국내중재판정의 집행절차보다 엄격하게 할 수 없다.

중재판정의 집행거절 사유는 공공질서의 위반 이외에도 다음 5가지가 있다.

① 중재합의 자체의 무효, ② 당사자 일방이 중재에 응할 수 없는 사유가 있는 경우, ③ 판정이 중재부탁내용과 불일치하는 경우, ④ 중재인 선정이나 중재절차가 당사자의 의사와 불일치하는 경우, ⑤ 중재판정이 당사자에게 구속력이 발생하지 않는 경우 등이다.

10. 중재판정취소의 소와 신속중재절차

중재판정에 대한 불복은 법원에 제기하는 중재판정취소의 소에 의해서만 가능하다. 중재판정의 취소는 취소를 요구하는 당사자가 취소사유를 증명하거나 법원이 직권으로 취소사유에 해당한다고 인정하는 경우이다.

전자에 해당하는 것은 ① 중재합의의 당사자가 그 준거법에 의하여 합의당시 무능력자였거나, 중재합의 자체가 무효인 사실을 입증하는 경우, ② 판정의 취소를 구하는 당사자가 중재인의 선정 또는 중재절차에 관하여 적절한 통지를 받지 못하였음을 입증하는 경우, ③ 중재판정이 중재합의의 범위를 벗어났음을 입증하는 경우, ④ 중재판정부의 구성 및 중재절차가 당사자 간의 합의에 따르지 않았음을 입증하는 경우이다.

후자에 해당하는 것은 ① 중재판정의 대상이 된 분쟁이 대한민국의 법에 따라 중재로 해결될 수 없을 때, ② 중재판정의 승인 또는 집행이 대한민국의 선량한 풍속 또는 사회질서에 위배될 때 등이다.

위와 같이 비록 중재합의가 있었다고 하여도 판정의 취소를 구하는 당사자가 위에 언급된 사실을 입증하거나 법원의 직권으로 취소될 수 있음을 감안하여 중재판정부를 구성할 때 법률전문가를 적어도 1인을 포함시키도록 노력하여야 한다.

한편 최근 대한상사중재원에서는 동 상사중재규칙에 신속절차제도가 도입됨으로써 중재절차가 보다 신속, 저렴하게 해결될 수 있게 되었다. 신속절차제도의 대상은 신청금액이 2천만 원 이하인 국내중재 또는 당사자 간 신속절차에 따르기로 하는 합의가 있는 국내외 중재이다. 이러한 신속절차는 1인의 중재인이 판정하며 심문전에 쟁점을 정리하여 판단한다. 또한 신속절차제도는 1회의 심문을 원칙으로 하며 심문 후 10일 이내에 판정한다.

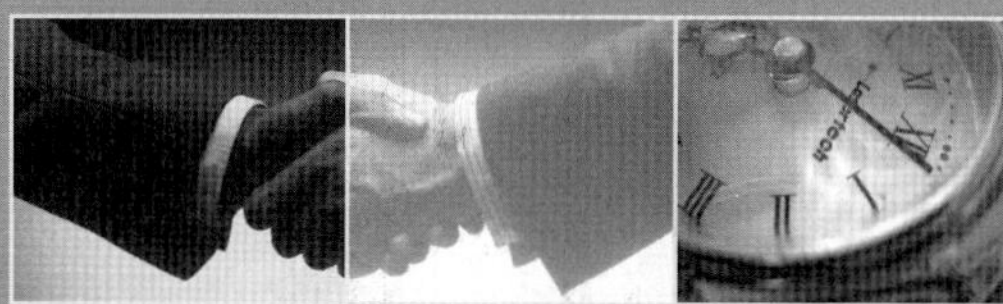

부록

부록 1 선적서류 샘플

부록 2 Incoterms® 2010

부록 1 선적서류 샘플

[별지 제4-2호 서식]

외화획득용원료 물품등구매(공급)확인(신청)서

처리기간
3 일

발급번호	
① 구매신청자(상호, 주소, 성명) (서명 또는 인)	③ 공급자(상호, 주소, 성명) (서명 또는 인)
② 구매확인신청자 사업자등록번호	④ 공급자 사업자등록번호

1. 구매(공급)원료·물품등의 내용

⑤ HS부호	⑥ 품명 및 규격	⑦ 단위 및 수량	⑧ 구매(공급)일	⑨ 단가	⑩ 금액	⑪ 비고

2. 근거서류의 내용

(⑫ 구매확인서를 근거로 다시 구매확인서를 발급하는 경우에는 근거서류 발급은행 기재 : 은행 지점)

⑬ 근거서류 및 번호	⑭ HS부호	⑮ 품명 및 규격	⑯ 금액	⑰ 선적기일

⑱ 구매(공급)원료·물품등의 용도명세 :
(원자재구매, 원자재 임가공위탁, 완제품 임가공위탁, 완제품구매, 수출대행등 *해당용도를 표시하되 위탁가공무역에 소요되는 국산원자재를 구입하는 경우는 "(위탁가공)"문구를 추가표시)
* 한국은행 총액한도대출관련 무역금융 취급절차상의 용도표시 준용

위의 신청사항을 대외무역관리규정 제4-2-7조의 규정에 의하여 확인합니다.

년 월 일

은 행 장 (인)

※완제품에 대한 구매확인서 발급시 ⑯의 기재사항은 생략할 수 있습니다.

[별지 제4-2호의2 서식]

(업 체 명)

<table>
<tr><td colspan="5">구매확인서 물품수령확인서
(발급번호 :   )</td></tr>
<tr><td>물 품 공 급 자</td><td colspan="4"></td></tr>
<tr><td>물 품 인 수 일 자</td><td colspan="2"></td><td>물 품 인 수 금 액</td><td></td></tr>
<tr><td rowspan="2">인 수 물 품 명 세</td><td>(품 명)</td><td>(수 량)</td><td>(단 가)</td><td>(금 액)</td></tr>
<tr><td></td><td></td><td></td><td></td></tr>
<tr><td colspan="5">위 물품을 틀림없이 수령하였음을 증명함
발급일자 : 20 년 월 일
물품수령인   (인)</td></tr>
<tr><td colspan="5">*유의사항
1. 물품수령확인서는 관련세금계산서 건별로 대응하여 발급하여야 함.
2. 물품수령확인서는 공급자발행 세금계산서상의 발급일로부터 10일 이내에 발급하여야 함
3. 물품수령확인서상의 물품수령인의 서명 또는 인감은 구매확인서의 발급신청시 신고할 인감과 일치하여야 함
4. 물품수령확인서의 물품명세는 발급될 구매확인서의 물품명세와 일치하여야 함</td></tr>
</table>

Case by Case Contract

HAWOO CORPORATION
W.T.P.O. BOX 1010
Trade Tower 30F.
Kangnam-Ku, Seoul, Korea
TEL: 02-6000-5353 FAX: 02-6000-5161

SALES CONTRACT NO.123

DATE : June 10, 20XX

MESSRS, PFISTER & VOGEL INC.
Los Angeles, U.S.A.

We as Seller confirm having sold you as Buyer the following goods on the terms and conditions as stated below and on the back hereof.

QUANTITY	DESCRIPTION	PRICE	SHIPMENT
10,000yards	Printed Synthetic Febric 44 x about 500yards 100% Acrylic Fast Color	CIF New York in U.S. Currency $0.72	Aug. 2007

Total Amount : US$7,200.00

PAYMENT : By a Documentary Letter of Credit at 90 days after sight in favour of you.
INSURANCE : Seller to cover the CIF price plus 10% against All Risks including War and SRCC Risks.
PACKING : About 500 yards in a carton box
DESTINATION : LOS ANGELES, U.S.A.

<SHIPPING MARK>
P&V
LOS ANGELES
BOX NO. 1/UP
MADE IN KOREA

PLEASE SIGN AND RETURN THE DUPLICATE

BUYER
PFISTER & VOGEL INC.
(Signed)

David Jones
President

SELLER
K&P CORPORATION.
(Signed)

GIL DONG HONG
Export Manager

General Terms and Conditions

1. Principal to Principal Basis:This Contract Recognizes the fact that it is on a principal to principal basis between Seller and Buyer.
2. Quantity:Quantity is subject to a variation of five percent(5%) plus or minus at Seller' s option.
3. Shipment:The date of Bill of Lading shall be taken as the conclusive date of shipment. Partial shipment and / or transshipment shall be permitted, unless otherwise stated on the face hereof. Seller shall not be responsible for non-shipment or late shipment in whole or in part by reason of Force Majeure, such as fires, floods, earthquakes, tempests, strikes, lockouts, and other industrial disputes, mobilization, war, threat of war, riots, civil commotion, hostilities, blockade, requisition vessel, and any other contingencies beyond Seller' s control.
4. Price:The price(s) is (are) on the rate of freight and insurance premium prevaling at the time of accepting the order, and any increase in the rate of freight and insurance premium at the time of shipment shall be born by Buyer.
5. Inspection:Inspection performed under the export regulation of Korea is final respect of quality and / or conditions of the contracted goods, unless otherwise stated on the face hereof.
6. Trade Terms:The trade terms used in this contract shall be governed and interpreted by the provisions of Incoterms(2000 edition) unless otherwise specificaly stated.
7. Infringement:Buyer shall hold Seller harmless from liability for any infringement with regard to patent, trade mark, design and/or copyright originated or chosen by Buyer.
8. Claim:Any claim by Buyer must be made in writing within fourteen(14) days will be recognized if they are used.
9. Arbitration:All disputes, controversies, or differences which may arise between Seller and Buyer, out of or in relation to or in connection with this Contract, or for the breach thereof, shall the finally settled by arbitration in Seoul, Korea accordance with the Commercial Arbitration Rules of The Korean Commercial Arbitration Board. The award rendered by the arbitrator(s) shall be final and binding upon both parties.
10. Governing Law:This Contract shall be governed in all respects by the laws of Korea.

Master Contract

GENERAL AGREEMENT

between ; Pfister & Vogel Inc., the buyer,
and K&P Corporation, the seller.

1. Business: Both parties shall act as principals, and not as agents.
2. Offers: All firm offers shall be made by cable, unless otherwise stipulated, shall remain in force for four days including the day cabled. Sundays and national holidays shall not be counted as days.
3. Acceptance: Acceptance must be made by cable within the time specified.
4. Order: An order by cable must be confirmed by cable on receipt ; subsequently a separate contract note or order sheet shall be sent by following mail. Orders thus confirmed can not be cancelled unless by mutual consent.
5. Price: Unless otherwise stated in letter or cable, prices shall be in U.S. Currency on CFR Los Angeles basis.
6. Quality: (a) Goods sold on sample shall be guaranteed by the seller to confirm exactly to sample upon arrival at destination.(b) Goods sold without sample shall be guaranteed by the seller to be equal to the fair average of the season' s crop.
7. Quantity: Weight and quantity determined by the seller, as set forth in shipping documents, shall be final.
8. Marking: All shipments shall be marked

P&V
LOS ANGELES
MADE IN KOREA
and given running numbers.

9. Terms: Banker' s Irrevocable Letter of Credit is to be opened at the time each contract is concluded. Draft is to be drawn at sight, under the Credit for the full invoice amount with full set of Shipping Documents attached, namely, Bills of Lading. Insurance Policies or Certificates, Commercial Invoices, Consular Invoices and other documents which particular contracts require.
10. Shipment: Shipment shall be made within the time specified in the contract of sale. In case of force majeure one month' s delay is allowed. The date of the Bill of Lading shall be full and sufficient evidence of the date of shipment.

11. Destination: Los Angeles unless expressly specified by cables or letters. The port of discharge, however, shall be at the buyer' s option in accordance with the special agreement when each contract is made.
12. Insurance: Insurance shall be effected by the seller on W.A., including risks of Theft, Pilferage and Non-Delivery for the invoice amount plus ten percent. War Risk or any other additional insurance, if required, shall be covered for account of the buyer. Policies or Certificates are to be made out in U.S. Currency, and claims payable in Los Angeles.
13. Claims: Claims, if any, shall be filed by cable within fourteen days from the date of final discharge at destination. Certificates by recognized surveyors shall be sent by airmail without delay.
14. Arbitration: Claims and disputes, unless amicably adjusted between seller and buyer, are to be submitted to two arbitrators appointed by respective parties, whose decision both parties should accept and abide by.

This agreement shall be valid from the date of May 1, 20XX

(Buyers) PFITER & VOGEL INC., LOS ANGELES

(Sellers) K&P CORPORATION. SEOUL

Trade Tower.30F
Samsung-dong Kangnam-ku
SEOUL, KOREA
W.T.P.O. BOX 1010
CABLE : "K&P" SEOUL
TEL : 81-2-6000-5353

K&P CORPORATION

OFFER SHEET

Messrs,

Offer No.____________
Date ____________
Ref. No. ____________

We are pleased to offer the under-mentioning article(s) as per conditions and detalis described as follows

HS	Description	Q'ty	Unit price	Amount

Origin :
Quality :
packing :
Shipment :
Inspection :
Payment :

Validity :
Remarks :

Looking forward to your valued order for the above offer, we are

Yours faithfully,

K&P CORPORATION

____

[별지 제1－1호 서식]

무역업고유번호신청서

APPLICATION OF TRADE BUSINESS CODE

처리기간(Handling Time)
즉시(Immediately)

① 상 호 (Name of Firm)		② 무 역 업 고 유 번 호 (Trade Business Code)		
③ 주 소 (Address)			④ 업 종 (Business Type)	
⑤ 전 화 번 호 (Phone Number)		⑥ 전 자 우 편 주 소 (Email Address)		
⑤ 팩 스 번 호 (Fax Number)		⑦ 사 업 자 등 록 번 호 (Business Registry Number)		
⑧ 대 표 자 성 명 (Name of Rep.)		⑨ 주 민 등 록 번 호 (Passport Number)		

대외무역법 시행령 제21조 및 대외무역 관리규정 제24조의 규정에 의하여 무역업고유번호를 위와 같이 신청합니다.

I hereby apply for the above－mentioned trade business code in accordance with Article 24 of the Foreign Trade Management Regulation.

신 청 일 : 년 월 일

Date of Application Year Month Day

신 청 인 : (서명)

Applicant Signature

사단법인 한국무역협회 회장

Chairman of Korea International Trade Association

유의사항 : 상호, 대표자, 주소, 전화번호 등 변동사항이 발생하는 경우 변동일로부터 20일 이내에 통보하거나 무역업데이타베이스에 수정입력하여야 함.

COMMERCIAL INVOICE

①Shipper/Seller	⑦Invoice No. and date
	⑧L/C No. and date
② Consignee	⑨Buyer(if other than consignee)
	⑩Other references COUNTRY OF ORIGIN :
③Departure date	
④Vessel/flight ⑤From	⑪Terms of delivery and payment
⑥To	

⑫Shipping Marks	⑬No.&kind of packages	⑭Goods description	⑮Quantity	⑯Unit price	⑰Amount

Signed by
⑱

<제2호 서식>

소 요 량 계 산 서

① 수출 등 증명서류명 및 번호	② 소요량 산정방법

③ 수출물품의 내역				④ 부 산 물 내 역			
H.S	품명 및 규격	수량	단위	부산물명	발생량	단위	공제비율

⑤ 소 요 원 재 료 의 내 역				
H.S	품명 및 규격	단위소요량 × 수출수량 = 소요량	단위	비 고

⑥ 공제비율 산출내역 =

환급특례법 제10조의 규정 및 동법 시행령 제11조 제1항의 규정에 의하여 소요계산서를 작성합니다.

20 . . .

상 호 :

주 소 :

대 표 자 : (인)

수 입 신 고 필 증

(갑지)

①신고번호	②신고일	③세관.과	⑥입항일	※ 처리기간 : 3일
④B/L(AWB)번호	⑤화물관리번호		⑦반입일	⑧징수형태

⑨신 고 자 ⑩수 입 자 ⑪납세의무자 (주소) (상호) (성명) ⑫무역대리점 ⑬공 급 자	⑭통관계획	⑱원산지증명서 유무	⑳총중량
	⑮신고구분	⑲가격신고서 유무	㉑총포장갯수
	⑯거래구분	㉒국내도착항	㉓운송형태
	⑰종류	㉔적출국 ㉕선기명	
	㉖MASTER B/L 번호		㉗운수기관부호

㉘검사(반입)장소	
● 품명·규격 (란번호/총란수 :)	
㉙품 명 ㉚거래품명	㉛상 표

㉜모델·규격	㉝성분	㉞수량	㉟단가	㊱금액

㊲세번 부호		㊴순 중 량		㊷C/S 검사		㊹사후확인기관	
㊳과세가격(CIF)		㊵수 량		㊸검사변경			
		㊶환급물량		㊺원산지표시		㊻특수세액	
㊼수입요건확인 (발급서류명)							

㊽세종	㊾세율(구분)	㊿감면율	51세액	52감면분납부호	감면액	* 내국세종부호
XX XX XX XX XX						

53결제금액(인도조건–통화종류–금액–결제방법)				55환 율	
54총과세가격		56운임	58가산금액	63납부번호	
		57보험료	59공제금액	64부가가치세과표	

60세 종	61세 액	※관세사기재란	65세관기재란
관 세			
특 소 세			
교 통 세			
주 세			
교 육 세			
농 특 세			
부 가 세			
신고지연가산세			
62총세액합계		66담당자	67접수일시 / 68수리일자

세관·과 : 999-99 신고번호 : 99999-99-9999999-9 Page : 999/999

* 수입신고필증의 진위 여부는 수출입통관정보시스템(KCIS)에 조회하여 확인하시기 바랍니다.(http : //kcis.ktnet.co.kr)
* 본 수입신고필증은 세관에서 형식적 요건만을 심사한 것이므로 신고내용이 사실과 다른 때에는 신고인 또는 수입화주가 책임을 져야 합니다.

수입화물선취보증신청서

(Application For Letter of Guarantee)

(□수입물품대도(T/R) 신청 □EDI형 서비스 신청)

계	결재

<table>
<tr><td colspan="2" rowspan="2">①선박회사명 (Shipping Co)</td><td>⑥신용장(계약서)번호(L/C NO.) :</td><td>⑦ L/G번호(L/G NO.)</td></tr>
<tr><td>⑧선하증권번호
(B/L NO.)</td><td></td></tr>
<tr><td colspan="2" rowspan="3">②송하인(Shipper)</td><td>⑨선박명
(Vessel Name)</td><td></td></tr>
<tr><td>⑩도착(예정)일
(Arrival Date)</td><td></td></tr>
<tr><td>⑪항해번호
(Voyage No.)</td><td></td></tr>
<tr><td colspan="2" rowspan="2">③상업송장금액(Invoice Value)</td><td>⑫선적항
(Port of Loading)</td><td></td></tr>
<tr><td>⑬도착항
(Port of Discharge)</td><td></td></tr>
<tr><td>④화물표시 및 번호
(Nos. & Marks)</td><td>⑤포장수(Packages)</td><td colspan="2">⑭상품명세(Description of Goods)</td></tr>
<tr><td></td><td></td><td colspan="2"></td></tr>
</table>

□ 본인은 위 신용장의 수입물품을 대도(T/R) 신청함에 있어 따로 제출한 외국환거래약정서 및 양도담보계약서의 모든 조항에 따를 것을 확약합니다.

□ 본인은 EDI 방식에 의한 수입물품선취보증서(L/G) 발급의 경우 소정의 서비스 이용료를 납부하고 본건이 발급된 후에는 변경 또는 취소가 불가능 함을 확약합니다.

본인은 위 신용장등에 의한 관계 선적서류가 귀행에 도착하기 전에 수입화물을 인도받기 위해 수입화물 선취보증을 신청하며 본인이 따로 제출한 수입화물 선취보증서(LETTER OF GUARANTEE)에 귀행이 서명함에 있어 다음 사항에 따를 것을 확약합니다.

1. 귀행이 수입화물 선취보증서에 서명함으로써 발생하는 위험과 책임 및 비용은 모두 본인이 부담하겠습니다.
2. 본인은 위 수입화물에 대하여는 귀행이 소유권이 있음을 확인하며 귀행이 수입화물선취보증서에 따른 보증채무를 이행하여야 할 것이 예상될 경우 또는 본인에 대하여 은행여신거래 기본약관 제7조의 사유가 발생할 경우에는 귀행의 청구를 받는 즉시 위 수입화물을 귀행에 인도하겠으며, 수입화물의 인도가 불가능할 경우에는 위 수입물품에 상당하는 대금으로 상환하겠습니다.
3. 본인은 위 수입화물에 관한 관계 선적서류를 제3자에게 담보로 제공하지 않았음을 확인하며, 또한 귀행의 서면 동의없이 이를 담보로 제공하지 않겠습니다.
4. 본인은 위 수입화물에 관한 관계 선적서류가 도착할 때에는 신용장 조건과의 불일치 등 어떠한 흠에도 불구하고 이들 서류를 반드시 인수하겠습니다.

200 년 월 일

신청인 ㉮
주 소
TEL.

인감 및 원본확인	

수입(4040051, 210×297) NCR 2매 1조(2002. 12 개정)

LETTER OF GUARANTEE

Date :

<table>
<tr><td colspan="2" rowspan="2">①Shipping Co.
Korea shipping co.</td><td colspan="2">⑥(L/C NO.)
MI701905NS06260</td><td>⑦(L/G NO.)</td></tr>
<tr><td>⑧(B/L NO.)</td><td colspan="2">74343043</td></tr>
<tr><td colspan="2" rowspan="3">②Shipper

KOBNACK CO., LTD
TOKYO, Japan</td><td>⑨Vessel Name</td><td colspan="2">Korea Shipping Co.</td></tr>
<tr><td>⑩Arrival Date</td><td colspan="2">Jan. 24, 2000</td></tr>
<tr><td>⑪Voyage No.</td><td colspan="2">NYPU013</td></tr>
<tr><td colspan="2" rowspan="2">③Invoice Value

￥600,000</td><td>⑫Port of Loading</td><td colspan="2">TOKYO</td></tr>
<tr><td>⑬Port of Discharge</td><td colspan="2">PUSAN</td></tr>
<tr><td>④Nos. & Marks</td><td>⑤Packages</td><td colspan="3">⑭Description of Goods</td></tr>
<tr><td>WOOJIN
PUSAN
P/NO.1
Made in Japan</td><td>1set</td><td colspan="3">Weather Facsimile Receiver
Model : FAX-108
Maker : Furno Electric Co.
Complete set</td></tr>
</table>

Whereas you have issued a Bill of Lading covering the above shipment and the above cargo has been arrived at the above port of discharge(or the above place of dilivery), we hereby request you to give dilivery of the said cargo to the above mentioned party without production of the original Bill of Lading.

In consideraion of your complying with our above request, we hereby agree as follows :

1. To indemnify you, your servants and agents and to hold all of you harmless in respect of liability, loss, damage or expenses which you may sustain by reason of delivering the cargo in accordance with our request, provided that the undersigned Bank shall be exempt from liability for freight, demurrage or expenses in respect of the contract of carriage.
2. As soon as the original Bill of Lading corresponding to the above cargo comes into our posession, we shall surrender the same to you, whereupon our liability hereunder shall cease.
3. The liability of each and every person under this guarantee shall be joint and several and shall not be conditional upon your proceeding first against any person, whether or not such person is party to or liable under this guarantee.
4. This guarantee shall be governed by and construed in accordance with Korean law and the jurisdiction of the competent court in Korea.
   Should the Bill of Lading holder file a claim or bring a lawsuit against you, you shall notify the undersigned Bank as soon as possible.

Yours faithfully

For and on behalf of [Name of Requestor]	For and on behalf of [Name of Bank]
Authorized Signature	Authorized Signature

수입(4040051, 210×297) NCR 2매 1조('99. 8 제정)

[별지 제3-1호 서식]

수출승인(신청)서
Export License(Application)

처리기간 : 1일
Handling Time : 1Day

(1) 수출자 무역업고유번호 671110 (Exporter) (Notification No.) 상호, 주소, 성명 (Name of firm, Address, Name of Rep.) (서명 또는 인) (Signature)	(4) 구매자 또는 계약당사자 (Buyer or Principal of Contract) (5) 신용장 또는 계약서 번호(L/C or Contract No.)
(2) 위탁자 사업자등록번호 (Requester) (Business No.) 상호, 주소, 성명 (Name of firm, Address, Name of Rep.) (서명 또는 인) (Signature)	(6) 금액(Total Amount) (7) 결제기간(Period of Payment) (8) 가격조건(Terms of Price)
(3) 원산지(Origin)	(9) 도착항(Port of Arrival)

(10) HS부호 (HS Code)	(11) 품명 및 규격 (Description/Size)	(12) 단위 및 수량 (Unit/Quantity)	(13) 단가 (Unit Price)	(14) 금액 (Amount)

(15) 승인기관기재란(Remarks to be filled out by an Approval Agency)

(16) 유효기간(Period of Approval)

(17) 승인번호(Approval No.)

(18) 승인기관 관리번호(No. of Approval Agency)

(19) 위의 신청사항을 대외무역법 제14조제2항 및 동법 시행령 제26조제1항의 규정에 의하여 승인합니다.
(The undersigned hereby approves the above-mentioned goods in accordance with Article 14(2) of the Foreign Trade Act and Article 26(1) of the Enforcement Decree of the said Act.)

년 월 일

승인권자 (인)

※승인기관이 2이상인 경우 (15)~(18)의 기재사항은 이면에 기재하도록 합니다.
※이 서식에 의한 승인과는 별도로 대금결제에 관한 사항에 대하여는 외국환거래법령이 정하는 바에 따라야 합니다.

2812-281-01611민 210mm×297mm
'98.1.12. 승인 일반용지 60g/㎡

관세청 전자통관시스템 UNI-PASS

수출신고필증

(갑지)
※ 처리기간 : 즉시

제출번호 ①신 고 자	⑤신고번호	⑥신고일자	⑦신고구분	⑧C/S구분

②수 출 자 부호 수출자구분 위 탁 자 (주소) (대표자) (통관고유부호) (사업자등록번호)	⑨거래구분	⑩종류	⑪결제방법
	⑫목적국	⑬적재항	
	⑭운송형태	⑮검사방법선택 검사희망일	
	⑯물품소재지		
③제 조 자 (통관고유부호) 제조장소 산업단지부호	⑰L/C번호	⑱물품상태	
	⑲사전임시개청통보여부	⑳반송 사유	
④구 매 자 (구매자부호)	㉑환급신청인 (1 : 수출/위탁자, 2 : 제조자) 간이환급 ㉒환급기관		

·품명 ·규격 (란번호/총란수 :)

㉓품 명 ㉔거래품명	㉕상표명

㉖모델·규격	㉗성분	㉘수량	㉙단가(XXX)	㉚금액(XXX)

㉛세번부호		㉜순중량		㉝수량		㉞신고가격(FOB)	
㉟송품장부호		㊱수입신고번호			㊲원산지	㊳포장갯수(종류)	
㊴총중량		㊵총포장갯수			㊶총신고가격 (FOB)		
㊷운임(₩)		㊸보험료(₩)			㊹결제금액		
㊺수입화물 관리번호					㊻컨테이너번호		
㊼수출요건확인 (발급서류명)							

※신고인기재란	㊽세관기재란

㊾운송(신고)인 ㊿기간 부터 까지	51신고수리일자		52적재의무기한	
	담당자			

(1) 수출신고수리일로부터 30일내에 적재하지 아니한 때에는 수출신고수리가 취소됨과 아울러 과태료가 부과될 수 있으므로 적재사실을 확인하시기 바랍니다.(관세법 제251조, 제277조) 또한 휴대탁송 반출시에는 반드시 출국심사(부두, 초소, 공항) 세관공무원에게 제시하여 확인을 받으시기 바랍니다.
(2) 수출신고필증의 진위여부는 수출입통관정보시스템에 조회하여 확인하시기 바랍니다.(http : //kcis.ktnet.co.kr)

[별지 제3-6호 서식]

처 리 기 간
즉 시

수출실적의 확인 및 증명발급(신청)서

<table>
<tr><td colspan="3">① 신청인(상호, 주소, 성명)

대표이사 (서명 또는 인)</td><td colspan="2">② 발급용도

관공서 제출용</td></tr>
<tr><td>③ 수출일자</td><td>④ 매입번호</td><td>⑤ 품 명</td><td>⑥ 수출실적</td><td>⑦ 비 고</td></tr>
<tr><td></td><td></td><td></td><td></td><td></td></tr>
<tr><td colspan="5">⑧ 증명발급번호</td></tr>
<tr><td colspan="5">⑨ 대외무역관리규정 제3-6-5조의 규정에 의거하여 위 사실을 확인합니다.

년 월 일

증명권자 인</td></tr>
</table>

2812-281-02411민
'98.1.12. 승인

210mm×297mm
일반용지(특급) 60g/㎡

APPLICATION FOR ☐Total ☐Partial Transfer

담 당	검토자		결재권자

To : XYZ BANK

Date :

Re : L/C No.
Dated
Issuing Bank
Amount
Beneficiary
Accountee

Gentlemen :

We hereby request you to transfer irrevocably all of our rights of the above mentioned credit to the trans-feree under the same terms and conditions of the original credit with exceptions indicated hereunder :

Amount to be transferred :
Lastest shipping date :
Expiry date :
Description of commodities and other conditions

Any amendment to the credit hereafter made is to be advised to ☐ the first beneficiary
☐ the second beneficiary

The original credit(including amendments to this date, if any) is attached herewith for your endorsement.

We agree to indemnify and hold you harmless against any and all losses, damages and expenses arising from your actions on this transfer.

This application is subject to the Uniform Customs and Practice for Documentary Credit. 1993 Revision. International Chamber of Commerce Publication No. 500.

Accepted by

Your very truly

Name and Signature
of Second Beneficiary

Name and Signature
of First Beneficiary

인감 및 원본확인

수출(4030031, 310×297) 수출신용장양도신청서 백상지 80g/㎡ (2002. 11 계정)9

년 월 일

담당	책임자	결재권자

외국환거래 약정서

【수출·수입·내국신용장발행·내국신용장환어음매입(추심)거래】

주식회사 XYZ은행 앞

본 인 ________________ ㊞

주 소 ________________

본인은 신한은행(이하 "은행"이라 한다)과 수출 · 수입 · 내국신용장발행 · 내국신용장환어음매입(추심)거래를 함에 있어 "은행여신거래기본약관(기업용 이하같음)"이 적용됨을 승인하고 다음 각 조항에 따르기로 한다.

【 제1장 공통사항 】

제1조 적용범위

이 약정은 다음 각항의 현재 및 장래의 모든 거래에 적용하기로 한다.

① 수출거래

1. 화환어음(환어음이 첨부되지 않은 선적서류를 포함한다. 이하 이 약정에서 같음)의 매입 및 추심
2. 보증신용장 등에 의한 무화환어음(Clean Bill)의 매입
3. 기타 전 각호에 준하는 거래

② 수입거래

1. 신용장 발행
2. 화환어음의 인도 및 결제
3. 보증신용장에 의한 무화환어음의 인도 및 결제
4. 기타 전 각호에 준하는 거래

③ 내국신용장발행거래

④ 내국신용장환어음매입(추심)거래

제2조 권리의 행사

① 수출화환어음 및 내국신용장환어음 매입대금(은행의 매입대금을 말한다. 이하 이 약정에서 같음)의 경우에는 은행은 환매채권에 의하여 청구하거나 금전소비대차에 의한 대출금으로 보아 어음채권 또는 여신채권 중 어느 것에 의하여도 청구할 수 있다.

② 수입화환어음 및 내국신용장환어음 결제를 위한 대지급금의 경우에는 은행은 어음채권 또는 여신채권 중 어느 것에 의하여도 청구할 수 있다.

제3조 담 보

본인은 제1조의 거래에 수반하는 물품 및 관련서류를 당해 거래와 관련하여 은행에 부담하는 채무와 이에 부수하는 이자, 할인료, 수수료, 지연배상금, 기타 부대비용 등의 지급을 위한 담보로서 은행에 양도한다.

제4조 적용환율

적용환율은 신청서 등을 접수한 날과 관계없이 실제로 지급받거나 지급하는 날의 은행이 정한 해당환율로 한다. 다만, 제11조 제1항 제6호 및 제16조 단서의 경우 은행의 미수금 계정 처리일 또는 외화지급보증대지급금계정 처리일의 은행이 정한 해당환율로 할 수 있다.

제5조 수수료, 비용 및 손해의 부담

① 본인은 은행의 책임 있는 사유로 인하여 추가로 발생한 것이 아닌 한 제1조의 거래에 따른 이자, 할인료, 수수료, 지연배상금, 손해배상금, 기타 부대비용 및 은행의 권리행사, 권리보전, 담보의 취득 및 처분에 따른 비용, 운임, 보험료, 기타 모든 비용 및 손해를 부담하며, 은행이 계산근거를 명시하여 청구하는 바에 따라 곧 지급한다. 다만, 본인이 계산방법 등에 관하여 이의를 제기하는 경우에는 은행은 이를 심사하여 그 결과를 통보한다.

② 은행은 제①항의 이자, 할인료, 수수료 등 제반비용의 요율 및 계산방법을 성질상 고시하기 어려운 것을 제외하고는 고시토록 한다.

③ 제1항의 수수료 등을 본인 이외의 자가 부담하기로 되어있는 경우에 본인의 비용으로 은행이 본인 이외의 부담자에게 청구하였으나 입금되지 아니하여 본인에게 청구한 때는 본인이 이를 곧 지급한다. 다만, 은행이 본인 이외의 부담자로부터 이를 지급받은 경우에는 반환한다.

제6조 백지어음 제공의무와 보충권 수여

본인은 은행의 채권보전을 위해 제1조 각항의 거래별로 액면과 지급기일이 백지로 된 약속어음을 연대보증인과 공동발행하여 은행에 제공하겠으며 은행은 필요하다고 인정하는 경우 백지어음을 보충하여 행사할 수 있다.

제7조 적용기간

이 약정의 적용기간은 정하지 않기로 한다. 다만, 부득이한 사유가 있는 경우 은행이나 본인은 이 약정을 해지할 수 있으며 이 경우 해지전에 이루어진 거래에 대하여는 이 약정을 계속 적용한다.

제8조 준용규정

본인과 은행은 약정되지 아니한 사항에 대하여 따로 정함이 없는 한「신용장통일규칙」,「추심에 관한 통일규칙」,「은행간 신용장대금상환에 관한 통일규칙」, 기타 국제 규약,「무역업무자동화처리약관」및 은행의 관련규정에 따르기로 한다.

【 제2장 수출거래에 대한 특약 】

제9조 환거래은행 및 송달방법의 선정

신용장 또는 계약서, 매입신청서 등에 명시되어 있지 않은 경우 환거래은행 및 화환어음의 송달방법은 은행이 선정하기로 한다.

제10조 결제기간의 연장

지급의무자가 결제기간의 연장을 요청한 경우 은행은 본인의 동의를 얻어 승낙할 수 있다. 다만 은행이 부득이하다고 인정하는 때는 본인의 동의 없이 승낙할 수 있다. 이 경우 은행은 승낙한 사실을 곧 본인에게 통지한다.

제11조 매입대금상환

① 다음 각호에서 정한 사유 중 하나라도 발생한 경우 본인은 은행으로부터의 독촉, 통지 등이 없어도 당연히 다음 각호에서 정한 화환어음 매입대금의 상환의무를 지고 곧 변제하기로 한다.

1. 본인에 대하여 은행여신거래기본약관 제7조 제1항(당연 기한전 채무변제의무) 각호에서 정한 사유 중 하나라도 발생한 경우에는 모든 화환어음
2. 화환어음의 지급의무자에 대하여 은행여신거래기본약관 제7조 제1항(당연 기한전 채무변제의무) 각호에서 정한 사유 중 하나라도 발생한 경우에는 그 자가 지급의무자로 되어있는

모든 화환어음

3. 은행의 관련규정이 정하는 기간까지 은행의 매입대금이 입금되지 아니하거나 화환어음의 인수가 이루어지지 아니하는 경우의 그 화환어음
4. 환거래은행 등으로부터 지급 또는 인수거절된 경우의 그 화환어음
5. 본인이 화환어음 만기일 이전에 매입대금을 상환하고자 하는 경우의 그 화환어음
6. 제3호 및 제4호에 해당하는 화환어음이 은행의 관련 규정이 정하는 기간까지 상환되지 아니하여 미수금계정으로 대체처리된 경우 및 은행의 관련 규정에 따른 자산건전성 분류기준에 의거 회수가 불확실하거나 회수불능이 확실하여 "회수의문" 또는 "추정손실"로 분류되어 미수금계정으로 대체처리된 경우의 그 원화금액

② 본인에 대하여 은행여신거래기본약관 제7조 제4항 및 제5항(은행의 서면독촉에 의한 기한전 채무변제의무) 각호에서 정한 사유 중 하나라도 발생한 경우 본인은 은행의 서면독촉통지 도달일로부터 10일 이상으로 은행이 정한 기간이 경과하면 모든 화환어음 매입대금의 상환의무를 지고 곧 변제하기로 한다.

③ 제1항 및 제2항과 관련하여 본인은 환가료 징수기간 만료일 익일부터 상환일까지 여신연체이율로 계산한 손해배상금을 지급하기로 한다. 다만, 부도처리가 환가료 징수기간 내에 이루어진 경우에는 부도처리일로부터 손해배상금을 기산한다.

④ 제1항 및 제2항과 관련하여 본인은 매입신청시 제출한 화환어음 또는 매입신청서에 근거하여 매입대금을 상환하며, 은행은 본인이 매입대금과 이에 부수하는 손해배상금, 수수료, 비용 등을 변제할 때까지 화환어음 및 수출물품에 대하여 모든 권리를 행사한다.

제12조 화환어음 등의 반환

① 이 약정에 의하여 은행에 대한 채무의 변제 또는 은행여신거래기본약관 제9조(은행으로부터의 상계 등)에 의한 상계 등의 경우 은행은 본인에게 화환어음 및 수출물품을 채무변제 등의 시점에 반환하지 아니하여도 된다.

② 본인은 은행이 반환하는 화환어음을 은행에서 수령한다. 다만, 수출물품은 화환어음을 수령함으로써 반환받은 것으로 한다.

③ 은행의 책임 없는 사유로 인하여 화환어음 및 수출물품의 반환이 불가능한 경우 은행의 반환의무는 없는 것으로 한다.

【 제3장 수입거래에 대한 특약 】

제13조 신용장의 발행, 통지 및 환거래은행 등의 선정

① 은행은 본인이 제출하는 신용장발행신청서(조건변경신청서 포함) 등의 기재사항에 따라 신용장을 발행, 통지한다.

② 신용장발행신청서에 명시되어 있지 않은 경우 환거래은행(통지은행, 매입은행, 지급은행, 인수은행, 확인은행, 기타 관련은행을 말한다. 이하 같음) 및 통지 방법은 은행이 선정하기로 한다.

제14조 대도물품의 처분

① 본인은 대도물품을 입고, 운반, 출고, 가공, 매도 이외의 목적으로 사용하거나 제3자에게 담보로 제공할 수 없으며 또한 기타 은행의 권리를 해하는 행위도 할 수 없다.

② 본인은 대도물품을 매도할 경우 금액, 물품의 인도, 대금의 영수방법 등에 관하여 미리 은행의 동의를 받는다.

③ 본인은 대도물품의 매도대금 영수 후 곧 은행에 지급하며 매도대금을 어음, 기타 유가증권 등으로 받는 경우에는 이를 곧 은행에 양도한다.

제15조 신용장 조건과 불일치하는 화환어음

① 은행이 채권보전을 위하여 필요하다고 인정하는 경우 은행은 신용장조건과 불일치하는 화환어음에 대하여 본인의 동의 없이 지급 또는 인수를 거절할 수 있다. 이 경우 은행은 본인에게 사후통지하기로 한다.

② 화환어음이 은행에 도착하기 전 신용장조건과의 불일치를 사유로 환거래은행 등으로부터 지급 또는 인수 등의 동의여부에 대한 조회를 받은 경우에도 제1항과 같다.

③ 은행이 본인에게 신용장조건 불일치에 관한 조회를 하였으나 본인의 회보가 은행의 관련규정이 정한 기간내에 도착하지 않는 경우 은행은 화환어음의 지급 또는 인수에 대한 동의 또는 거절여부를 결정할 수 있다.

제16조 결제일

본인은 대금의 결제조건이 일람출급인 경우에는 화환어음(차기통지서가 먼저 도착하는 경우에는 그 차기통지서) 도착 후 은행의 관련규정이 정한 기일이내에 결제하고, 기한부 출급인 경우에는 만기일에 결제한다. 다만, 기일이내에 결제하지 못한 경우에는 은행의 관련규정에 따라 이화지급보증대지급금계정으로 처리하여 결제하며 본인은 그 원화금액을 상환하기로 한다.

제17조 수입물품선취보증서에 의한 수입물품 인도

① 본인은 화환어음 도착전에 운송회사로부터 수입물품을 인도받고자 하는 경우 은행에 수입물품선취보증서(항공화물운송장에 의한 수입물품인도승락서를 포함한다. 이하 같음) 발급을 신청하여 은행의 사전승낙을 받아야 한다.

② 본인은 수입물품선취보증서의 발급을 신청하는 경우 은행의 관련 규정이 정하는 바에 따라 수입결제대금을 적립한다.

제18조 신용장의 취소 및 조건변경

① 은행은 본인이 신청한 경우에 한하여 신용장을 취소 또는 조건변경할 수 있다. 다만, 그 효력은 신용장의 취소 또는 조건변경의 당사자(개설은행, 수익자, 확인 신용장의 경우는 확인은행) 전원의 동의가 있어야 비로소 발생한다.

② 제1항 본문에 불구하고 유효기일 경과 등 상당한 사유가 있는 경우 은행은 신용장을 취소할 수 있다. 이 때 은행은 본인에게 사후 통지한다.

제19조 제3자 명의의 신용장발행

본인이 제3자 명의의 신용장발행을 은행에 본인명의로 신청한 경우에는 모든 부분에 있어서 이 약정이 적용된다.

【 제4장 내국신용장발행에 대한 특약 】

제20조 지급금액

본인이 은행의 내국신용장 발행에 따라 은행에 지급할 원화금액은 발행당시의 내국신용장 원화금액에 불구하고 내국신용장 부기외화금액에 매입(추심)은행이 환어음을 매입(추심)하는 날의 해당 환율을 곱하여 청구한 금액으로 한다.

제21조 구매물품의 처분

구매물품 처분에 관하여는 제14조를 준용한다.

제22조 신용장의 취소 및 조건변경

은행은 본인이 관계당사자의 동의를 얻어 신청한 경우에 한하여 내국신용장을 취소 또는 조건변경할 수 있다. 다만, 유효기일 경과 등 상당한 사유가 있는 경우에는 은행이 신용장을 취소할 수 있다. 이때 은행은 본인에게 사후 통지한다.

【 제5장 내국신용장환어음매입(추심)에 대한 특약 】

제23조 매입대금 상환

① 다음 각호에서 정한 사유 중 하나라도 발생한 경우 본인은 은행으로부터의 독촉, 통지 등이 없어도 당연히 다음 각호에서 정한 환어음 매입대금의 상환의무를 지고 곧 변제하기로 한다.

1. 본인에 대하여 은행여신거래기본약관 제7조 제1항(당연 기한전 채무변제의무) 각호에서 정한 사유 중 하나라도 발생한 경우의 모든 환어음
2. 내국신용장 발행은행에 의하여 지급거절되는 경우의 그 환어음

② 본인에 대하여 은행여신거래기본약관 제7조 제4항 및 제5항(은행의 서면독촉에 의한 기한전 채무변제의무) 각호에서 정한 사유 중 하나라도 발생한 경우 본인은 은행의 서면독촉통지 도달일로부터 10일 이상으로 은행이 정한 기간이 경과하면 환어음 매입대금의 상환의무를 지고 곧 변제하기로 한다.

③ 제1항 및 제2항과 관련하여 본인은 매입이자 징수기간 만료일 익일부터 상환일까지 여신연체이율로 계산한 손해배상금을 지급하기로 한다.

④ 제1항 및 제2항과 관련하여 본인이 매입대금과 이에 부수하는 손해배상금, 수수료, 비용 등을 변제할 때까지 은행은 매도물품에 대하여 모든 권리를 행사한다.

제24조 환어음 등의 반환

① 이 약정에 의하여 은행에 대한 채무의 변제 또는 은행여신거래기본약관 제9조(은행으로부터의 상계 등)에 의한 상계 등의 경우 은행은 환어음 및 이에 첨부된 서류를 채무변제 등의 시점에 반환하지 아니하여도 된다.

② 본인은 은행이 반환하는 환어음 및 이에 첨부된 서류를 은행에서 수령한다.

③ 은행의 책임 없는 사유로 인하여 환어음 및 이에 첨부된 서류의 반환이 불가능한 경우 은행의 반환의무는 없는 것으로 한다.

본인은 은행여신거래기본약관 및 이 약정서 사본을 확실히 수령하고, 주요내용에 대하여 충분한 설명을 듣고 이해하였음.	
본 인	(인)

취소불능내국신용장개설신청서

담 당	검토자	결재권자

취 소 불 능 내 국 신 용 장	신용장번호
1 고객번호 ⠀ 개설신청인(상호, 주소, 대표자, 전화)	2 결제통화 및 금액 □①원 화₩ □②외 화(통화표시) □③원 화₩ (외화금액 @) 다만, 환어음 매입시 매매기준율이 개설시와 다를 경우 원화금액은 동 매매기준율로 환산한 금액으로 함. 3어음대금 결제조건 □일람불(개설의뢰인이 자체자금으로 결제) □기한부(개설은행이 융자하여 결제)
4수 혜 자(상호, 주소, 대표자, 전화)	5물품인도기일 ⠀ 6유효기일

형식 : 수익자가 신용장 금액을 한도로 하여 송장금액 전액을 어음금액으로 하고 본인(당사)을 지급인, 귀행을 지급장소로 하는 일람출급환어음을 발행함을 허용하는 신용장

제 출 서 류

7물품수령증명서 통 8물품명세가 기재된 송장 통 9공급자발행 세금계산사본 통

1기 타

공 급 물 품 명 세

HS부호	품명 및 규격	단위 및 수량	단 가	금 액
29922-11-10000	Mono-Ethanol	2,000 M/T	@US$28,161	US$563,200

11분할일도 □①허용함 □②불허함	12서류제시기간 물품수령증명서발급일로부터 영업일이내
13기 타	14용 도

원 수 출 신 용 장 등 의 내 용

15종류 : □수출L/C □D/A □D/P □내국신용장 □외화표시물품 공급계약서 □외화표시건설·용역 공급계약서 □기타 수출 관련계약서

16신용장(계약서)번호	17결제통화 18금 액	19선적(인도)기일	20유효기일
21수출(공급)상대방	22발행은행	23대금결제조건	24수출지역
25HS부호	26품명 및 규격	27단위 및 수량	금 액

귀행이 개설하는 내국신용장은 상기 원신용장과는 독립된 별개의 것임을 서약하고 위와 같이 내국신용장 개설을 신청하오며 귀행 별도 소정 외국환거래약정서 조건을 무위 준수할 것을 확약합니다.

주 소 :

년 월 일 ⠀ 신 청 인 : (인) [인감및원본확인]

주식회사 ⠀ 은행 귀하 ⠀ Tel.

이 신용장에 관한 사항은 다른 특별한 규정이 없는 한 국제상공회의소 제정(1993년 개정) 화환신용장 통일규칙에 따릅니다.

* 수 입 보 증 금	
승인신청번호	

LG Insurance Co., Ltd.

CERTIFICATE OF MARINE CARGO INSURANCE

<table>
<tr><td colspan="3">Assured(s), etc</td></tr>
<tr><td colspan="2">Certificate No.</td><td>Ref. No. Invoice No.</td></tr>
<tr><td colspan="2">Claim, if any, payable at :

Claims are payable in</td><td>Amount insured</td></tr>
<tr><td colspan="2">Survey should be approved by</td><td rowspan="5">Conditions</td></tr>
<tr><td>Local Vessel or Conveyance</td><td>From(interior port or place of loading)</td></tr>
<tr><td>Ship or Vessel called the</td><td>Sailing on or about</td></tr>
<tr><td>at and from</td><td>transshipped at</td></tr>
<tr><td>arrived at</td><td>thence to</td></tr>
<tr><td colspan="2">Goods and Merchandise</td><td>Subject to the following Clauses as per back hereof institute Cargo Clauses Institute War Clauses(Cargo) Institute War Cancellation Clauses(Cargo)
Institute Strikes Riots and Civil Commotions Clauses
Institute Air Cargo Clauses(All Risks)
Institute Classification Clauses
Special Replacement Clause(applying to machinery)
Institute Radioactive Contamination Exclusion Clauses
Co−Inssurance Clause Marks and Numbers as</td></tr>
</table>

Place and Date signed in　　　　　　　　　　No. of Certificates issued.

This Certificate represents and takes the place of the Policy and conveys all rights of the original policy−holder (for the purpose of collecting any loss or claim) as fully as if the property was covered by a Open Policy direct to the holder of this Certificate.

This Company agrees lossed, if any, shall be payable to the order of Assured on surrender of this Certificate.

Settlement under one copy shall render all others null and void.

Contrary to the wording of this form, this insurance is governed by the standard from of English Marine Insurance Policy.

In the event of loss or damage arising under this insurance, no claims will be admitted unless a survey has been held with the approval of this Company's office or Agents specified in this Certificate.

SEE IMPORTANT INSTRUCTIONS ON REVERSE
LG Insurance Co., Ltd.

AUTHORIZED SIGNATORY

This Certificate is not valid unless the Declaration be signed by an authorized representative of the Assued.

Bill of Lading

<table>
<tr><td colspan="4">①Shipper/Exporter</td><td colspan="4">⑪B/L No. ;</td></tr>
<tr><td colspan="4">②Consignee</td><td colspan="4"></td></tr>
<tr><td colspan="4">③Notify Party</td><td colspan="4"></td></tr>
<tr><td colspan="2">Pre-Carrage by</td><td colspan="2">⑥Place of Receipt</td><td colspan="4"></td></tr>
<tr><td colspan="2">④ Ocean Vessel</td><td colspan="2">⑦Voyage No.</td><td colspan="4">⑫Flag</td></tr>
<tr><td colspan="8">⑤Port of Loading ⑧Port of Discharge ⑨ Place of Delivery ⑩ Final Destination(For the Merchant Ref.)</td></tr>
<tr><td colspan="2">⑬Container No. ⑭Seal No.
Marks & No</td><td>⑮No. & Kinds of Containers or Packages</td><td colspan="2">⑯Description of Goods</td><td colspan="2">⑰Gross Weight</td><td>Measurement</td></tr>
<tr><td>⑱Freight and Charges</td><td>⑲Revenue tons</td><td>⑳Rate</td><td>㉑Per</td><td colspan="2">㉒Prepaid</td><td colspan="2">㉓Collect</td></tr>
<tr><td>㉔Freight prepaid at</td><td>㉕Freight payable at</td><td colspan="6" rowspan="2">㉗Place and Date of Issue</td></tr>
<tr><td>Total prepaid in</td><td>㉖No. of original B/L</td></tr>
<tr><td colspan="2">㉘Laden on board vessel
Date Signature</td><td colspan="6">㉙XYZ Co. Ltd.
as agent for a carrier, zzz Liner Ltd.</td></tr>
</table>

Shipper's Name and Address	Shipper's Account Number	Not negotiable Air Waybill *issued by* KOREAN AIR
		Copies 1, 2 and 3 of this Air Waybil are originals and have the same validity.
Consignee's Name and Address	Consignee's Account Number	It is agreed that the goods described herein are accepted in apparent good order and condition (except as noted) for carrlage SUBJECT TO THE CONDITIONS OF CONTRACT ON THE REVERSE HEREOF. THE SHIPPER'S ATTENTION IS DRAWN TO THE NOTICE CONCERNING CARRIER'S LIMITATION OF LIABILITY. Shipper may increase such limitation of liability by declaring a higher value for carriage and paying a supplemental charge if required.
Telephone :		
Issuing Carrier's Agent Name and City		Accounting Information
Agent's IATA Code	Account No.	
Airport of Departure(Addr. of First Carrier) and Requested Routing		

TO	By First Carrier	Routing and Destination	to	by	to	by	Currency	CHG Code	WT/VAL PPD	WT/VAL COLL	Other PPD	Other COLL	Declared Value for Carriage	Declared Value for Customs

Airport of Destination	Fllght/Date	For Carrier Use Only	Fllght/Date	Amount of Insurance	INSURANCE−If Carrier offers Insurance, and such insurance is requested in accord−ance with conditions on reverse hereof, in−dicate amount to be insured in figures in box marked 'amount of Insurance'.

Handling Information

No. of Pieces RCP	Gross Weight	kg lb	Rate Class / Commodity item No.	Chargeable Weight	Rate / Charge	Total	Nature and Quantity of Goods (incl. Dimensions or Volume)

Prepaid	Weight Charge	Collect	Other Charges
	Valuation Charge		
	Tax		
	Total Other Charges Due Agent		Shipper certifies that the particulars on the face hereof are correct and that insofar as any part of the consignment contalns dangerous goods, such part is properly described by name and is in proper condition for carriage by air according to the applicable Dangerous Goods Regulations.
	Total Other Charges Due Carrier		
			Signature of Shipper or his Agent
Total Prepaid		Total Collect	
Currency Conversion Rates		CC Charges In Dest. Currency	Executed on(date) at(place) Signature of Issuing Carrier or its Agent
For Carrier's Use Only at Destination		Charges at Destination	Total Collect Charges

ORIGINAL 3(FOR SHIPPER)

<table>
<tr><td colspan="2" rowspan="2">1. Exporter(Name, address, country)</td><td colspan="2">ORIGINAL</td></tr>
<tr><td colspan="2">CERTIFICATE OF ORIGIN
issued by
THE KOREA CHAMBER OF COMMERCE & INDUSTRY
Seoul, Republic of Korea</td></tr>
<tr><td colspan="2">2. Consignee(Name, address, country)</td><td colspan="2">3. Country of Origin</td></tr>
<tr><td colspan="2">4. Transport details</td><td colspan="2">5. Remarks</td></tr>
<tr><td colspan="3">6. Marks & numbers ; number and kind of packages ; description of goods</td><td>7. Quantity</td></tr>
<tr><td colspan="2" rowspan="2">8. Declaration by the Exporter

(Signature)
(Name)</td><td colspan="2">9. Certification

Authorized Signatory</td></tr>
<tr><td colspan="2">Certificate No.</td></tr>
</table>

THE KOREA CHAMBER OF COMMERCE & INDUSTRY

The Korea Commercial Arbitration Board

43RD FLOOR. TRADE TOWER (KOREA WORLD TRADE CENTER)
159, SAMSUNG-DONG. KANGNAM-GU.SEOUL 135-729, KOREA
Trade Center P.O. Box 50, CABLE ARBITRATION
TEL : 551·2000-19, FAX : (02)551-2020

To : The Korean Commercial Arbitration Board

REQUEST FOR ARBITRATION

1. Full Names and Addresses of Parties:

(1) Claimant : Name of Corporation (1) ____________________
Address (2) ____________________
Name of Representative (3) ____________________
Name and Address of Agent, if any:
Name (4) ____________________
Address (5) ____________________

(2) Respondent : Name of Corporation (6) ____________________
Address (7) ____________________
Name of Representative (8) ____________________

2. Purport of Request (Claim or Relief sought ; amount , if any):
(9) As attached

3. Grounds for Request and Method of Proof : As attached
(10)
Signature / Name : (11) ____________________
Dated : (12) ____________________

Enclosures : 1. Signed copies of this request for arbitration ………… five copies
2. The original or certified copy of the document evidencing agreement on arbitration under the Rules of the Korean Commercial Arbitration Board ………… five copies
3. The original or reproduced copy of documentary evidence, if any, proving the claim stated in this Request for Arbitration ………… five copies
4. Certificate of Incorporation ………… one copies
5. A power of attorney, in case where the request is made by an agent …… one copies

중 재 신 청 서

1. 당사자의 성명 및 주소

(가) 신청인

법　　인	법인명칭		법인주소 전화번호	
	대 표 자 성　　명		대 표 자 주　　소	
개　　인	성　　명		주　　소 전화번호	
대 리 인	성　　명		주　　소 전화번호	

(나) 피신청인

법　　인	법인명칭		법인주소 전화번호	
	대 표 자 성　　명		대 표 자 주　　소	
개　　인	성　　명		주　　소 전화번호	

2. 중재신청의 취지(별지기재) :

3. 중재신청의 이유 및 입증방법(별지기재) :

20　년　월　일

위 신청인 ____________________ 인

(구비서류) : 가. 중재신청서 ………………………………………………………………… 5부

나. 중재합의를 인증하는 서면의 원본 또는 사본 ……………………………… 5부

다. 중재신청에 주장하는 청구의 근거를 증명하는 서증의 원본 또는 사본 ……… 5부

라. 법인등기등본(개인인 경우 주민등록등본) ………………………………… 1부

마. 대리인 신청시는 위임장 및 인감증명서 ……………………………………… 1부

바. 소정의 중재비용

사단법인 대 한 상 사 중 재 원 귀중.

중재신청서 작성 사례

중재신청서

1. 신청인

회사명 : (주)한국제약

주 소 : 서울특별시 강남구 삼성동 159

대표자 : 대표이사 이도령

대리인 : 이방자

서울특별시 강남구 삼성동 300

2. 피신청인

회사명 : SANTIAGO LTD.

주 소 : FERNANDEZ 1000, SANTIAGO, CHILE

대표자 : DOMINGO

3. 신청취지

(1) 피신청인은 지불기한이 지난 신청인의 수출환어음금액 미화 71,070달러 및 이에 대하여 1992년 2월 11일부터 완제일까지 연 18%의 비율에 의한 금원을 지급하라.

(2) 중재비용은 피신청인의 부담으로 한다. 라는 판정을 구함.

4. 신청이유

(1) 신청인은 한국의 계약회사인 (주)한국제약으로서 피신청인에게 의약품을 수출하였고 피신청인은 칠레 산디아고에 소재한 수입상으로서 신청인으로부터 의약품을 수입하였음.

(2) 신청인은 피신청인과 1988년부터 거래를 시작하였으며 초기 결제조건은 신용장 방식이었음.

(3) 1990년 피신청인은 신청인에게 신용장방식 대신 D/A 120days로 결제조건의 변경을 제의하여 신청인은 거래를 확대하기 위하여 본조건을 수용하였음.

(4) D/A 조건으로 거래를 한 후 피신청인은 결제 만기일을 넘겨 지불하기 시작하였고 1991년 10월 기준으로 미화 12,690달러가 미지급상태에 있었음.

(5) 신청인은 본건 해결을 위하여 1991년 10월 대리인을 현지에 파견하여 미화 19,260달러를 회수하였으며 동시에 잔액 미화 105,430달러에 대하여는 1992년 2월 10일까지 분할 상환하겠다는 각서를

받았음. 또한, 본 각서에는 분쟁 발생시 대한상사중재원에서 중재로 해결할 수 있는 중재조항을 삽입하여 두었음.

(6) 그러나 그 이후 신청인은 미화 34,360달러만 피신청인으로부터 회수하였고 현재 미결재 잔액 미화 71,070달러가 남겨져 있고 그동안 피신청인의 지불지연으로 신청인은 이자부담을 안게 되었음.

(7) 그러므로 신청인은 미결제잔액 미화 71,070달러와 은행연체이자율에 근거하여 지연이자를 피신청인에게 법적으로 청구하기 위하여 귀원에 중재를 신청함.

5. 입증방법

갑 제1호증 중재합의서

갑 제2호증 각 서(1992. 2. 10자)

갑 제3호증의 1 내지 3 각 송장

갑 제4호증의 1 내지 2 각 서신

6. 첨부서류

가. 입증서류 각 1부

나. 법인등기등본(개인인 경우 주민등록등본) 1부

다. 대리인 신청시는 위임장 및 위임인의 인감증명서 각 1부

라. 소정의 중재비용

200* 년 12월 23일

신청인 (주) 한국제약

대표이사 이 도 령 (인)

(또는)

위 신청인 대리인

이 방 자 (인)

사단법인 대한상사중재원 귀중

Purport of Request

1. The Respondent shall pay to the Claimant the sum of US$20,620.12.

2. The Arbitration Cost shall be borne by the Respondent.

Grounds for Request

The Claimant is a Korean Corporation engaged in sea and air freight forwarding business. The Claimant and the Respondent executed "Sea and Air Cargo Transportation Agency Contract("Agency Agreement") on November 01, 199# (see the attached Exhibit A-1),

Based on this "Agency Agreement", the Claimant and the Respondent had transported sea and air cargo reciprocally and had settled the freight charge accounts within 1 month.

The Respondent failed to make payment on the accounts outlined below and had no special reasons. The exact calculation is as follows:

* Accounts amount: US$20,620.12
* Perid: from June 1996 to December 1996

The Claimant met the Respondent in Manila on June 14, 1997 and verified the amount owed and the detail statement for cargo business. The Respondent and the Claimant agreed that the Respondent would pay to the Claimant US$20,620.12 before September 30, 1997 and that all disputes arising from the Respondent' s inability to fulfill the above obligations would be resolved by arbitration. (see the attached Exhibit A-2)

The Respondent did not pay the freight charge. Accordingly, the Claimant requested arbitration to be conducted by the Korean Commercial Arbitration Board as set forth in the Purport.

Method of Proof

Exhibit A-1: Agency Agreement

Exhibit A-2: Certificate of outstanding payment to ###

Exhibit A-3: Letter

Exhibit A-4: Fax dated February 7, 199#

Exhibit A-5: Dunning letter dated May 11, 199#

Exhibit A-6: Fax dated May 27, 199#

Exhibit A-7: Fax dated September 2, 199#

####### Cargo ####### Co., Ltd.

____

Kil-Dong, Hong

Representative Director

취소불능화환신용장발행신청서

(APPLICATION FOR IRREVOCABLE DOCUMENTARY CREDIT)

AT SIGHT L/C 및 내국수입 USANCE
지 급 보 증 용

SWIFT Code :
Mailing Address :
Telex Number :
To :
Dear Sirs :

We request you to establish by □ cable □ air mail an Irrevocable Credit on the following terms and conditions

Advising Bank

Cable Address Date

Credit Number

②Applicant

①Beneficiary

③Amount

④Expiry Date

⑤Tenor of Draft ×××× At ×××× Sight For 100 % of invoice value

Documents(please indicate by placing x Mark in applicable box)

⑥□ full set of clean on board ocean bills of lading, made out to the order of the ABC Bank of Korea Ltd.. marked "Freight ________" and "Notify accountee"

⑦□ Marine Insurance policy or certificate in duplicate, endorsed in blank for % of the invoice value. Insurance polices or certificates must expressly stipulate that claims are payable in the currency of the drafts and policies or certificates must also indicate a claim settling agent in Korea. Insurance must include:
Institute Cargo Clauses : ________

⑧□ Signed commercial invoice in

⑨□ Packing list in

⑩□ Other document(s) (if any)

⑪Commodity Description

Name of Commodity	Quantity	Unit Price	Amount
Country of Origin			

⑫Shipment from to Latest AUGUST

Partial shipments are Transhipment is

Documents must be presented within ________days after the date of issuance of B/L or other transportation documents.

⑬Special condition(s) : All banking charges including postage, advising and payment commission outside Korea are for ac-count of ______________ Shipment by ________

위와 같이 신용장발행은 신청함에 있어서 위 기재사항이 수입허가(승인)사항과 틀림없음을 확인하고 따로 제출한 수입거래약정서의 각 조항에 따를 것을 확약하며 아울러 위 수입화물에 관한 모든 권리를 귀행에 양도하겠습니다.

Except so far as otherwise expressly stated, this credit is subject to the : Uniform Customs and Practice for Documentary Credits : (2007Revision) International Chamber of Commerce, Publication NO. 600

신청인 인
주 소

인감대조

지급보증확인	Checked By	Approved By

계	대 리	차 장	부 점 장

고 객 용

취소불능화환신용장조건변경신청서

(Application for Amendment to Irrevocable Documentary Credit)
(□ 취소인 경우 √표시)

TO :　　　　　　　　　　　　　　　　　　　　　　　　Date :

Documentary Credit Number

Currency :　　　　　　　　　　　　　　EDI-NO :

Beneficiary :　　　　　　　　　　　　　Amount :

Advising Bank :　　　　　　　　　　　　Expiry date :

We request you to amend by (□ TELECOMMUNICATION □ AIRMAIL) the captioned Documentary Credit

□ New date of expiry :　　　　　　(YY-MM-DD)
□ Amount increased By ____________ TO ____________
□ Amount decreased By ____________ TO ____________
□ All banking charges ____________ TO ____________
□ Credit is cancelled subject to beneficiary's concent
□ Latest date for shipment to (YY-MM-DD)
□ Other amendments

All other terms and conditions remain unchanged

위 기재사항이 틀림없음을 확인하고 신용장조건변경을 의뢰합니다.

년 월 일

지급보증 확인	담 당	결 재

주 소

신청인　　　　　　　　　　(인)

인감 및 원본확인

수입(4040021, 210× 297) NCR지 2매 1조(2002. 11 개정)

PACKING LIST

<table>
<tr><td colspan="2">①Shipper/Seller</td><td colspan="3">⑧No. & date of invoice</td></tr>
<tr><td colspan="2"></td><td colspan="3">⑨No. & date of L/C</td></tr>
<tr><td colspan="2">②For account & risk of Messers.</td><td colspan="3">⑩Consignee</td></tr>
<tr><td colspan="2">③Notify party
Same as above</td><td colspan="3">⑪Remarks :
Origin :</td></tr>
<tr><td>④Port of loading</td><td>⑤Final destination</td><td colspan="3">⑫Payment Terms</td></tr>
<tr><td>⑥Carrier</td><td>⑦Sailing on or about</td><td colspan="3">⑬Price Term :</td></tr>
</table>

⑭Marks & numbers of Pkg	⑮Description of Goods	⑯Quantity/Net	⑰Gross wt	⑱Measure

//

P.O.Box :
E-mail :
Telefax No. :
Telephone No. :

⑲ Signed by ______________
Manager

환 급 신 청 서(갑)

① 환급신청인
주 소
상 호
성 명

신청인부호
사업자등록번호

⑤※접수번호

		처리기간 : 3일
기관부호	년도	일련번호

② 신청관세사

⑥※ 접수일자

③ 제출번호

⑦ 환급구분

(1 : 연산품정액, 2 : 간이(₩), 3 : 개별, 4 : 자동간이)

④ 제조자
주 소
상 호
성 명

통관고유번호
사업자등록번호

⑧※ 결정일자

⑨ 추가환급

⑩ 수 출 물 품 규 격			세 종	금 액
			⑰ 관 세	
			⑱ 특 소 세	
			⑲ 교 통 세	
⑪ H S	⑫ 부 호	⑬ 형 태	⑳ 주 세	
			㉑ 교 육 세	
⑭ 수출금액(FOB)	⑮ 수출물량	⑯ 단 위	㉒ 농 특 세	
㉔ 지급은행	은 행 명	본(지)점	㉓ 계	
	코 드 번 호			
	온라인구좌번호			

총 (   ) 행

ⓐ행번호	수 출 신 고 번 호				ⓕ 수리일자	ⓖ 수출물량	ⓗ 수출금액 (FOB)
	ⓑ세 관	ⓒ 과	ⓓ 신고번호	ⓔ 란			

결재	담 당	주 무	과 장	장

471-01541 민
97. 7. 2 승인

210 × 297m/m
일반용지 60g/m²

BILL OF EXCHANGE

NO. 123456 MAY 10, 20XX SEOUL, KOREA

FOR US$53,000.—

AT ××××× SIGHT OF THIS ORIGINAL BILL OF EXCHANGE(SECOND OF THE SAME TENOR AND DATE BEING UNPAID)

PAY TO KOREA BANK OR ORDER THE SUM OF

SAY US DOLLARS FIFTY THREE THOUSAND ONLY ;

VALUE RECEIVED AND CHARGE THE SAME TO ACCOUNT OF ABC CO., LTD.

DRAWN UNDER THE JANPAN BANK, LTD. HEADOFFICE TOKYO, JAPAN

L/C NO. X-1234 DATED MAY 1, 20XX

TO JAPAN BANK, LTD. HEADOFFICE, TOKYO

KBC CO., LTD

JAE SEUNG KIM

수출(4030011, 210×100) 외국환어음 백상지 80g/㎡

신용장 발행을 위한 SWIFT Message Type
(MT700 Issue of Documentary Credit)

M/O	Tag	Field Name	Content/Options
M	27	Sequence of Total	1n/1n
M	40A	Form of Documentary Credit	24x
M	20	Documentary Credit Number	16x
O	23	Reference to Pre-Advice	16x
O	31C	Date of Issue	6n
M	31D	Date and Place of Expiry	6n29x
O	51a	Applicant Bank	A or D
M	50	Applicant	4*35x
M	59	Beneficiary	[/34x]4*35x
M	32B	Currency Code, Amount	3a 15number
O	39A	Percentage Credit Amount Toterance	2n/2n
O	39B	Maximum Credit Amount	13x
O	39C	Additional Amounts Covered	4*35x
M	41a	Available with … By …	A or D
O	42C	Draft at…	3*35x
O	42a	Drawee	A or D
O	42M	Mixed Payment Details	4*35x
O	42P	Deferred Payment Details	4*35x
O	43P	Partial Shipment	1*35x
O	43T	Transshipment	1*35x
O	44A	Loading on Board/Dispatch/Taking in Charge at/from…	1*65x
O	44B	For Transportion to…	1*65x
O	44C	Latest Date of Shipment	6n
O	44D	Shipment Period	6*65x
O	45A	Description of Goods and/or Services	50*65x
O	46A	Documents Required	50*65x
O	47A	Additional Conditions	50*65x
O	71B	Charges	6*35x
O	48	Period for Presentation	4*35x
M	49	Confirmation instructions	7x
O	53a	Reimbursement Bank	A or D
O	78	instructions to the Paying/Accepting/Negotiating Bank	12*65x
O	57a	"Advise Through" Bank	A, B or D
O	72	Sender to Receiver Information	6*35x

수입신용장(SWIFT MT700) 개설 사례

Application header block :

: Input/Output Identifer	: I Outgoing Message
: Transaction Typer	: 700 issue of a documentary credit
: Transaction Prioity	: n Normal
: From	: ABCI BANK, SEOUL
: To	: XYZ BANK HONG KONG BRANCH. HONG KONG

Text Block :

/27 : sequence of total	: 1/1
/40A : form of documentary credit	: IRREVOCABLE
/20 : documentary credit number	: M1234 606NS00018
/31C : date of issue	: 20XX/06/24
/31D : date and place of expiry	: 20XX/08/20 HONG KONG
/50 : applicant	: KOREA CO., LTD. 159-1SAMSUNGDONG KANGNAMGU, SEOUL, KOREA
/59 : beneficiary	: CHINA CO., LTD. RM 1000 CHAI WAN IND. CITY PHASE 1, 60 WING TAIRO, CHAIWAN H.K.
/32B : currency code amount	: USD 119,000.00
/39A : pct credit amount toterance	: 10/10
/41D : available with by name, address	: ANY BANK BY NEGOTIATION
/42C : drafts at	: AT SIGHT
/42A : drawee	: HONG KONG BANK LTD., HONG KONG(ADDR 2007, JAR HOUSE 1 CON PLACE, CENTRAL, HONG KONG)
/43P : partial shipment	: ALLOWED
/43T : transshipment	: NOT ALLOWED
/44A : on board/Disp/taking charge	: SHIDAO, CHINA
/44B : for transportion to	: BUSAN, KOREA
/44C : latest date of shipment	: 20XX/08/10

/45A : description goods and/or services
700PAIRS OF CHINESE GIANT BEAR TOY
SIZE : MIN 1.5 METERS AT USD170.00
F.O.B.SHIDAO.CHINA

/46A : documents required
+SIGNED COMMERCIAL INVOICE IN QUINTUPLICATE
+PACKING LIST IN TRIPLICATE
+FULL SET OF CLEAN ON BOARD OCEAN BILL OF LANDING MADE OUT TO THE ORDER OF XYZBANK MARKED FREIGHT COLLECT AND NOTIFY APPLICANT
+CERTIFICATE OF ORIGIN

/47A : additional conditions
ALL DOCUMENTS MUST BEAR OUR CREDIT NUMBER M1234 606NS00018
T/T REIMBURSEMENT NOT ALLOWED
OUANTITY 10PCT MORE OR LESS ALLOWED
+THIRD PARTY DOCUMENTS ACCEPTABLE

/71B : charges	: ALL BANKING COMMISSIONS AND CHARGES INCLUDING REIMBURSEMENT CHARGES OUTSIDE KOREA ARE FOR ACCOUNT OF BENEFICIARY
/49 : confirmation instructions	: WITHOUT
/53A : reimbursement bank	: HONG KONG BANK LTD., HONG KONG(ADDR 2007, JAR HOUSE 1 CON PLACE, CENTRAL, HONG KONG)

/78 : instructions to the pay/acc/neg bk
DRAFTS MUST BE SENT TO DRAWEE BANK FOR YOUR REMBURSEMENT AND ALL DOCUMENTS TO US BY COURIER SERVICE IN ONE LOT

/72 : sender to receiver information	: THIS CREDIT IS SUBJECT TO U.C.P(2007 REVISION) I.C.C. PUBLICATION NO. 600

부록 2 Incoterms® 2010

Entry into force: 1 January 2011

ICC

FOREWORD

By Rajat Gupta, ICC Chairman

The global economy has given businesses broader access than ever before to markets all over the world. Goods are sold in more countries, in larger quantities, and in greater variety. But as the volume and complexity of global sales increase, so do possibilities for misunderstandings and costly disputes when sale contracts are not adequately drafted.

The Incoterms® rules, the ICC rules on the use of domestic and international trade terms, facilitate the conduct of global trade. Reference to an Incoterms® 2010 rule in a sale contract clearly defines the parties' respective obligations and reduces the risk of legal complications.

Since the creation of the Incoterms rules by ICC in 1936, this globally accepted contractual standard has been regularly updated to keep pace with the development of international trade. The Incoterms® 2010 rules take account of the continued spread of customs-free zones, the increased use of electronic communications in business transactions, heightened concern about security in the movement of goods and changes in transport practices. Incoterms® 2010 updates and consolidates the 'delivered' rules, reducing the total number of rules from 13 to 11, and offers a simpler and clearer presentation of all the rules. Incoterms® 2010 is also the first version of the Incoterms rules to make all references to buyers and sellers gender-neutral.

The broad expertise of ICC's Commission on Commercial Law and Practice, whose membership is drawn from all parts of the world and all trade sectors, ensures that the Incoterms® 2010 rules respond to business needs everywhere.

ICC would like to express its gratitude to the members of the Commission, chaired by Fabio Bortolotti (Italy), to the Drafting Group, which comprised Charles Debattista (Co-Chair, UK), Christoph Martin Radtke (Co-Chair, France), Jens Bredow (Germany), Johnny Herre (Sweden), David Lowe (UK), Lauri Railas (Finland), Frank Reynolds (US), and Miroslav Subert (Czech Republic), and to Asko Raty (Finland) for assistance with the images depicting the 11 rules.

INTRODUCTION

The Incoterms®[82)] rules explain a set of three-letter trade terms reflecting business-to-business practice in contracts for the sale of goods. The Incoterms rules describe mainly the tasks, costs and risks involved in the delivery of goods from sellers to buyers.

How to use the Incoterms® 2010 rules

1. Incorporate the Incoterms® 2010 rules into your contract of sale

If you want the Incoterms® 2010 rules to apply to your contract, you should make this clear in the contract, through such words as, "[*the chosen Incoterms rule including the named place, followed by*] Incoterms® 2010".

2. Choose the appropriate Incoterms rule

The chosen Incoterms rule needs to be appropriate to the goods, to the means of their transport, and above all to whether the parties intend to put additional obligations, for example such as the obligation to organize carriage or insurance, on the seller or on the buyer. The Guidance Note to each Incoterms rule contains information that is particularly helpful when making this choice. Whichever Incoterms rule is chosen, the parties should be aware that the interpretation of their contract may well be influenced by customs particular to the port or place being used.

---

82) "Incoterms" is a registered trademark of the International Chamber of Commerce.

3. Specify your place or port as precisely as possible

The chosen Incoterms rule can work only if the parties name a place or port, and will work best if the parties specify the place or port as precisely as possible.

A good example of such precision would be:

"CA 38 Cours Albert 1er, Paris, France Incoterms® 2010"

Under the Incoterms rules Ex Works (EXW), Free Carrier (FCA), Delivered at Terminal (DAT), Delivered at Place (DAP), Delivered Duty Paid (DDP), Free Alongside Ship (FAS), and Free on Board (FOB), the named place is the place where delivery takes place and where risk passes from the seller to the buyer. Under the Incoterms rules Carriage Paid To (CPT), Carriage and Insurance Paid To (CIP), Cost and Freibut (CFR) and Cost, Insurance and Freibut (CIF), the named place differs from the place of delivery. Under these four Incoterms rules, the named place is the place of destination to which carriage is paid. Indications as to place or destination can helpfully be further specified by stating a precise poiB),in that place or destination in order tce void doubt or argument.

4. Remember that Incoterms rules do not give you a complete contract of sale

Incoterms rules do say which party to the sale contract has the obligation to make carriage or insurance arrangements, when the seller delivers the goods to the buyer, and which costs each party is responsible for. Incoterms rules, however, say nothing about the price to be paid or the method of its payment. Neither do they deal with the transfer of ownership of the goods, or the consequences of a breach of contract. These matters are normally dealt with through express terms in the contract of sale or in the law governing that contract. The parties should be aware that mandatory local law may override any aspect of the sale contract, including the chosen Incoterms rule.

Main features of the Incoterms® 2010 rules

1. Two new Incoterms rules—DAT and DAP—have replaced the Incoterms 2000 rules DAF, DES, DEQ and DDU

The number of Incoterms rules has been reduced from 13 to 11. This has been achieved by substituting two new rules that may be used irrespective of the agreed mode of transport—DAT, Delivered at Terminal, and DAP, Delivered at Place—for the Incoterms 2000 rules DAF, DES, DEQ and DDU.

Under both new rules, delivery occurs at a named destination: in DAT, at the buyer' s disposal unloaded from the arriving vehicle (as under the former DEQ rule); in DAP, likewise at the buyer' s disposal, but ready for unloading (as under the former DAF, DES and DDU rules).

The new rules make the Incoterms 2000 rules DES and DEQ superfluous. The named terminal in DAT may well be in a port, and DAT can therefore safely be used in cases where the Incoterms 2000 rule DEQ once was. Likewise, the arriving "vehicle" under DAP may well be a ship and the named place of destination may well be a port: consequently, DAP can safely be used in cases where the Incoterms 2000 rule DES once was. These new rules, like their predecessors, are "delivered", with the seller bearing all the costs (other than those related to import clearance, where applicable) and risks involved in bringing the goods to the named place of destination.

2. Classification of the 11 Incoterms® 2010 rules

The 11 Incoterms® 2010 rules are presented in two distinct classes:

RULES FOR ANY MODE OR MODES OF TRANSPORT

EXW EX WORKS

FCA FREE CARRIER

CPT CARRIAGE PAID TO
CIP CARRIAGE AND INSURANCE PAID TO
DAT DELIVERED AT TERMINAL
DAP DELIVERED AT PLACE
DDP DELIVERED DUTY PAID

RULES FOR SEA AND INLAND WATERWAY TRANSPORT

FAS FREE ALONGSIDE SHIP

FOB FREE ON BOARD

CFR COST AND FREIGHT
CIF COST INSURANCE AND FREIGHT

The first class includes the seven Incoterms® 2010 rules that can be used irrespective of the mode of transport selected and irrespective of whether one or more than one mode of transport is employed. EXW, FCA, CPT, CIP, DAT, DAP and DDP belong to this class. They can be used even when there is no maritime transport at all. It is important to remember, however, that these rules can be used in cases where a ship is used for part of the carriage.

In the second class of Incoterms® 2010 rules, the point of delivery and the place to which the goods are carried to the buyer are both ports, hence the label "sea and inland waterway" rules. FAS, FOB, CFR and CIF belong to this class. Under the last three Incoterms rules, all mention of the ship' s rail as the point of delivery has been omitted in preference for the goods being delivered when they are "on board" the vessel. This more closely reflects modern commercial reality and avoids the rather dated image of the risk swinging to and fro across an imaginary perpendicular line.

3. Rules for domestic and international trade

Incoterms rules have traditionally been used in international sale contracts where goods pass across national borders. In various areas of the world, however, trade blocs, like the European Union, have made border formalities between different countries less significant. Consequently, the subtitle of the Incoterms® 2010 rules formally recognizes that they are available for application to both international and domestic sale contracts. As a result, the Incoterms® 2010 rules clearly state in a number of places that the obligation to comply with export/import formalities exists only where applicable.

Two developments have persuaded ICC that a movement in this direction is timely. Firstly, traders commonly use Incoterms rules for purely domestic sale contracts. The second reason is the greater willingness in the United States to use Incoterms rules in domestic trade rather than the former Uniform Commercial Code shipment and delivery terms.

4. Guidance Notes

Before each Incoterms® 2010 rule you will find a Guidance Note. The Guidance Notes explain the fundamentals of each Incoterms rule, such as when it should be used, when risk passes, and how costs are allocated between seller and buyer. The Guidance Notes are not part of the actual Incoterms® 2010 rules, but are intended to help the user accurately and efficiently steer towards the appropriate Incoterms rule for a particular transaction.

5. Electronic communication

Previous versions of Incoterms rules have specified those documents that could be replaced by EDI messages. Articles A1/B1 of the Incoterms® 2010 rules, however, now give electronic means of communication the same effect as paper communication, as long as the parties so agree or where customary. This formulation facilitates the evolution of new electronic procedures throughout the lifetime of the Incoterms® 2010 rules.

6. Insurance cover

The Incoterms® 2010 rules are the first version of the Incoterms rules since the revision of the Institute Cargo Clauses and take account of alterations made to those clauses. The Incoterms® 2010 rules place information duties relating to insurance in articles A3/B3, which deal with contracts of carriage and insurance. These provisions have been moved from the more generic articles found in articles A10/B10 of the Incoterms 2000 rules. The language in articles A3/B3 relating to insurance has also been altered with a view to clarifying the parties' obligations in this regard.

7. Security-related clearances and information required for such clearances

There is heightened concern nowadays about security in the movement of goods, requiring verification that the goods do not pose a threat to life or property for reasons other than their inherent nature. Therefore, the Incoterms® 2010 rules have allocated obligations between the buyer and seller to obtain or to render assistance in obtaining security-related clearances, such as chain-of-custody information, in articles A2/B2 and A10/B10 of various Incoterms rules.

8. Terminal handling charges

Under Incoterms rules CPT, CIP, CFR, CIF, DAT, DAP, and DDP, the seller must make arrangements for the carriage of the goods to the agreed destination. While the freight is paid by the seller, it is actually paid for by the buyer as freight costs are normally included by the seller in the total selling price. The carriage costs will sometimes include the costs of handling and moving the goods within port or container terminal facilities and the carrier or terminal operator may well charge these costs to the buyer who receives the goods. In these circumstances, the buyer will want to avoid paying for the same service twice: once to the seller as part of the total selling price and once independently to the carrier or the terminal operator. The Incoterms® 2010 rules seek to avoid this happening by clearly allocating such costs in articles A6/B6 of the relevant Incoterms rules.

9. String sales

In the sale of commodities, as opposed to the sale of manufactured goods, cargo is frequently sold several times during transit "down a string". When this happens, a seller in the middle of the string does ring"ship" the goods because these have alse dy been shipped by the first seller in the string. The seller in the middle of the string teller in performs itshe string teltowards itshbuyer ringby shipping the goods,hbungby "s bcuring" goods t midhave been shipped. For clariler in thpurposes,hIncoterms® 2010 rules include the e ligation to "procure goods shipped" as an alternative to the obligation to ship goods in the relevant Incoterms rules.

Variants of Incoterms rules

Sometimes the parties want to alter an Incoterms rule. The Incoterms® 2010 rules do not prohibit such alteration, but there are dangers in so doing. In order to avoid any unwelcome surprises, the parties would need to make the intended effect of such alterations extremely clear in their contract. Thus, for example, if the allocation of costs in the Incoterms® 2010 rules is altered in the contract, the parties should also clearly state whether they intend to vary the point at which the risk passes from seller to buyer.

Status of this introduction

This introduction gives general information on the use and interpretation of the Incoterms® 2010 rules, but does not form part of those rules.

Explanation of terms used in the Incoterms® 2010 rules

As in the Incoterms 2000 rules, the seller' s and buyer' s obligations are presented in mirror fashion, reflecting under column A the seller' s obligations and under column B the buyer' s obligations. These obligations can be carried out personally by the seller or the buyer or sometimes, subject to terms in the contract or the applicable law, through intermediaries such as carriers, freight forwarders or other persons nominated by the seller or the buyer for a specific purpose.

The text of the Incoterms® 2010 rules is meant to be self-explanatory. However, in order to assist users the following text sets out guidance as to the sense in which selected terms are used throughout the document.

Carrier: For the purposes of the Incoterms® 2010 rules, the carrier is the party with whom carriage is contracted.

Customs formalities: These are requirements to be met in order to comply with any applicable customs regulations and may include documentary, security, information or physical inspection obligations.

Delivery: This concept has multiple meanings in trade law and practice, but in the Incoterms® 2010 rules, it is used to indicate where the risk of loss of or damage to the goods passes from the seller to the buyer.

Delivery document: This phrase is now used as the heading to article A8. It means a document used to prove that delivery has occurred. For many of the Incoterms® 2010 rules, the delivery document is a transport document or corresponding electronic record. However, with EXW, FCA, FAS and FOB, the delivery document may simply be a receipt. A delivery document may also have other functions, for example as part of the mechanism for payment.

Electronic record or procedure: A set of information constituted of one or more electronic messages and, where applicable, being functionally equivalent with the corresponding paper document.

Packaging: This word is used for different purposes:

1. The packaging of the goods to comply with any requirements under the contract of sale.
2. The packaging of the goods so that they are fit for transportation.
3. The stowage of the packaged goods within a container or other means of transport.

In the Incoterms® 2010 rules, packaging means both the first and second of the above. The Incoterms® 2010 rules do not deal with the parties' obligations for stowage within a container and therefore, where relevant, the parties should deal with this in the sale contract.

RULES FOR ANY MODE OR MODES OF TRANSPORT

EXW
EX WORKS
EXW (insert named place of delivery) Incoterms® 2010

GUIDANCE NOTE

This rule may be used irrespective of the mode of transport selected and may also be used where more than one mode of transport is employed. It is suitable for domestic trade, while FCA is usually more appropriate for international trade.

"Ex Works" means that the seller delivers when it places the goods at the disposal of the buyer at the seller's premises or at another named place (i.e., works, factory, warehouse, etc.). The seller does not need to load the goods on any collecting vehicle, nor does it need to clear the goods for export, where such clearance is applicable.

The parties are well advised to specify as clearly as possible the point within the named place of delivery, as the costs and risks to that point are for the account of the seller. The buyer bears all costs and risks involved in taking the goods from the agreed point, if any, at the named place of delivery.

EXW represents the minimum obligation for the seller. The rule should be used with care as:

a) The seller has no obligation to the buyer to load the goods, even though in practice the seller may be in a better position to do so. If the seller does load the goods, it does so at the buyer' s risk and expense. In cases where the seller is in a better position to load the goods, FCA, which obliges the seller to do so at its own risk and expense, is usually more appropriate.
b) A buyer who buys from a seller on an EXW basis for export needs to be aware that the seller has an obligation to provide only such assistance as the buyer may require to effect that export: the seller is not bound to organize the export clearance. Buyers are therefore well advised not to use EXW if they cannot directly or indirectly obtain export clearance.
c) The buyer has limited obligations to provide to the seller any information regarding the export of the goods. However, the seller may need this information for, e.g., taxation or reporting purposes.

A THE SELLER' OBLIGATIONS

A1 General obligations of the seller
The seller must provide the goods and the commercial invoice in conformity with the contract of sale and any other evidence of conformity that may be required by the contract.
Any document referred to in A1-A10 may be an equivalent electronic record or procedure if agreed between the parties or customary.

A2 Licences, authorizations, security clearances and other formalities
Where applicable, the seller must provide the buyer, at the buyer' s request, risk and expense, assistance in obtaining any export licence, or other official authorization necessary for the export of the goods.
Where applicable, the seller must provide, at the buyer' s request, risk and expense, any information in the possession of the seller that is required for

the security clearance of the goods.

A3 Contracts of carriage and insurance

a) Contract of carriage

The seller has no obligation to the buyer to make a contract of carriage.

b) Contract of insurance

The seller has no obligation to the buyer to make a contract of insurance. However, the seller must provide the buyer, at the buyer' s request, risk and expense (if any), with information that the buyer needs for obtaining insurance.

A4 Delivery

The seller must deliver the goods by placing them at the disposal of the buyer at the agreed point, if any, at the named place of delivery, not loaded on any collecting vehicle. If no specific point has been agreed within the named place of delivery, and if there are several points available, the seller may select the point that best suits its purpose. The seller must deliver the goods on the agreed date or within the agreed period.

A5 Transfer of risks

The seller bears all risks of loss of or damage to the goods until they have been delivered in accordance with A4 with the exception of loss or damage in the circumstances described in B5.

A6 Allocation of costs

The seller must pay all costs relating to the goods until they have been delivered in accordance with A4, other than those payable by the buyer as envisaged in B6.

A7 Notices to the buyer

The seller must give the buyer any notice needed to enable the buyer to take delivery of the goods.

A8 Delivery document

The seller has no obligation to the buyer.

A9 Checking—packaging—marking

The seller must pay the costs of those checking operations (such as checking quality, measuring, weighing, counting) that are necessary for the purpose of

delivering the goods in accordance with A4.
The seller must, at its own expense, package the goods, unless it is usual for the particular trade to transport the type of goods sold unpackaged. The seller may package the goods in the manner appropriate for their transport, unless the buyer has notified the seller of specific packaging requirements before the contract of sale is concluded. Packaging is to be marked appropriately.

A10 Assistance with information and related costs
The seller must, where applicable, in a timely manner, provide to or render assistance in obtaining for the buyer, at the buyer' s request, risk and expense, any documents and information,
including security—related information, that the buyer needs for the export and/or import of the goods and/or for their transport to the final destination.

B THE BUYER' OBLIGATIONS

B1 General obligations of the buyer
The buyer must pay the price of the goods as provided in the contract of sale. Any document referred to in B1-B10 may be an equivalent electronic record or procedure if agreed between the parties or customary.

B2 Licences, authorizations, security clearances and other formalities
Where applicable, it is up to the buyer to obtain, at its own risk and expense, any export and import licence or other official authorization and carry out all customs formalities for the export of the goods.

B3 Contracts of carriage and insurance
a) Contract of carriage
The buyer has no obligation to the seller to make a contract of carriage.
b) Contract of insurance
The buyer has no obligation to the seller to make a contract of insurance.

B4 Taking delivery
The buyer must take delivery of the goods when A4 and A7 have been complied with.

B5 Transfer of risks

The buyer bears all risks of loss of or damage to the goods from the time they have been delivered as envisaged in A4.

If the buyer fails to give notice in accordance with B7, then the buyer bears all risks of loss of or damage to the goods from the agreed date or the expiry date of the agreed period for delivery, provided that the goods have been clearly identified as the contract goods.

B6 Allocation of costs

The buyer must:

a) pay all costs relating to the goods from the time they have been delivered as envisaged in A4;
b) pay any additional costs incurred by failing either to take delivery of the goods when they have been placed at its disposal or to give appropriate notice in accordance with B7, provided that the goods have been clearly identified as the contract goods;
c) pay, where applicable, all duties, taxes and other charges, as well as the costs of carrying out customs formalities payable upon export; and
d) reimburse all costs and charges incurred by the seller in providing assistance as envisaged in A2.

B7 Notices to the seller

The buyer must, whenever it is entitled to determine the time within an agreed period and/or the point of taking delivery within the named place, give the seller sufficient notice thereof.

B8 Proof of delivery

The buyer must provide the seller with appropriate evidence of having taken delivery.

B9 Inspection of goods

The buyer must pay the costs of any mandatory pre-shipment inspection, including inspection mandated by the authorities of the country of export.

B10 Assistance with information and related costs

The buyer must, in a timely manner, advise the seller of any security information requirements so that the seller may comply with A10.

The buyer must reimburse the seller for all costs and charges incurred by the seller in providing or rendering assistance in obtaining documents and information as envisaged in A10.

FCA

Free Carrier

FCA (insert named place of delivery) Incoterms® 2010

GUIDANCE NOTE

This rule may be used irrespective of the mode of transport selected and may also be used where more than one mode of transport is employed.

"Free Carrier" means that the seller delivers the goods to the carrier or another person nominated by the buyer at the seller' s premises or another named place. The parties are well advised to specify as clearly as possible the point within the named place of delivery, as the risk passes to the buyer at that point.

If the parties intend to deliver the goods at the seller' s premises, they should identify the address of those premises as the named place of delivery. If, on the other hand, the parties intend the goods to be delivered at another place, they must identify a different specific place of delivery.

FCA requires the seller to clear the goods for export, where applicable. However, the seller has no obligation to clear the goods for import, pay any import duty or carry out any import customs formalities.

A THE SELLER' OBLIGATIONS

A1 General obligations of the seller

The seller must provide the goods and the commercial invoice in conformity with the contract of sale and any other evidence of conformity that may be required by the contract.
Any document referred to in A1—A10 may be an equivalent electronic record or procedure if agreed between the parties or customary.

A2 Licences, authorizations, security clearances and other formalities
Where applicable, the seller must obtain, at its own risk and expense, any export licence or other official authorization and carry out all customs formalities necessary for the export of the goods.

A3 Contracts of carriage and insurance
a) Contract of carriage
The seller has no obligation to the buyer to make a contract of carriage. However, if requested by the buyer or if it is commercial practice and the buyer does not give an instruction to the contrary in due time, the seller may contract for carriage on usual terms at the buyer' s risk and expense. In either case, the seller may decline to make the contract of carriage and, if it does, shall promptly notify the buyer.
b) Contract of insurance
The seller has no obligation to the buyer to make a contract of insurance. However, the seller must provide the buyer, at the buyer' s request, risk, and expense (if any), with information that the buyer needs for obtaining insurance.

A4 Delivery
The seller must deliver the goods to the carrier or another person nominated by the buyer at the agreed pdsnt, if any, at the named place on the agreed date or within the agreed period.
Delivery is completed:
a) If the named place is the seller' s premises, when the goods have been loaded on the means of transport provided by the buyer.
b) In any other case, when the goods are placed at the disposal of the carrier or another person nominated by the buyer on the seller' s means of transport ready for unloading.

If no specific point has been notified by the buyer under B7 d) within the named place of delivery, and if there are several points available, the seller may select the point that best suits its purpose.

Unless the buyer notifies the seller otherwise, the seller may deliver the goods for carriage in such a manner as the quantity and/or nature of the goods may require.

A5 Transfer of risks

The seller bears all risks of loss of or damage to the goods until they have been delivered in accordance with A4, with the exception of loss or damage in the circumstances described in B5.

A6 Allocation of costs

The seller must pay

a) all costs relating to the goods until they have been delivered in accordance with A4, other than those payable by the buyer as envisaged in B6; and
b) where applicable, the costs of customs formalities necessary for export, as well as all duties, taxes, and other charges payable upon export.

A7 Notices to the buyer

The seller must, at the buyer' s risk and expense, give the buyer sufficient notice either that the goods have been delivered in accordance with A4 or that the carrier or another person nominated by the buyer has failed to take the goods within the time agreed.

A8 Delivery document

The seller must provide the buyer, at the seller' s expense, with the usual proof that the goods have been delivered in accordance with A4.
The seller must provide assistance to the buyer, at the buyer' s request, risk and expense, in obtaining a transport document.

A9 Checking—packaging—marking

The seller must pay the costs of those checking operations (such as checking quality, measuring, weighing, counting) that are necessary for the purpose of delivering the goods in accordance with A4, as well as the costs of any pre-shipment inspection mandated by the authority of the country of export.
The seller must, at its own expense, package the goods, unless it is usual for the particular trade to transport the type of goods sold unpackaged. The seller may package the goods in the manner appropriate for their transport, unless the buyer has notified the seller of specific packaging requirements before the contract of sale is concluded. Packaging is to be marked appropriately.

A10 Assistance with information and related costs
The seller must, where applicable, in a timely manner, provide to or render assistance in obtaining for the buyer, at the buyer' s request, risk and expense, any documents and information, including security-related information, that the buyer needs for the import of the goods and/or for their transport to the final destination.

The seller must reimburse the buyer for all costs and charges incurred by the buyer in providing or rendering assistance in obtaining documents and information as envisaged in B10.

B THE BUYER' OBLIGATIONS

B1 General obligations of the buyer
The buyer must pay the price of the goods as provided in the contract of sale. Any document referred to in B1—B10 may be an equivalent electronic record or procedure if agreed between the parties or customary.

B2 Licences, authorizations, security clearances and other formalities
Where applicable, it is up to the buyer to obtain, at its own risk and expense, any import licence or other official authorization and carry out all customs formalities for the import of the goods and for their transport through any country.

B3 Contracts of carriage and insurance
a) Contract of carriage
The buyer must contract at its own expense for the carriage of the goods from the named place of delivery, except when the contract of carriage is made by the seller as provided for in A3 a).
b) Contract of insurance
The buyer has no obligation to the seller to make a contract of insurance.

B5 Transfer of risks
The buyer bears all risks of loss of or damage to the goods from the time they have been delivered as envisaged in A4.
If
a) the buyer fails in accordance with B7 to notify the nomination of a carrier

or another person as envisaged in A4 or to give notice; or

b) the carrier or person nominated by the buyer as envisaged in A4 fails to take the goods into its charge, then, the buyer bears all risks of loss of or damage to the goods:

(i) from the agreed date, or in the absence of an agreed date,

(ii) from the date notified by the seller under A7 within the agreed period; or, if no such date has been notified,

(iii) from the expiry date of any agreed period for delivery,

provided that the goods have been clearly identified as the contract goods.

B6 Allocation of costs

The buyer must pay

a) all costs relating to the goods from the time they have been delivered as envisaged in A4, except, where applicable, the costs of customs formalities necessary for export, as well as all duties, taxes, and other charges payable upon export as referred to in A6 b);

b) any additional costs incurred, either because:

(i) the buyer fails to nominate a carrier or another person as envisaged in A4, or

(ii) the carrier or person nominated by the buyer as envisaged in A4 fails to take the goods into its charge, or

(iii) the buyer has failed to give appropriate notice in accordance with B7,

provided that the goods have been clearly identified as the contract goods; and

c) where applicable, all duties, taxes and other charges as well as the costs of carrying out customs formalities payable upon import of the goods and the costs for their transport through any country.

B7 Notices to the seller

The buyer must notify the seller of

a) the name of the carrier or another person nominated as envisaged in A4 within sufficient time as to enable the seller to deliver the goods in accordance with that article;

b) where necessary, the selected time within the period agreed for delivery when the carrier or person nominated will take the goods;

c) the mode of transport to be used by the person nominated; and

d) the point of taking delivery within the named place.

B8 Proof of delivery

The buyer must accept the proof of delivery provided as envisaged in A8.

B9 Inspection of goods

The buyer must pay the costs of any mandatory pre-shipment inspection, except when such inspection is mandated by the authorities of the country of export.

B10 Assistance with information and related costs

The buyer must, in a timely manner, advise the seller of any security information requirements so that the seller may comply with A10.

The buyer must reimburse the seller for all costs and charges incurred by the seller in providing or rendering assistance in obtaining documents and information as envisaged in A10.

The buyer must, where applicable, in a timely manner, provide to or render assistance in obtaining for the seller, at the seller's request, risk and expense, any documents and information, including security-related information, that the seller needs for the transport and export of the goods and for their transport through any country.

CPT

CARRIAGE PAID TO

CPT (insert named place of destination) Incoterms® 2010

GUIDANCE NOTE

This rule may be used irrespective of the mode of transport selected and may also be used where more than one mode of transport is employed.

"Carriage Paid To" means that the seller delivers the goods to the carrier or another person nominated by the seller at an agreed place (if any such place is agreed between the parties) and that the seller must contract for and pay the costs of carriage necessary to bring the goods to the named place of destination.

When CPT, CIP, CFR or CIF are used, the seller fulfils its obligation to deliver when it hands the goods over to the carrier and not when the goods reach the place of destination.

This rule has two critical points, because risk passes and costs are transferred at different places. The parties are well advised to identify as precisely as possible in the contract both the place of delivery, where the risk passes to the buyer, and the named place of destination to which the seller must contract for the carriage. If several carriers are used for the carriage to the agreed destination and the parties do not agree on a specific point of delivery, the default position is that risk passes when the goods have been delivered to the first carrier at a point entirely of the seller's choosing and over which the buyer has no control. Should the parties wish the risk to pass at a later stage (e.g., at an ocean port or airport), they need to specify this in their contract of sale.

The parties are also well advised to identify as precisely as possible the point within the agreed place of destination, as the costs to that point are for the account of the seller. The seller is advised to procure contracts of carriage that match this choice precisely. If the seller incurs costs under its contract of carriage related to unloading at the named place of destination, the seller is not entitled to recover such costs from the buyer unless otherwise agreed between the parties.

CPT requires the seller to clear the goods for export, where applicable. However, the seller has no obligation to clear the goods for import, pay any import duty or carry out any import customs formalities.

A THE SELLER' OBLIGATIONS

A1 General obligations of the seller
The seller must provide the goods and the commercial invoice in conformity with the contract of sale and any other evidence of conformity that may be required by the contract.
Any document referred to in A1-A10 may be an equivalent electronic record

or procedure if agreed between the parties or customary.

A2 Licences, authorizations, security clearances and other formalities
Where applicable, the seller must obtain, at its own risk and expense, any export licence or other official authorization and carry out all customs formalities necessary for the export of the goods, and for their transport through any country prior to delivery.

A3 Contracts of carriage and insurance
a) Contract of carriage
The seller must contract or procure a contract for the carriage of the goods from the agreed point of delivery, if any, at the place of delivery to the named place of destination or, if agreed, any point at that place. The contract of carriage must be made on usual terms at the seller' s expense and provide for carriage by the usual route and in a customary manner. If a specific point is not agreed or is not determined by practice, the seller may select the point of delivery and the point at the named place of destination that best suit its purpose.
b) Contract of insurance
The seller has no obligation to the buyer to make a contract of insurance. However, the seller must provide the buyer, at the buyer' s request, risk, and expense (if any), with information that the buyer needs for obtaining insurance.

A4 Delivery
The seller must deliver the goods by handing them over to the carrier contracted in accordance with A3 on the agreed date or within the agreed period.

A5 Transfer of risks
The seller bears all risks of loss of or damage to the goods until they have been delivered in accordance with A4, with the exception of loss or damage in the circumstances described in B5.

A6 Allocation of costs
The seller must pay
a) all costs relating to the goods until they have been delivered in accordance with A4, other than those payable by the buyer as envisaged in B6;
b) the freight and all other costs resulting from A3 a), including the costs of

loading the goods and any charges for unloading at the place of destination that were for the seller' s account under the contract of carriage; and

c) where applicable, the costs of customs formalities necessary for export, as well as all duties, taxes and other charges payable upon export, and the costs for their transport through any country that were for the seller' s account under the contract of carriage.

A7 Notices to the buyer

The seller must notify the buyer that the goods have been delivered in accordance with A4.

The seller must give the buyer any notice needed in order to allow the buyer to take measures that are normally necessary to enable the buyer to take the goods.

A8 Delivery document

If customary or at the buyer' s request, the seller must provide the buyer, at the seller' s expense, with the usual transport document[s] for the transport contracted in accordance with A3.

This transport document must cover the contract goods and be dated within the period agreed for shipment. If agreed or customary, the document must also enable the buyer to claim the goods from the carrier at the named place of destination and enable the buyer to sell the goods in transit by the transfer of the document to a subsequent buyer or by notification to the carrier.

When such a transport document is issued in negotiable form and in several originals, a full set of originals must be presented to the buyer.

A9 Checking—packaging—marking

The seller must pay the costs of those checking operations (such as checking quality, measuring, weighing, counting) that are necessary for the purpose of delivering the goods in accordance with A4, as well as the costs of any pre-shipment inspection mandated by the authority of the country of export.

The seller must, at its own expense, package the goods, unless it is usual for the particular trade to transport the type of goods sold unpackaged. The seller may package the goods in the manner appropriate for their transport, unless the buyer has notified the seller of specific packaging requirements before the contract of sale is concluded. Packaging is to be marked appropriately.

A10 Assistance with information and related costs
The seller must, where applicable, in a timely manner, provide to or render assistance in obtaining for the buyer, at the buyer' s request, risk and expense, any documents and information, including security-related information, that the buyer needs for the import of the goods and/or for their transport to the final destination.

The seller must reimburse the buyer for all costs and charges incurred by the buyer in providing or rendering assistance in obtaining documents and information as envisaged in B10.

B THE BUYER' OBLIGATIONS

B1 General obligations of the buyer
The buyer must pay the price of the goods as provided in the contract of sale. Any document referred to in B1-B10 may be an equivalent electronic record or procedure if agreed between the parties or customary.

B2 Licences, authorizations, security clearances and other formalities
Where applicable, it is up to the buyer to obtain, at its own risk and expense, any import licence or other official authorization and carry out all customs formalities for the import of the goods and for their transport through any country.

B3 Contracts of carriage and insurance
a) Contract of carriage
The buyer has no obligation to the seller to make a contract of carriage.
b) Contract of insurance
The buyer has no obligation to the seller to make a contract of insurance. However, the buyer must provide the seller, upon request, with the necessary information for obtaining insurance.

B4 Taking delivery
The buyer must take delivery of the goods when they have been delivered as envisaged in A4 and receive them from the carrier at the named place of destination.

B5 Transfer of risks

The buyer bears all risks of loss of or damage to the goods from the time they have been delivered as envisaged in A4.

If the buyer fails to give notice in accordance with B7, it must bear all risks of loss of or damage to the goods from the agreed date or the expiry date of the agreed period for delivery, provided that the goods have been clearly identified as the contract goods.

B6 Allocation of costs

The buyer must, subject to the provisions of A3 a), pay

a) all costs relating to the goods from the time they have been delivered as envisaged in A4, except, where applicable, the costs of customs formalities necessary for export, as well as all duties, taxes, and other charges payable upon export as referred to in A6 c);

b) all costs and charges relating to the goods while in transit until their arrival at the agreed place of destination, unless such costs and charges were for the seller' s account under the contract of carriage;

c) unloading costs, unless such costs were for the seller' s account under the contract of carriage;

d) any additional costs incurred if the buyer fails to give notice in accordance with B7, from the agreed date or the expiry date of the agreed period for dispatch, provided that the goods have been clearly identified as the contract goods; and

e) where applicable, all duties, taxes and other charges, as well as the costs of carrying out customs formalities payable upon import of the goods and the costs for their transport through any country, unless included within the cost of the contract of carriage.

B7 Notices to the seller

The buyer must, whenever it is entitled to determine the time for dispatching the goods and/or the named place of destination or the point of receiving the goods within that place, give the seller sufficient notice thereof.

B8 Proof of delivery

The buyer must accept the transport document provided as envisaged in A8 if it is in conformity with the contract.

B9 Inspection of goods

The buyer must pay the costs of any mandatory pre-shipment inspection, except when such inspection is mandated by the authorities of the country of export.

B10 Assistance with information and related costs

The buyer must, in a timely manner, advise the seller of any security information requirements so that the seller may comply with A10.

The buyer must reimburse the seller for all costs and charges incurred by the seller in providing or rendering assistance in obtaining documents and information as envisaged in A10.

The buyer must, where applicable, in a timely manner, provide to or render assistance in obtaining for the seller, at the seller' s request, risk and expensand ny documents and information, including security-related information, that the seller needs for the transport and export of the goods and for their transport through any country.

CIP

CARRIAGE AND INSURANCE PAID TO

CIP (insert named place of destination) Incoterms® 2010

GUIDANCE NOTE

This rule may be used irrespective of the mode of transport selected and may also be used where more than one mode of transport is employed.

"Carriage and Insurance Paid to" means that the seller delivers the goods to the carrier or another person nominated by the seller at an agreed place (if any such place is agreed between the parties) and that the seller must contract for and pay the costs of carriage necessary to bring the goods to the named place of destination.

The seller also contracts for insurance cover against the buyer' s risk of loss of or damage to the goods during the carriage. The buyer should note that under CIP the seller is required to obtain insurance only on minimum cover. Should the buyer wish to have more insurance protection, it will need either to agree as much expressly with the seller or to make its own extra insurance arrangements.

When CPT, CIP, CFR or CIF are used, the seller fulfils its obligation to deliver when it hands the goods over to the carrier and not when the goods reach the place of destination.

This rule has two critical points, because risk passes and costs are transferred at different places. The parties are well advised to identify as precisely as possible in the contract both the place of delivery, where the risk passes to the buyer, and the named place of destination to which the seller must contract for carriage. If several carriers are used for the carriage to the agreed destination and the parties do not agree on a specific point of delivery, the default position is that risk passes when the goods have been delivered to the first carrier at a point entirely of the seller' s choosing and over which the buyer has no control. Should the parties wish the risk to pass at a later stage (e.g., at an ocean port or an airport), they need to specify this in their contract of sale.

The parties are also well advised to identify as precisely as possible the point within the agreed place of destination, as the costs to that point are for the account of the seller. The seller is advised to procure contracts of carriage that match this choice precisely. If the seller incurs costs under its contract of carriage related to unloading at the named place of destination, the seller is not entitled to recover such costs from the buyer unless otherwise agreed between the parties.

CIP requires the seller to clear the goods for export, where applicable. However, the seller has no obligation to clear the goods for import, pay any import duty or carry out any import customs formalities.

A THE SELLER' OBLIGATIONS

A1 General obligations of the seller
The seller must provide the goods and the commercial invoice in conformity with the contract of sale and any other evidence of conformity that may be required by the contract.
Any document referred to in A1-A10 may be an equivalent electronic record or procedure if agreed between the parties or customary.

A2 Licences, authorizations, security clearances and other formalities
Where applicable, the seller must obtain, at its own risk and expense, any export licence or other official authorization and carry out all customs formalities necessary for the export of the goods and for their transport through any country prior to delivery.

A3 Contracts of carriage and insurance
a) Contract of carriage
The seller must contract or procure a contract for the carriage of the goods from the agreed point of delivery, if any, at the place of delivery to the named place of destination or, if agreed, any point at that place. The contract of carriage must be made on usual terms at the seller' s expense and provide for carriage by the usual route and in a customary manner. If a specific point is not agreed or is not determined by practice, the seller may select the point of delivery and the point at the named place of destination that best suit its purpose.
b) Contract of insurance
The seller must obtain at its own expense cargo insurance complying at least with the minimum cover as provided by Clauses (C) of the Institute Cargo Clauses (LMA/IUA) or any similar clauses. The insurance shall be contracted with underwriters or an insurance company of good repute and entitle the buyer, or any other person having an insurable interest in the goods, to claim directly from the insurer.
When required by the buyer, the seller shall, subject to the buyer providing any necessary information requested by the seller, provide at the buyer' s expense any additional cover, if procurable, such as cover as provided by Clauses (A) or (B) of the Institute Cargo Clauses (LMA/IUA) or any similar clauses, and/or cover complying with the Institute War Clauses and/or Institute Strikes Clauses (LMA/IUA) or any similar clauses.

The insurance shall cover, at a minimum, the price provided in the contract plus 10% (i.e., 110%) and shall be in the currency of the contract.
The insurance shall cover the goods from the point of delivery set out in A4 and A5 to at least the named place of destination.
The seller must provide the buyer with the insurance policy or other evidence of insurance cover.
Moreover, the seller must provide the buyer, at the buyer' s request, risk, and expense (if any), with information that the buyer needs to procure any additional insurance.

A4 Delivery
The seller must deliver the goods by handing them over to the carrier contracted in accordance with A3 on the agreed date or within the agreed period.

A5 Transfer of risks
The seller bears all risks of loss of or damage to the goods until they have been delivered in accordance with A4, with the exception of loss or damage in the circumstances described in B5.

A6 Allocation of costs
The seller must pay
a) all costs relating to the goods until they have been delivered in accordance with A4, other than those payable by the buyer as envisaged in B6;
b) the freight and all other costs resulting from A3 a), including the costs of loading the goods and any charges for unloading at the place of destination that were for the seller' s account under the contract of carriage;
c) the costs of insurance resulting from A3 b); and
d) where applicable, the costs of customs formalities necessary for export, as well as all duties, taxes and other charges payable upon export, and the costs for their transport through any country that were for the seller' s account under the contract of carriage.

A7 Notices to the buyer
The seller must notify the buyer that the goods have been delivered in accordance with A4.
The seller must give the buyer any notice needed in order to allow the buyer to take measures that are normally necessary to enable the buyer to take the goods.

A8 Delivery document

If customary or at the buyer' s request, the seller must provide the buyer, at the seller' s expense, with the usual transport document[s] for the transport contracted in accordance with A3.

This transport document must cover the contract goods and be dated within the period agreed for shipment. If agreed or customary, the document must also enable the buyer to claim the goods from the carrier at the named place of destination and enable the buyer to sell the goods in transit by the transfer of the document to a subsequent buyer or by notification to the carrier.

When such a transport document is issued in negotiable form and in several originals, a full set of originals must be presented to the buyer.

A9 Checking—packaging—marking

The seller must pay the costs of those checking operations (such as checking quality, measuring, weighing, counting) that are necessary for the purpose of delivering the goods in accordance with A4 as well as the costs of any pre-shipment inspection mandated by the authority of the country of export.

The seller must, at its own expense, package the goods, unless it is usual for the particular trade to transport the type of goods sold unpackaged. The seller may package the goods in the manner appropriate for their transport, unless the buyer has notified the seller of specific packaging requirements before the contract of sale is concluded. Packaging is to be marked appropriately.

A10 Assistance with information and related costs

The seller must, where applicable, in a timely manner, provide to or render assistance in obtaining for the buyer, at the buyer' s request, risk and expense, any documents and information, including security-related information, that the buyer needs for the import of the goods and/or for their transport to the final destination.

The seller must reimburse the buyer for all costs and charges incurred by the buyer in providing or rendering assistance in obtaining documents and information as envisaged in B10.

B THE BUYER' OBLIGATIONS

B1 General obligations of the buyer
The buyer must pay the price of the goods as provided in the contract of sale. Any document referred to in B1-B10 may be an equivalent electronic record or procedure if agreed between the parties or customary.

B2 Licences, authorizations, security clearances and other formalities
Where applicable, it is up to the buyer to obtain, at its own risk and expense, any import licence or other official authorization and carry out all customs formalities for the import of the goods and for their transport through any country.

B3 Contracts of carriage and insurance
a) Contract of carriage
The buyer has no obligation to the seller to make a contract of carriage.
b) Contract of insurance
The buyer has no obligation to the seller to make a contract of insurance. However, the buyer must provide the seller, upon request, with any information necessary for the seller to procure any additional insurance requested by the buyer as envisaged in A3 b).

B4 Taking delivery
The buyer must take delivery of the goods when they have been delivered as envisaged in A4 and receive them from the carrier at the named place of destination.

B5 Transfer of risks
The buyer bears all risks of loss of or damage to the goods from the time they have been delivered as envisaged in A4.
If the buyer fails to give notice in accordance with B7, it must bear all risks of loss of or damage to the goods from the agreed date or the expiry date of the agreed period for delivery, provided that the goods have been clearly identified as the contract goods.

B6 Allocation of costs
The buyer must, subject to the provisions of A3 a), pay
a) all costs relating to the goods from the time they have been delivered as envisaged in A4, except, where applicable, the costs of customs formalities

necessary for export, as well as all duties, taxes and other charges payable upon export as referred to in A6 d);

b) all costs and charges relating to the goods while in transit until their arrival at the agreed place of destination, unless such costs and charges were for the seller' s account under the contract of carriage;

c) unloading costs, unless such costs were for the seller' s account under the contract of carriage;

d) any additional costs incurred if it fails to give notice in accordance with B7, from the agreed date or the expiry date of the agreed period for dispatch, provided that the goods have been clearly identified as the contract goods;

e) where applicable, all duties, taxes and other charges as well as the costs of carrying out customs formalities payable upon import of the goods and the costs for their transport through any country, unless included within the cost of the contract of carriage; and

f) the costs of any additional insurance procured at the buyer' s request under A3 and B3.

B7 Notices to the seller

The buyer must, whenever it is entitled to determine the time for dispatching the goods and/or the named place of destination or the point of receiving the goods within that place, give the seller sufficient notice thereof.

B8 Proof of delivery

The buyer must accept the transport document provided as envisaged in A8 if it is in conformity with the contract.

B9 Inspection of goods

The buyer must pay the costs of any mandatory pre-shipment inspection, except when such inspection is mandated by the authorities of the country of export.

B10 Assistance with information and related costs

The buyer must, in a timely manner, advise the seller of any security information requirements so that the seller may comply with A10.

The buyer must reimburse the seller for all costs and charges incurred by the seller in providing or rendering assistance in obtaining documents and information as envisaged in A10.

The buyer must, where applicable, in a timely manner, provide to or render

assistance in obtaining for the seller, at the seller' s request, risk and expense, any documents and information, including security-related information, that the seller needs for the transport and export of the goods and for their transport through any country.

DAT

DELIVERED AT TERMINAL

DAT (insert named terminal at port or place of destination) Incoterms® 2010

GUIDANCE NOTE

This rule may be used irrespective of the mode of transport selected and may also be used where more than one mode of transport is employed.

"Delivered at Terminal" means that the seller delivers when the goods, once unloaded from the arriving means of transport, are placed at the disposal of the buyer at a named terminal at the named port or place of destination. "Terminal" includes any place, whether covered or not, such as a quay, warehouse, container yard or road, rail or air cargo terminal. The seller bears all risks involved in bringing the goods to and unloading them at the terminal at the named port or place of destination.

The parties are well advised to specify as clearly as possible the terminal and, if possible, a specific point within the terminal at the agreed port or place of destination, as the risks to that point are for the account of the seller. The seller is advised to procure a contract of carriage that matches this choice precisely.

Moreover, if the parties intend the seller to bear the risks and costs involved in transporting and handling the goods from the terminal to another place, then the DAP or DDP rules should be used.

DAT requires the seller to clear the goods for export, where applicable. However, the seller has no obligation to clear the goods for import, pay any import duty or carry out any import customs formalities.

A THE SELLER' OBLIGATIONS

A1 General obligations of the seller
The seller must provide the goods and the commercial invoice in conformity with the contract of sale and any other evidence of conformity that may be required by the contract.
Any document referred to in A1—A10 may be an equivalent electronic record or procedure if agreed between the parties or customary.

A2 Licences, authorizations, security clearances and other formalities
Where applicable, the seller must obtain, at its own risk and expense, any export licence and other official authorization and carry out all customs formalities necessary for the export of the goods and for their transport through any country prior to delivery.

A3 Contracts of carriage and insurance
a) Contract of carriage
The seller must contract at its own expense for the carriage of the goods to the named terminal at the agreed port or place of destination. If a specific terminal is not agreed or is not determined by practice, the seller may select the terminal at the agreed port or place of destination that best suits its purpose.
b) Contract of insurance
The seller has no obligation to the buyer to make a contract of insurance. However, the seller must provide the buyer, at the buyer' s request, risk, and expense (if any), with information that
the buyer needs for obtaining insurance.

A4 Delivery
The seller must unload the goods from the arriving means of transport and must then deliver them by placing them at the disposal of the buyer at the named terminal referred to in A3 a) at the port or place of destination on the agreed date or within the agreed period.

A5 Transfer of risks

The seller bears all risks of loss of or damage to the goods until they have been delivered in accordance with A4 with the exception of loss or damage in the circumstances described in B5.

A6 Allocation of costs

The seller must pay

a) in addition to costs resulting from A3 a), all costs relating to the goods until they have been delivered in accordance with A4, other than those payable by the buyer as envisaged in B6; and
b) where applicable, the costs of customs formalities necessary for export as well as all duties, taxes and other charges payable upon export and the costs for their transport through any country, prior to delivery in accordance with A4.

A7 Notices to the buyer

The seller must give the buyer any notice needed in order to allow the buyer to take measures that are normally necessary to enable the buyer to take delivery of the goods.

A8 Delivery document

The seller must provide the buyer, at the seller' s expense, with a document enabling the buyer to take delivery of the goods as envisaged in A4/B4.

A9 Checking—packaging—marking

The seller must pay the costs of those checking operations (such as checking quality, measuring, weighing, counting) that are necessary for the purpose of delivering the goods in accordance with A4, as well as the costs of any pre-shipment inspection mandated by the authority of the country of export.

The seller must, at its own expense, package the goods, unless it is usual for the particular trade to transport the type of goods sold unpackaged. The seller may package the goods in the manner appropriate for their transport, unless the buyer has notified the seller of specific packaging requirements before the contract of sale is concluded. Packaging is to be marked appropriately.

A10 Assistance with information and related costs

The seller must, where applicable, in a timely manner, provide to or render

assistance in obtaining for the buyer, at the buyer' s request, risk and expense, any documents and information, including security-related information, that the buyer needs for the import of the goods and/or for their transport to the final destination.
The seller must reimburse the buyer for all costs and charges incurred by the buyer in providing or rendering assistance in obtaining documents and information as envisaged in B10.

B THE BUYER' OBLIGATIONS

B1 General obligations of the buyer
The buyer must pay the price of the goods as provided in the contract of sale. Any document referred to in B1-B10 may be an equivalent electronic record or procedure if agreed between the parties or customary.

B2 Licences, authorizations, security clearances and other formalities
Where applicable, the buyer must obtain, at its own risk and expense, any import licence or other official authorization and carry out all customs formalities for the import of the goods.

B3 Contracts of carriage and insurance
a) Contract of carriage
The buyer has no obligation to the seller to make a contract of carriage.
b) Contract of insurance
The buyer has no obligation to the seller to make a contract of insurance. However, the buyer must provide the seller, upon request, with the necessary information for obtaining insurance.

B4 Taking delivery
The buyer must take delivery of the goods when they have been delivered as envisaged in A4.

B5 Transfer of risks
The buyer bears all risks of loss of or damage to the goods from the time they have been delivered as envisaged in A4.
If

a) the buyer fails to fulfil its obligations in accordance with B2, then it bears all resulting risks of loss of or damage to the goods; or
b) the buyer fails to give notice in accordance with B7, then it bears all risks of loss of or damage to the goods from the agreed date or the expiry date of the agreed period for delivery,

provided that the goods have been clearly identified as the contract goods.

B6 Allocation of costs

The buyer must pay

a) all costs relating to the goods from the time they have been delivered as envisaged in A4;
b) any additional costs incurred by the seller if the buyer fails to fulfil its obligations in accordance with B2, or to give notice in accordance with B7, provided that the goods have been clearly identified as the contract goods; and
c) where applicable, the costs of customs formalities as well as all duties, taxes and other charges payable upon import of the goods.

B7 Notices to the seller

The buyer must, whenever it is entitled to determine the time within an agreed period and/or the point of taking delivery at the named terminal, give the seller sufficient notice thereof.

B8 Proof of delivery

The buyer must accept the delivery document provided as envisaged in A8.

B9 Inspection of goods

The buyer must pay the costs of any mandatory pre-shipment inspection, except when such inspection is mandated by the authorities of the country of export.

B10 Assistance with information and related costs

The buyer must, in a timely manner, advise the seller of any security information requirements so that the seller may comply with A10.

The buyer must reimburse the seller for all costs and charges incurred by the seller in providing or rendering assistance in obtaining documents and information as envisaged in A10.

The buyer must, where applicable, in a timely manner, provide to or render

assistance in obtaining for the seller, at the seller' s request, risk and expense, any documents and information, including security—related information, that the seller needs for the transport and export of the goods and for their transport through any country.

DAP

DELIVERED AT PLACE

DAP (insert named place of destination) Incoterms® 2010

GUIDANCE NOTE

This rule may be used irrespective of the mode of transport selected and may also be used where more than one mode of transport is employed.

"Delivered at Place" means that the seller delivers when the goods are placed at the disposal of the buyer on the arriving means of transport ready for unloading at the named place of destination. The seller bears all risks involved in bringing the goods to the named place.

The parties are well advised to specify as clearly as possible the point within the agreed place of destination, as the risks to that point are for the account of the seller. The seller is advised to procure contracts of carriage that match this choice precisely. If the seller incurs costs under its contract of carriage related to unloading at the place of destination, the seller is not entitled to recover such costs from the buyer unless otherwise agreed between the parties.

DAP requires the seller to clear the goods for export, where applicable. However, the seller has no obligation to clear the goods for import, pay any import duty or carry out any import customs formalities. If the parties wish the seller to clear the goods for import, pay any import duty and carry out any import customs formalities, the DDP term should be used.

A THE SELLER' OBLIGATIONS

A1 General obligations of the seller
The seller must provide the goods and the commercial invoice in conformity with the contract of sale and any other evidence of conformity that may be required by the contract.
Any document referred to in A1-A10 may be an equivalent electronic record or procedure if agreed between the parties or customary.

A2 Licences, authorizations, security clearances and other formalities
Where applicable, the seller must obtain, at its own risk and expense, any export licence and other official authorization and carry out all customs formalities necessary for the export of the goods and for their transport through any country prior to delivery.

A3 Contracts of carriage and insurance
a) Contract of carriage
The seller must contract at its own expense for the carriage of the goods to the named place of destination or to the agreed point, if any, at the named place of destination. If a specific point is not agreed or is not determined by practice, the seller may select the point at the named place of destination that best suits its purpose.
b) Contract of insurance
The seller has no obligation to the buyer to make a contract of insurance. However, the seller must provide the buyer, at the buyer' s request, risk, and expense (if any), with information that the buyer needs for obtaining insurance.

A4 Delivery
The seller must deliver the goods by placing them at the disposal of the buyer on the arriving means of transport ready for unloading at the agreed point, if any, at the named place of destination on the agreed date or within the agreed period.

A5 Transfer of risks
The seller bears all risks of loss of or damage to the goods until they have been delivered in accordance with A4, with the exception of loss or damage in the circumstances described in B5.

A6 Allocation of costs

The seller must pay

a) in addition to costs resulting from A3 a), all costs relating to the goods until they have been delivered in accordance with A4, other than those payable by the buyer as envisaged in B6;

b) any charges for unloading at the place of destination that were for the seller' s account under the contract of carriage; and

c) where applicable, the costs of customs formalities necessary for export as well as all duties, taxes and other charges payable upon export and the costs for their transport through any country, prior to delivery in accordance with A4.

A7 Notices to the buyer

The seller must give the buyer any notice needed in order to allow the buyer to take measures that are normally necessary to enable the buyer to take delivery of the goods.

A8 Delivery document

The seller must provide the buyer, at the seller' s expense, with a document enabling the buyer to take delivery of the goods as envisaged in A4/B4.

A9 Checking—packaging—marking

The seller must pay the costs of those checking operations (such as checking quality, measuring, weighing, counting) that are necessary for the purpose of delivering the goods in accordance with A4, as well as the costs of any preshipment inspection mandated by the authority of the country of export.

The seller must, at its own expense, package the goods, unless it is usual for the particular trade to transport the type of goods sold unpackaged. The seller may package the goods in the manner appropriate for their transport, unless the buyer has notified the seller of specific packaging requirements before the contract of sale is concluded. Packaging is to be marked appropriately.

A10 Assistance with information and related costs

The seller must, where applicable, in a timely manner, provide to or render assistance in obtaining for the buyer, at the buyer' s request, risk and expense, any documents and information, including security-related information, that the buyer needs for the import of the goods and/or for their trans-

port to the final destination.
The seller must reimburse the buyer for all costs and charges incurred by the buyer in providing or rendering assistance in obtaining documents and information as envisaged in B10.

B THE BUYER' OBLIGATIONS

B1 General obligations of the buyer
The buyer must pay the price of the goods as provided in the contract of sale.
Any document referred to in B1-B10 may be an equivalent electronic record or procedure if agreed between the parties or customary.

B2 Licences, authorizations, security clearances and other formalities
Where applicable, the buyer must obtain, at its own risk and expense, any import licence or other official authorization and carry out all customs formalities for the import of the goods.

B3 Contracts of carriage and insurance
a) Contract of carriage
The buyer has no obligation to the seller to make a contract of carriage.
b) Contract of insurance
The buyer has no obligation to the seller to make a contract of insurance.
However, the buyer must provide the seller, upon request, with the necessary information for obtaining insurance.

B4 Taking delivery
The buyer must take delivery of the goods when they have been delivered as envisaged in A4.

B5 Transfer of risks
The buyer bears all risks of loss of or damage to the goods from the time they have been delivered as envisaged in A4.
If
a) the buyer fails to fulfil its obligations in accordance with B2, then it bears all resulting risks of loss of or damage to the goods; or
b) the buyer fails to give notice in accordance with B7, then it bears all risks

of loss of or damage to the goods from the agreed date or the expiry date of the agreed period for delivery,

provided that the goods have been clearly identified as the contract goods.

B6 Allocation of costs

The buyer must pay

a) all costs relating to the goods from the time they have been delivered as envisaged in A4;
b) all costs of unloading necessary to take delivery of the goods from the arriving means of transport at the named place of destination, unless such costs were for the seller' s account under the contract of carriage;
c) any additional costs incurred by the seller if the buyer fails to fulfil its obligations in accordance with B2 or to give notice in accordance with B7, provided that the goods have been clearly identified as the contract goods; and
d) where applicable, the costs of customs formalities, as well as all duties, taxes and other charges payable upon import of the goods.

B7 Notices to the seller

The buyer must, whenever it is entitled to determine the time within an agreed period and/or the point of taking delivery within the named place of destination, give the seller sufficient notice thereof.

B8 Proof of delivery

The buyer must accept the delivery document provided as envisaged in A8.

B9 Inspection of goods

The buyer must pay the costs of any mandatory pre-shipment inspection, except when such inspection is mandated by the authorities of the country of export.

B10 Assistance with information and related costs

The buyer must, in a timely manner, advise the seller of any security information requirements so that the seller may comply with A10.

The buyer must reimburse the seller for all costs and charges incurred by the seller in providing or rendering assistance in obtaining documents and information as envisaged in A10.

The buyer must, where applicable, in a timely manner, provide to or render

assistance in obtaining for the seller, at the seller's request, risk and expense, any documents and information, including security-related information, that the seller needs for the transport and export of the goods and for their transport through any country.

DDP

DELIVERED DUTY PAID

DDP (insert named place of destination) Incoterms® 2010

GUIDANCE NOTE

This rule may be used irrespective of the mode of transport selected and may also be used where more than one mode of transport is employed.

"Delivered Duty Paid" means that the seller delivers the goods when the goods are placed at the disposal of the buyer, cleared for import on the arriving means of transport ready for unloading at the named place of destination. The seller bears all the costs and risks involved in bringing the goods to the place of destination and has an obligation to clear the goods not only for export but also for import, to pay any duty for both export and import and to carry out all customs formalities.

DDP represents the maximum obligation for the seller.

The parties are well advised to specify as clearly as possible the point within the agreed place of destination, as the costs and risks to that point are for the account of the seller. The seller is advised to procure contracts of carriage that match this choice precisely. If the seller incurs costs under its contract of carriage related to unloading at the place of destination, the seller is not entitled to recover such costs from the buyer unless otherwise agreed between the parties.

The parties are well advised not to use DDP if the seller is unable directly or indirectly to obtain import clearance.

If the parties wish the buyer to bear all risks and costs of import clearance, the DAP rule should be used.

Any VAT or other taxes payable upon import are for the seller' s account unless expressly agreed otherwise in the sales contract.

A THE SELLER' OBLIGATIONS

A1 General obligations of the seller
The seller must provide the goods and the commercial invoice in conformity with the contract of sale and any other evidence of conformity that may be required by the contract.
Any document referred to in A1-A10 may be an equivalent electronic record or procedure if agreed between the parties or customary.

A2 Licences, authorizations, security clearances and other formalities
Where applicable, the seller must obtain, at its own risk and expense, any export and import licence and other official authorization and carry out all customs formalities necessary for the export of the goods, for their transport through any country and for their import.

A3 Contracts of carriage and insurance
a) Contract of carriage
The seller must contract at its own expense for the carriage of the goods to the named place of destination or to the agreed point, if any, at the named place of destination. If a specific pointthe plaagreed orthe pladetermined by practice, the seller may select the pointtat the named place of destination that best suits its purpose.
b) Contract of insurance
The seller has no obligation to the buyer to make a contract of insurance. However, the seller must provide the buyer, at the buyer' s request, risk, and expense (if any), with information that the buyer needs for obtaining insurance.

A4 Delivery
The seller must deliver the goods by placing them at the disposal of the buyer on the arriving means of transport ready for unloading at the agreed point, if any, at the named place of destination on the agreed date or within the agreed period.

A5 Transfer of risks
The seller bears all risks of loss of or damage to the goods until they have been delivered in accordance with A4, with the exception of loss or damage in the circumstances described in B5.

A6 Allocation of costs
The seller must pay
a) in addition to costs resulting from A3 a), all costs relating to the goods until they have been delivered in accordance with A4, other than those payable by the buyer as envisaged in B6;
b) any charges for unloading at the place of destination that were for the seller' s account under the contract of carriage; and
c) where applicable, the costs of customs formalities necessary for export and import as well as all duties, taxes and other charges payable upon export and import of the goods, and the costs for their transport through any country prior to delivery in accordance with A4.

A7 Notices to the buyer
The seller must give the buyer any notice needed in order to allow the buyer to take measures that are normally necessary to enable the buyer to take delivery of the goods.

A8 Delivery document
The seller must provide the buyer, at the seller' s expense, with a document enabling the buyer to take delivery of the goods as envisaged in A4/B4.

A9 Checking—packaging—marking
The seller must pay the costs of those checking operations (such as checking quality, measuring, weighing, counting) that are necessary for the purpose of delivering the goods in accordance with A4, as well as the costs of any pre-shipment inspection mandated by the authority of the country of export or of import.

The seller must, at its own expense, package the goods, unless it is usual for the particular trade to transport the type of goods sold unpackaged. The seller may package the goods in the manner appropriate for their transport, unless the buyer has notified the seller of specific packaging requirements before the contract of sale is concluded. Packaging is to be marked appropriately.

A10 Assistance with information and related costs
The seller must, where applicable, in a timely manner, provide to or render assistance in obtaining for the buyer, at the buyer' s request, risk and expense, any documents and information, including security-related information, that the buyer needs for the import of the goods and/or for their transport to the final destination.
The seller must reimburse the buyer for all costs and charges incurred by the buyer in providing or rendering assistance in obtaining documents and information as envisaged in B10.

B THE BUYER' OBLIGATIONS

B1 General obligations of the buyer
The buyer must pay the price of the goods as provided in the contract of sale.
Any document referred to in B1-B10 may be an equivalent electronic record or procedure if agreed between the parties or customary.

B2 Licences, authorizations, security clearances and other formalities
Where applicable, the buyer must provide assistance to the seller, at the seller' s request, risk and expense, in obtaining any import licence or other official authorization for the import of the goods.

B3 Contracts of carriage and insurance
a) Contract of carriage
The buyer has no obligation to the seller to make a contract of carriage.
b) Contract of insurance
The buyer has no obligation to the seller to make a contract of insurance. However, the buyer must provide the seller, upon request, with the necessary information for obtaining insurance.

B4 Taking delivery

The buyer must take delivery of the goods when they have been delivered as envisaged in A4.

B5 Transfer of risks

The buyer bears all risks of loss of or damage to the goods from the time they have been delivered as envisaged in A4.

If

a) the buyer fails to fulfil its obligations in accordance with B2, then it bears all resulting risks of loss of or damage to the goods; or

b) the buyer fails to give notice in accordance with B7, then it bears all risks of loss of or damage to the goods from the agreed date or the expiry date of the agreed period for delivery,

provided that the goods have been clearly identified as the contract goods.

B6 Allocation of costs

The buyer must pay

a) all costs relating to the goods from the time they have been delivered as envisaged in A4;

b) all costs of unloading necessary to take delivery of the goods from the arriving means of transport at the named place of destination, unless such costs were for the seller' s account under the contract of carriage; and

c) any additional costs incurred if it fails to fulfil its obligations in accordance with B2 or to give notice in accordance with B7,

provided that the goods have been clearly identified as the contract goods.

B7 Notices to the seller

The buyer must, whenever it is entitled to determine the time within an agreed period and/or the point of taking delivery within the named place of destination, give the seller sufficient notice thereof.

B8 Proof of delivery

The buyer must accept the proof of delivery provided as envisaged in A8.

B9 Inspection of goods

The buyer has no obligation to the seller to pay the costs of any mandatory pre-shipment inspection mandated by the authority of the country of export or of import.

B10 Assistance with information and related costs

The buyer must, in a timely manner, advise the seller of any security information requirements so that the seller may comply with A10.

The buyer must reimburse the seller for all costs and charges incurred by the seller in providing or rendering assistance in obtaining documents and information as envisaged in A10.

The buyer must, where applicable, in a timely manner, provide to or render assistance in obtaining for the seller, at the seller' s request, risk and expense, any documents and information, including security-related information, that the seller needs for the transport, export and import of the goods and for their transport through any country.

RULES FOR SEA AND IINLAND WATERWAY TRANSPORT

FREE ALONGSIDE SHIP

FAS (insert named port of shipment) Incoterms® 2010

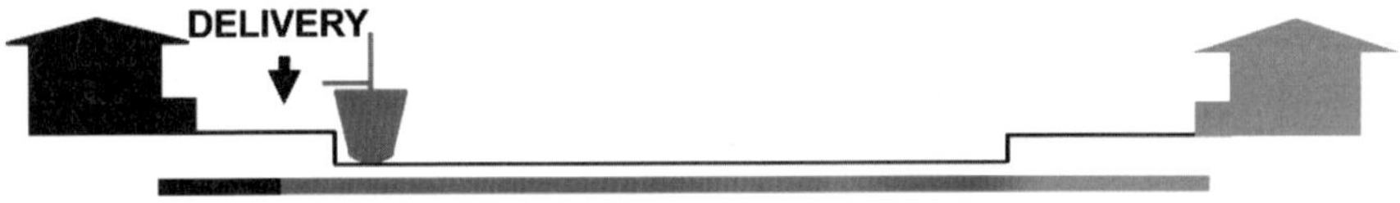

GUIDANCE NOTE

This rule is to be used only for sea or inland waterway transport.

"Free Alongside Ship" means that the seller delivers when the goods are placed alongside the vessel (e.g., on a quay or a barge) nominated by the buyer at the named port of shipment. The risk of loss of or damage to the goods passes when the goods are alongside the ship, and the buyer bears all costs from that moment onwards.

The parties are well advised to specify as clearly as possible the loading point at the named port of shipment, as the costs and risks to that point are for the account of the seller and these costs and associated handling charges may vary according to the practice of the port.

The seller is required either to deliver the goods alongside the ship or to procure goods already so delivered for shipment. The reference to "procure" here caters for multiple sales down a chain ('string sales'), particularly common in the commodity trades.

Where the goods are in containers, it is typical for the seller to hand the goods over to the carrier at a terminal and not alongside the vessel. In such situations, the FAS rule would be inappropriate, and the FCA rule should be used.

FAS requires the seller to clear the goods for export, where applicable. However, the seller has no obligation to clear the goods for import, pay any import duty or carry out any import customs formalities.

A THE SELLER' OBLIGATIONS

A1 General obligations of the seller
The seller must provide the goods and the commercial invoice in conformity with the contract of sale and any other evidence of conformity that may be required by the contract.
Any document referred to in A1-A10 may be an equivalent electronic record or procedure if agreed between the parties or customary.

A2 Licences, authorizations, security clearances and other formalities
Where applicable, the seller must obtain, at its own risk and expense, any export licence or other official authorization and carry out all customs formalities necessary for the export of the goods.

A3 Contracts of carriage and insurance
a) Contract of carriage
The seller has no obligation to the buyer to make a contract of carriage. However, if requested by the buyer or if it is commercial practice and the buyer does not give an instruction to the contrary in due time, the seller may contract for carriage on usual terms at the buyer' s risk and expense. In either case, the seller may decline to make the contract of carriage and, if it does, shall promptly notify the buyer.
b) Contract of insurance

The seller has no obligation to the buyer to make a contract of insurance. However, the seller must provide the buyer, at the buyer' s request, risk, and expense (if any), with information that the buyer needs for obtaining insurance.

A4 Delivery

The seller must deliver the goods either by placing them alongside the ship nominated by the buyer at the loading point, if any, indicated by the buyer at the named port of shipment or by procuring the goods so delivered. In either case, the seller must deliver the goods on the agreed date or within the agreed period and in the manner customary at the port.
If no specific loading point has been indicated by the buyer, the seller may select the point within the named port of shipment that best suits its purpose. If the parties have agreed that delivery should take place within a period, the buyer has the option to choose the date within that period.

A5 Transfer of risks

The seller bears all risks of loss of or damage to the goods until they have been delivered in accordance with A4 with the exception of loss or damage in the circumstances described in B5.

A6 Allocation of costs

The seller must pay

a) all costs relating to the goods until they have been delivered in accordance with A4, other than those payable by the buyer as envisaged in B6; and
b) where applicable, the costs of customs formalities necessary for export as well as all duties, taxes and other charges payable upon export.

A7 Notices to the buyer

The seller must, at the buyer' s risk and expense, give the buyer sufficient notice either that the goods have been delivered in accordance with A4 or that the vessel has failed to take the goods within the time agreed.

A8 Delivery document

The seller must provide the buyer, at the seller' s expense, with the usual proof that the goods have been delivered in accordance with A4.
Unless such proof is a transport document, the seller must provide assistance

to the buyer, at the buyer' s request, risk and expense, in obtaining a transport document.

A9 Checking—packaging—marking
The seller must pay the costs of those checking operations (such as checking quality, measuring, weighing, counting) that are necessary for the purpose of delivering the goods in accordance with A4, as well as the costs of any pre-shipment inspection mandated by the authority of the country of export.
The seller must, at its own expense, package the goods, unless it is usual for the particular trade to transport the type of goods sold unpackaged. The seller may package the goods in the manner appropriate for their transport, unless the buyer has notified the seller of specific packaging requirements before the contract of sale is concluded. Packaging is to be marked appropriately.

A10 Assistance with information and related costs
The seller must, where applicable, in a timely manner, provide to or render assistance in obtaining for the buyer, at the buyer' s request, risk and expense, any documents and information, including security-related information, that the buyer needs for the import of the goods and/or for their transport to the final destination.
The seller must reimburse the buyer for all costs and charges incurred by the buyer in providing or rendering assistance in obtaining documents and information as envisaged in B10.

B THE BUYER' OBLIGATIONS

B1 General obligations of the buyer
The buyer must pay the price of the goods as provided in the contract of sale.
Any document referred to in B1-B10 may be an equivalent electronic record or procedure if agreed between the parties or customary.

B2 Licences, authorizations, security clearances and other formalities
Where applicable, it is up to the buyer to obtain, at its own risk and expense, any import licence or other official authorization and carry out all customs formalities for the import of the goods and for their transport

through any country.

B3 Contracts of carriage and insurance

a) Contract of carriage

The buyer must contract, at its own expense for the carriage of the goods from the named port of shipment, except where the contract of carriage is made by the seller as provided for in A3 a).

b) Contract of insurance

The buyer has no obligation to the seller to make a contract of insurance.

B4 Taking delivery

The buyer must take delivery of the goods when they have been delivered as envisaged in A4.

B5 Transfer of risks

The buyer bears all risks of loss of or damage to the goods from the time they have been delivered as envisaged in A4.

If

a) the buyer fails to give notice in accordance with B7; or

b) the vessel nominated by the buyer fails to arrive on time, or fails to take the goods or closes for cargo earlier than the time notified in accordance with B7;

then the buyer bears all risks of loss of or damage to the goods from the agreed date or the expiry date of the agreed period for delivery, provided that the goods have been clearly identified as the contract goods.

B6 Allocation of costs

The buyer must pay

a) all costs relating to the goods from the time they have been delivered as envisaged in A4, except, where applicable, the costs of customs formalities necessary for export as well as all duties, taxes, and other charges payable upon export as referred to in A6 b);

b) any additional costs incurred, either because:

(i) the buyer has failed to give appropriate notice in accordance with B7, or

(ii) the vessel nominated by the buyer fails to arrive on time, is unable to take the goods, or closes for cargo earlier than the time notified in accordance with B7, provided that the goods have been clearly identified as the contract goods; and

c) where applicable, all duties, taxes and other charges, as well as the costs of carrying out customs formalities payable upon import of the goods and the costs for their transport through any country.

B7 Notices to the seller

The buyer must give the seller sufficient notice of the vessel name, loading point and, where necessary, the selected delivery time within the agreed period.

B8 Proof of delivery

The buyer must accept the proof of delivery provided as envisaged in A8.

B9 Inspection of goods

The buyer must pay the costs of any mandatory pre-shipment inspection, except when such inspection is mandated by the authorities of the country of export.

B10 Assistance with information and related costs

The buyer must, in a timely manner, advise the seller of any security information requirements so that the seller may comply with A10.

The buyer must reimburse the seller for all costs and charges incurred by the seller in providing or rendering assistance in obtaining documents and information as envisaged in A10.

The buyer must, where applicable, in a timely manner, provide to or render assistance in obtaining for the seller, at the seller' s request, risk and expense, any documents and information, including security-related information, that the seller needs for the transport and export of the goods and for their transport through any country.

FOB

FREE ON BOARD

FOB (insert named port of shipment) Incoterms® 2010

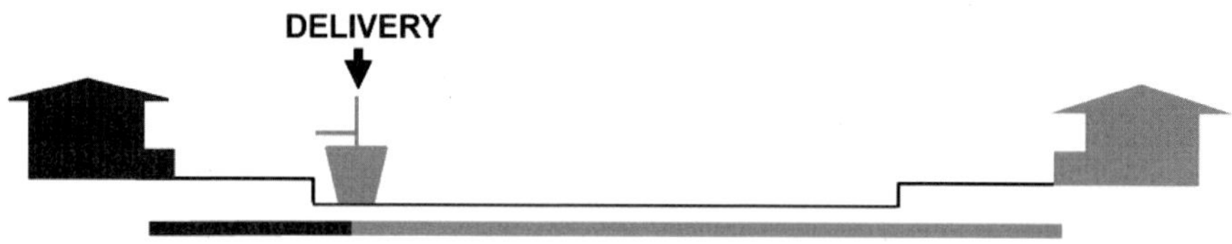

GUIDANCE NOTE

This rule is to be used only for sea or inland waterway transport.

"Free on Board" means that the seller delivers the goods on board the vessel nominated by the buyer at the named port of shipment or procures the goods already so delivered. The risk of loss of or damage to the goods passes when the goods are on board the vessel, and the buyer bears all costs from that moment onwards.

The seller is required either to deliver the goods on board the vessel or to procure goods already so delivered for shipment. The reference to "procure" here caters for multiple sales down a chain ('string sales'), particularly common in the commodity trades.

FOB may not be appropriate where goods are handed over to the carrier before they are on board the vessel, for example goods in containers, which are typically delivered at a terminal. In such situations, the FCA rule should be used.

FOB requires the seller to clear the goods for export, where applicable. However, the seller has no obligation to clear the goods for import, pay any import duty or carry out any import customs formalities.

A THE SELLER' OBLIGATIONS

A1 General obligations of the seller

The seller must provide the goods and the commercial invoice in conformity

with the contract of sale and any other evidence of conformity that may be required by the contract.
Any document referred to in A1-A10 may be an equivalent electronic record or procedure if agreed between the parties or customary.

A2 Licences, authorizations, security clearances and other formalities
Where applicable, the seller must obtain, at its own risk and expense, any export licence or other official authorization and carry out all customs formalities necessary for the export of the goods.

A3 Contracts of carriage and insurance
a) Contract of carriage
The seller has no obligation to the buyer to make a contract of carriage. However, if requested by the buyer or if it is commercial practice and the buyer does not give an instruction to the contrary in due time, the seller may contract for carriage on usual terms at the buyer' s risk and expense. In either case, the seller may decline to make the contract of carriage and, if it does, shall promptly notify the buyer.
b) Contract of insurance
The seller has no obligation to the buyer to make a contract of insurance. However, the seller must provide the buyer, at the buyer' s request, risk, and expense (if any), with information that the buyer needs for obtaining insurance.

A4 Delivery
The seller must deliver the goods either by placing them on board the vessel nominated by the buyer at the loading point, if any, indicated by the buyer at the named port of shipment or by procuring the goods so delivered. In either case, the seller must deliver the goods on the agreed date or within the agreed period and in the manner customary at the port.
If no specific loading point has been indicated by the buyer, the seller may select the point within the named port of shipment that best suits its purpose.

A5 Transfer of risks
The seller bears all risks of loss of or damage to the goods until they have been delivered in accordance with A4 with the exception of loss or damage in the circumstances described in B5.

A6 Allocation of costs

The seller must pay

a) all costs relating to the goods until they have been delivered in accordance with A4, other than those payable by the buyer as envisaged in B6; and

b) where applicable, the costs of customs formalities necessary for export, as well as all duties, taxes and other charges payable upon export.

A7 Notices to the buyer

The seller must, at the buyer's risk and expense, give the buyer sufficient notice either that the goods have been delivered in accordance with A4 or that the vessel has failed to take the goods within the time agreed.

A8 Delivery document

The seller must provide the buyer, at the seller's expense, with the usual proof that the goods have been delivered in accordance with A4.

Unless such proof is a transport document, the seller must provide assistance to the buyer, at the buyer's request, risk and expense, in obtaining a transport document.

A9 Checking—packaging—marking

The seller must pay the costs of those checking operations (such as checking quality, measuring, weighing, counting) that are necessary for the purpose of delivering the goods in accordance with A4, as well as the costs of any pre-shipment inspection mandated by the authority of the country of export.

The seller must, at its own expense, package the goods, unless it is usual for the particular trade to transport the type of goods sold unpackaged. The seller may package the goods in the manner appropriate for their transport, unless the buyer has notified the seller of specific packaging requirements before the contract of sale is concluded. Packaging is to be marked appropriately.

A10 Assistance with information and related costs

The seller must, where applicable, in a timely manner, provide to or render assistance in obtaining for the buyer, at the buyer's request, risk and expense, any documents and information, including security-related information, that the buyer needs for the import of the goods and/or for their transport to the final destination.

The seller must reimburse the buyer for all costs and charges incurred by the buyer in providing or rendering assistance in obtaining documents and information as envisaged in B10.

B THE BUYER' OBLIGATIONS

B1 General obligations of the buyer
The buyer must pay the price of the goods as provided in the contract of sale.
Any document referred to in B1-B10 may be an equivalent electronic record or procedure if agreed between the parties or customary.

B2 Licences, authorizations, security clearances and other formalities
Where applicable, it is up to the buyer to obtain, at its own risk and expense, any import licence or other official authorization and carry out all customs formalities for the import of the goods and for their transport through any country.

B3 Contracts of carriage and insurance
a) Contract of carriage
The buyer must contract, at its own expense for the carriage of the goods from the named port of shipment, except where the contract of carriage is made by the seller as provided for in A3 a).
b) Contract of insurance
The buyer has no obligation to the seller to make a contract of insurance.

B4 Taking delivery
The buyer must take delivery of the goods when they have been delivered as envisaged in A4.

B5 Transfer of risks
The buyer bears all risks of loss of or damage to the goods from the time they have been delivered as envisaged in A4.
If
a) the buyer fails to notify the nomination of a vessel in accordance with B7; or
b) the vessel nominated by the buyer fails to arrive on time to enable the seller to comply with A4, is unable to take the goods, or closes for cargo earli-

er than the time notified in accordance with B7;then, the buyer bears all risks of loss of or damage to the goods:

(i) from the agreed date, or in the absence of an agreed date,

(ii) from the date notified by the seller under A7 within the agreed period, or, if no such date has been notified,

(iii) from the expiry date of any agreed period for delivery,

provided that the goods have been clearly identified as the contract goods.

B6 Allocation of costs

The buyer must pay

a) all costs relating to the goods from the time they have been delivered as envisaged in A4, except, where applicable, the costs of customs formalities necessary for export, as well as all duties, taxes and other charges payable upon export as referred to in A6 b);

b) any additional costs incurred, either because:

(i) the buyer has failed to give appropriate notice in accordance with B7, or

(ii) the vessel nominated by the buyer fails to arrive on time, is unable to take the goods, or closes for cargo earlier than the time notified in accordance with B7,

provided that the goods have been clearly identified as the contract goods; and

c) where applicable, all duties, taxes and other charges, as well as the costs of carrying out customs formalities payable upon import of the goods and the costs for their transport through any country.

B7 Notices to the seller

The buyer must give the seller sufficient notice of the vessel name, loading point and, where necessary, the selected delivery time within the agreed period.

B8 Proof of delivery

The buyer must accept the proof of delivery provided as envisaged in A8.

B9 Inspection of goods

The buyer must pay the costs of any mandatory pre-shipment inspection, except when such inspection is mandated by the authorities of the country of export.

B10 Assistance with information and related costs

The buyer must, in a timely manner, advise the seller of any security information requirements so that the seller may comply with A10.

The buyer must reimburse the seller for all costs and charges incurred by the seller in providing or rendering assistance in obtaining documents and information as envisaged in A10.

The buyer must, where applicable, in a timely manner, provide to or render assistance in obtaining for the seller, at the seller' s request, risk and expense, any documents and information, including security-related information, that the seller needs for the transport and export of the goods and for their transport through any country.

CFR

COST AND FREIGHT

CFR (insert named port of destination) Incoterms® 2010

GUIDANCE NOTE

This rule is to be used only for sea or inland waterway transport.

"Cost and Freight" means that the seller delivers the goods on board the vessel or procures the goods already so delivered. The risk of loss of or damage to the goods passes when the goods are on board the vessel. The seller must contract for and pay the costs and freight necessary to bring the goods to the named port of destination.

When CPT, CIP, CFR or CIF are used, the seller fulfils its obligation to deliver when it hands the goods over to the carrier in the manner specified in the chosen rule and not when the goods reach the place of destination.

This rule has two critical points, because risk passes and costs are transferred at different places. While the contract will always specify a destination port, it might not specify the port of shipment, which is where risk passes to the buyer. If the shipment port is of particular interest to the buyer, the parties are well advised to identify it as precisely as possible in the contract.

The parties are well advised to identify as precisely as possible the point at the agreed port of destination, as the costs to that point are for the account of the seller. The seller is advised to procure contracts of carriage that match this choice precisely. If the seller incurs costs under its contract of carriage related to unloading at the specified point at the port of destination, the seller is not entitled to recover such costs from the buyer unless otherwise agreed between the parties.

The seller is required either to deliver the goods on board the vessel or to procure goods already so delivered for shipment to the destination. In addition, the seller is required either to make a contract of carriage or to procure such a contract. The reference to "procure" here caters for multiple sales down a chain ('string sales'), particularly common in the commodity trades.

CFR may not be appropriate where goods are handed over to the carrier before they are on board the vessel, for example goods in containers, which are typically delivered at a terminal. In such circumstances, the CPT rule should be used.

CFR requires the seller to clear the goods for export, where applicable. However, the seller has no obligation to clear the goods for import, pay any import duty or carry out any import customs formalities.

A THE SELLER' OBLIGATIONS

A1 General obligations of the seller
The seller must provide the goods and the commercial invoice in conformity with the contract of sale and any other evidence of conformity that may be required by the contract.
Any document referred to in A1-A10 may be an equivalent electronic record

or procedure if agreed between the parties or customary.

A2 Licences, authorizations, security clearances and other formalities
Where applicable, the seller must obtain, at its own risk and expense, any export licence or other official authorization and carry out all customs formalities necessary for the export of the goods.

A3 Contracts of carriage and insurance
a) Contract of carriage
The seller must contract or procure a contract for the carriage of the goods from the agreed point of delivery, if any, at the place of delivery to the named port of destination or, if agreed, any point at that port. The contract of carriage must be made on usual terms at the seller' s expense and provide for carriage by the usual route in a vessel of the type normally used for the transport of the type of goods sold.
b) Contract of insurance
The seller has no obligation to the buyer to make a contract of insurance. However, the seller must provide the buyer, at the buyer' s request, risk, and expense (if any), with information that the buyer needs for obtaining insurance.

A4 Delivery
The seller must deliver the goods either by placing them on board the vessel or by procuring the goods so delivered. In either case, the seller must deliver the goods on the agreed date or
within the agreed period and in the manner customary at the port.

A5 Transfer of risks
The seller bears all risks of loss of or damage to the goods until they have been delivered in accordance with A4, with the exception of loss or damage in the circumstances described in B5.

A6 Allocation of costs
The seller must pay
a) all costs relating to the goods until they have been delivered in accordance with A4, other than those payable by the buyer as envisaged in B6;
b) the freight and all other costs resulting from A3 a), including the costs of

loading the goods on board and any charges for unloading at the agreed port of discharge that were for the seller's account under the contract of carriage; and

c) where applicable, the costs of customs formalities necessary for export as well as all duties, taxes and other charges payable upon export, and the costs for their transport through any country that were for the seller's account under the contract of carriage.

A7 Notices to the buyer

The seller must give the buyer any notice needed in order to allow the buyer to take measures that are normally necessary to enable the buyer to take the goods.

A8 Delivery document

The seller must, at its own expense, provide the buyer without delay with the usual transport document for the agreed port of destination.

This transport document must cover the contract goods, be dated within the period agreed for shipment, enable the buyer to claim the goods from the carrier at the port of destination and, unless otherwise agreed, enable the buyer to sell the goods in transit by the transfer of the document to a subsequent buyer or by notification to the carrier.

When such a transport document is issued in negotiable form and in several originals, a full set of originals must be presented to the buyer.

A9 Checking—packaging—marking

The seller must pay the costs of those checking operations (such as checking quality, measuring, weighing, counting) that are necessary for the purpose of delivering the goods in accordance with A4, as well as the costs of any pre-shipment inspection mandated by the authority of the country of export.

The seller must, at its own expense, package the goods, unless it is usual for the particular trade to transport the type of goods sold unpackaged. The seller may package the goods in the manner appropriate for their transport, unless the buyer has notified the seller of specific packaging requirements before the contract of sale is concluded. Packaging is to be marked appropriately.

A10 Assistance with information and related costs

The seller must, where applicable, in a timely manner, provide to or render

assistance in obtaining for the buyer, at the buyer' s request, risk and expense, any documents and information, including security-related information, that the buyer needs for the import of the goods and/or for their transport to the final destination.
The seller must reimburse the buyer for all costs and charges incurred by the buyer in providing or rendering assistance in obtaining documents and information as envisaged in B10.

B THE BUYER' OBLIGATIONS

B1 General obligations of the buyer
The buyer must pay the price of the goods as provided in the contract of sale. Any document referred to in B1-B10 may be an equivalent electronic record or procedure if agreed between the parties or customary.

B2 Licences, authorizations, security clearances and other formalities
Where applicable, it is up to the buyer to obtain, at its own risk and expense, any import licence or other official authorization and carry out all customs formalities for the import of the goods and for their transport through any country.

B3 Contracts of carriage and insurance
a) Contract of carriage
The buyer has no obligation to the seller to make a contract of carriage.
b) Contract of insurance
The buyer has no obligation to the seller to make a contract of insurance. However, the buyer must provide the seller, upon request, with the necessary information for obtaining insurance.

B4 Taking delivery
The buyer must take delivery of the goods when they have been delivered as envisaged in A4 and receive them from the carrier at the named port of destination.

B5 Transfer of risks
The buyer bears all risks of loss of or damage to the goods from the time they

have been delivered as envisaged in A4.
If the buyer fails to give notice in accordance with B7, then it bears all risks of loss of or damage to the goods from the agreed date or the expiry date of the agreed period for shipment, provided that the goods have been clearly identified as the contract goods.

B6 Allocation of costs
The buyer must, subject to the provisions of A3 a), pay
a) all costs relating to the goods from the time they have been delivered as envisaged in A4, except, where applicable, the costs of customs formalities necessary for export as well as all duties, taxes, and other charges payable upon export as referred to in A6 c);
b) all costs and charges relating to the goods while in transit until their arrival at the port of destination, unless such costs and charges were for the seller' s account under the contract of carriage;
c) unloading costs including lighterage and wharfage charges, unless such costs and charges were for the seller' s account under the contract of carriage;
d) any additional costs incurred if it fails to give notice in accordance with B7, from the agreed date or the expiry date of the agreed period for shipment, provided that the goods have been clearly identified as the contract goods; and
e) where applicable, all duties, taxes and other charges, as well as the costs of carrying out customs formalities payable upon import of the goods and the costs for their transport through any country unless included within the cost of the contract of carriage.

B7 Notices to the seller
The buyer must, whenever it is entitled to determine the time for shipping the goods and/or the point of receiving the goods within the named port of destination, give the seller sufficient notice thereof.

B8 Proof of delivery
The buyer must accept the transport document provided as envisaged in A8 if it is in conformity with the contract.

B9 Inspection of goods

The buyer must pay the costs of any mandatory pre-shipment inspection, except when such inspection is mandated by the authorities of the country of export.

B10 Assistance with information and related costs
The buyer must, in a timely manner, advise the seller of any security information requirements so that the seller may comply with A10.
The buyer must reimburse the seller for all costs and charges incurred by the seller in providing or rendering assistance in obtaining documents and information as envisaged in A10.
The buyer must, where applicable, in a timely manner, provide to or render assistance in obtaining for the seller, at the seller's request, risk and expense, any documents and information, including security-related information, that the seller needs for the transport and export of the goods and for their transport through any country.

CIF
COST INSURANCE AND FREIGHT
CIF (insert named port of destination) Incoterms® 2010

GUIDANCE NOTE

This rule is to be used only for sea or inland waterway transport.

"Cost, Insurance and Freight" means that the seller delivers the goods on board the vessel or procures the goods already so delivered. The risk of loss of or damage to the goods passes when the goods are on board the vessel. The seller must contract for and pay the costs and freight necessary to bring the goods to the named port of destination.

The seller also contracts for insurance cover against the buyer's risk of loss of or damage to the goods during the carriage. The buyer should note that under CIF the seller is required to obtain insurance only on minimum cover. Should the buyer wish to have more insurance protection, it will need either to agree as much expressly with the seller or to make its own extra insurance arrangements.

When CPT, CIP, CFR, or CIF are used, the seller fulfils its obligation to deliver when it hands the goods over to the carrier in the manner specified in the chosen rule and not when the goods reach the place of destination.

This rule has two critical points, because risk passes and costs are transferred at different places. While the contract will always specify a destination port, it might not specify the port of shipment, which is where risk passes to the buyer. If the shipment port is of particular interest to the buyer, the parties are well advised to identify it as precisely as possible in the contract.

The parties are well advised to identify as precisely as possible the point at the agreed port of destination, as the costs to that point are for the account of the seller. The seller is advised to procure contracts of carriage that match this choice precisely. If the seller incurs costs under its contract of carriage related to unloading at the specified point at the port of destination, the seller is not entitled to recover such costs from the buyer unless otherwise agreed between the parties.

The seller is required either to deliver the goods on board the vessel or to procure goods already so delivered for shipment to the destination. In addition the seller is required either to make a contract of carriage or to procure such a contract. The reference to "procure" here caters for multiple sales down a chain ('string sales'), particularly common in the commodity trades.

CIF may not be appropriate where goods are handed over to the carrier before they are on board the vessel, for example goods in containers, which are typically delivered at a terminal. In such circumstances, the CIP rule should be used.

CIF requires the seller to clear the goods for export, where applicable. However, the seller has no obligation to clear the goods for import, pay any import duty or carry out any import customs formalities.

A THE SELLER' OBLIGATIONS

A1 General obligations of the seller
The seller must provide the goods and the commercial invoice in conformity with the contract of sale and any other evidence of conformity that may be required by the contract.
Any document referred to in A1-A10 may be an equivalent electronic record or procedure if agreed between the parties or customary.

A2 Licences, authorizations, security clearances and other formalities
Where applicable, the seller must obtain, at its own risk and expense, any export licence or other official authorization and carry out all customs formalities necessary for the export of the goods.

A3 Contracts of carriage and insurance
a) Contract of carriage
The seller must contract or procure a contract for the carriage of the goods from the agreed point of delivery, if any, at the place of delivery to the named port of destination or, if agreed, any point at that port. The contract of carriage must be made on usual terms at the seller' s expense and provide for carriage by the usual route in a vessel of the type normally used for the transport of the type of goods sold.
b) Contract of insurance
The seller must obtain, at its own expense, cargo insurance complying at least with the minimum cover provided by Clauses (C) of the Institute Cargo Clauses (LMA/IUA) or any similar clauses. The insurance shall be contracted with underwriters or an insurance company of good repute and entitle the buyer, or any other person having an insurable interest in the goods, to claim directly from the insurer.

When required by the buyer, the seller shall, subject to the buyer providing any necessary information requested by the seller, provide at the buyer' s expense any additional cover, if procurable, such as cover as provided by

Clauses (A) or (B) of the Institute Cargo Clauses (LMA/IUA) or any similar clauses and/or cover complying with the Institute War Clauses and/or Institute Strikes Clauses (LMA/IUA) or any similar clauses.
The insurance shall cover, at a minimum, the price provided in the contract plus 10% (i.e., 110%) and shall be in the currency of the contract.
The insurance shall cover the goods from the point of delivery set out in A4 and A5 to at least the named port of destination.
The seller must provide the buyer with the insurance policy or other evidence of insurance cover.
Moreover, the seller must provide the buyer, at the buyer' s request, risk, and expense (if any), with information that the buyer needs to procure any additional insurance.

A4 Delivery
The seller must deliver the goods either by placing them on board the vessel or by procuring the goods so delivered. In either case, the seller must deliver the goods on the agreed date or within the agreed period and in the manner customary at the port.

A5 Transfer of risks
The seller bears all risks of loss of or damage to the goods until they have been delivered in accordance with A4, with the exception of loss or damage in the circumstances described in B5.

A6 Allocation of costs
The seller must pay
a) all costs relating to the goods until they have been delivered in accordance with A4, other than those payable by the buyer as envisaged in B6;
b) the freight and all other costs resulting from A3 a), including the costs of loading the goods on board and any charges for unloading at the agreed port of discharge that were for the seller' s account under the contract of carriage;
c) the costs of insurance resulting from A3 b); and
d) where applicable, the costs of customs formalities necessary for export, as well as all duties, taxes and other charges payable upon export, and the costs for their transport through any country that were for the seller' s account under the contract of carriage.

A7 Notices to the buyer

The seller must give the buyer any notice needed in order to allow the buyer to take measures that are normally necessary to enable the buyer to take the goods.

A8 Delivery document

The seller must, at its own expense provide the buyer without delay with the usual transport document for the agreed port of destination.

This transport document must cover the contract goods, be dated within the period agreed for shipment, enable the buyer to claim the goods from the carrier at the port of destination and, unless otherwise agreed, enable the buyer to sell the goods in transit by the transfer of the document to a subsequent buyer or by notification to the carrier.

When such a transport document is issued in negotiable form and in several originals, a full set of originals must be presented to the buyer.

A9 Checking—packaging—marking

The seller must pay the costs of those checking operations (such as checking quality, measuring, weighing, counting) that are necessary for the purpose of delivering the goods in accordance with A4, as well as the costs of any preshipment inspection mandated by the authority of the country of export.

The seller must, at its own expense, package the goods, unless it is usual for the particular trade to transport the type of goods sold unpackaged. The seller may package the goods in the manner appropriate for their transport, unless the buyer has notified the seller of specific packaging requirements before the contract of sale is concluded. Packaging is to be marked appropriately.

A10 Assistance with information and related costs

The seller must, where applicable, in a timely manner, provide to or render assistance in obtaining for the buyer, at the buyer' s request, risk and expense, any documents and information, including security-related information, that the buyer needs for the import of the goods and/or for their transport to the final destination.

The seller must reimburse the buyer for all costs and charges incurred by the buyer in providing or rendering assistance in obtaining documents and information as envisaged in B10.

B THE BUYER' OBLIGATIONS

B1 General obligations of the buyer
The buyer must pay the price of the goods as provided in the contract of sale. Any document referred to in B1-B10 may be an equivalent electronic record or procedure if agreed between the parties or customary.

B2 Licences, authorizations, security clearances and formalities
Where applicable, it is up to the buyer to obtain, at its own risk and expense, any import licence or other official authorization and carry out all customs formalities for the import of the goods and for their transport through any country.

B3 Contracts of carriage and insurance
a) Contract of carriage
The buyer has no obligation to the seller to make a contract of carriage.
b) Contract of insurance
The buyer has no obligation to the seller to make a contract of insurance. However, the buyer must provide the seller, upon request, with any information necessary for the seller to procure any additional insurance requested by the buyer as envisaged in A3 b).

B4 Taking delivery
The buyer must take delivery of the goods when they have been delivered as envisaged in A4 and receive them from the carrier at the named port of destination.

B5 Transfer of risks
The buyer bears all risks of loss of or damage to the goods from the time they have been delivered as envisaged in A4.
If the buyer fails to give notice in accordance with B7, then it bears all risks of loss of or damage to the goods from the agreed date or the expiry date of the agreed period for shipment, provided that the goods have been clearly identified as the contract goods.

B6 Allocation of costs
The buyer must, subject to the provisions of A3 a), pay
a) all costs relating to the goods from the time they have been delivered as

envisaged in A4, except, where applicable, the costs of customs formalities necessary for export, as well as all duties, taxes and other charges payable upon export as referred to in A6 d);

b) all costs and charges relating to the goods while in transit until their arrival at the port of destination, unless such costs and charges were for the seller' s account under the contract of carriage;

c) unloading costs including lighterage and wharfage charges, unless such costs and charges were for the seller' s account under the contract of carriage;

d) any additional costs incurred if it fails to give notice in accordance with B7, from the agreed date or the expiry date of the agreed period for shipment, provided that the goods have been clearly identified as the contract goods;

e) where applicable, all duties, taxes and other charges, as well as the costs of carrying out customs formalities payable upon import of the goods and the costs for their transport through any country, unless included within the cost of the contract of carriage; and

f) the costs of any additional insurance procured at the buyer' s request under A3 b) and B3 b).

B7 Notices to the seller

The buyer must, whenever it is entitled to determine the time for shipping the goods and/or the point of receiving the goods within the named port of destination, give the seller sufficient notice thereof.

B8 Proof of delivery

The buyer must accept the transport document provided as envisaged in A8 if it is in conformity with the contract.

B9 Inspection of goods

The buyer must pay the costs of any mandatory pre-shipment inspection, except when such inspection is mandated by the authorities of the country of export.

B10 Assistance with information and related costs

The buyer must, in a timely manner, advise the seller of any security information requirements so that the seller may comply with A10.

The buyer must reimburse the seller for all costs and charges incurred by the seller in providing or rendering assistance in obtaining documents and information as envisaged in A10.

The buyer must, where applicable, in a timely manner, provide to or render assistance in obtaining for the seller, at the seller' s request, risk and expense, any documents and information, including security-related information, that the seller needs for the transport and export of the goods and for their transport through any country.

참고문헌

강원진, 국제상무론, 법문사, 2000.

강이수 · 박종삼, 국제거래분쟁론, 삼영사, 2010.

김순자 · 박성철, 무역실무, 영민, 2011.

박광서, 무역운송, 한국무역협회 무역아카데미, 2006.

박광서, 무역결제, 삼영사, 2010.

박광서, 무역법규, 탑북스, 2010.

배정한, 국제무역대금결제, 삼영사, 2006.

서정두, 국제무역계약, 삼영사, 2001.

서정두, 국제상무론, 삼영사, 2003.

서정두, 무역상무, 탑북스, 2011.

양영환 · 서정두, 국제무역법규, 제3판 삼영사, 1998.

양영환 · 오원석 · 서정두, 신용장론, 삼영사, 2002.

양영환 · 오원석 · 박광서, 무역상무, 삼영사, 2011.

오원석, 국제비즈니스계약론, 성균관대학교 경영대학원, 2006.

유광현, 무역초보자가 꼭 알아야 할 139가지, 원앤원북스, 2006.

한국무역협회, 수출입대금결제, 한국무역협회, 2006.

한국무역협회, 무역실무매뉴얼, 한국무역협회, 2007.

한국무역협회, 무역서식기재요령, 한국무역협회, 2008.

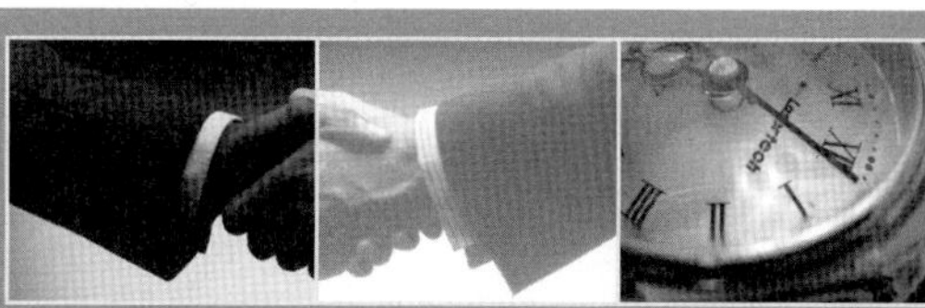

찾아보기

ㅊ

ㅋ

ㅌ

ㅍ

ㅎ

기타

저자 소개

배 상 목

- 경기대학교 무역학과 졸업(경영학사)
- 경기대학교 대학원 무역학과 졸업(경영학석사 · 경영학박사)
- 충남방적(주) 해외영업부 근무
- (현)혜전대학교 무역유통마케팅과 교수
- 〈저서〉 - 최신경영학원론 명경사
  - 무역실무론 명경사
  - 무역실무연습 서경문화
  - 무역법과 상거래 한국학술정보(주)
  - E-Trade를 위한 전자결제론 한국학술정보(주)

김 재 성

- 성균관대학교 경영학박사
- 배화여자대학교 국제무역과 겸임교수
- 무역협회 무역아카데미 교수
- 중소기업청 수출도우미
- 국제무역사 출제위원
- 〈저서〉 - 무역계약리스크관리
  - 국제무역계약관리론
  - 현대 무역실무 기초
  - 무역실무연습

현대무역실무기초

발행일 | 2013년 3월 5일 초판 발행
저 자 | 배상목, 김재성
발행인 | 홍진기
발행처 | 아카데미프레스
주 소 | 413-756 경기도 파주시 문발동 출판정보산업단지 507-9
전 화 | 031-947-7389
팩 스 | 031-947-7698
웹사이트 | www.academypress.co.kr
이메일 | info@academypress.co.kr
등록일 | 2003. 6. 18 제406-2011-000131호
ISBN | 978-89-97544-27-1 93320

값 18,000원